GERHARD HELBIG · JOACHIM BUSCHA

LEITFADEN DER DEUTSCHEN GRAMMATIK

GERHARD HELBIG · JOACHIM BUSCHA

# LEITFADEN
# DER
# DEUTSCHEN GRAMMATIK

Johannes Wenzel

in alter Freundschaft

Leipzig, 15. 9. 2000          Gerhard Helbig

**Langenscheidt L**

Berlin · München · Wien · Zürich · New York

Redaktion: Manuela Beisswenger

Illustrationen: PhotoAlto

Layout: Diamond Graphics, Augsburg

Satz: Druckhaus „Thomas Müntzer" GmbH, Bad Langensalza

Der **Leitfaden der deutschen Grammatik** folgt der reformierten deutschen Rechtschreibung.

Umwelthinweis: Gedruckt auf chlorfrei gebleichtem Papier

| Druck: | 5. | 4. | 3. | 2. | 1. | Letzte Zahlen |
|--------|------|------|------|------|------|---------------|
|        | 2004 | 2003 | 2002 | 2001 | 2000 | maßgeblich |

© 2000 Langenscheidt KG, Berlin und München

Druck: Druckhaus „Thomas Müntzer" GmbH, Bad Langensalza / Thüringen

Printed in Germany – ISBN 3-468-49495-5

# VORWORT

Die vorliegende Grammatik basiert auf der umfangreicheren „Deutschen Grammatik" von G. Helbig/J. Buscha, die als Handbuch geschrieben und als Nachschlagewerk sowohl für den Deutschlehrer als auch für den Lernenden gedacht ist. Mit der „Deutschen Grammatik" teilt sie die Konzeption und die Gliederung. Auch was im Vorwort und in der Einleitung zur „Deutschen Grammatik" über die Unterschiede einer Fremdsprachen- und einer Muttersprachengrammatik sowie über die Einteilung der Wortklassen gesagt ist, gilt in gleichem Maße für das vorliegende Buch.

Während die „Deutsche Grammatik" Vollständigkeit in der Darstellung der grammatischen Erscheinungen anstrebt, konzentriert sich der „Leitfaden der deutschen Grammatik" auf die wichtigsten Regeln zur Morphologie und Syntax und beschränkt sich dabei auf das Wesentliche. Er verzichtet auf speziellere Regularitäten, auf die Erklärung bestimmter Zusammenhänge, auf eine Vielzahl von Beispielen und zum Teil auch auf umfangreiche Listen zu einzelnen Wortklassen (z. B. zu den Konjunktionen und zu den Partikeln). Er ist sowohl Lehrmittel für den Unterricht als auch Repetitorium bei Prüfungsvorbereitungen und soll dem Lernenden auch ohne Lehrer helfen, sich über die wichtigsten grammatischen Erscheinungen der deutschen Gegenwartssprache Auskunft zu holen. Wo diese Auskunft nicht ausreicht, muss freilich auf die entsprechenden Stellen der „Deutschen Grammatik" verwiesen werden.

In der vorliegenden Neubearbeitung des „Leitfadens der deutschen Grammatik", der bis 1990 unter dem Titel „Kurze deutsche Grammatik für Ausländer" erschien, erfolgte in allen grammatischen Bereichen eine Anpassung an den neueren Forschungsstand. Berücksichtigung fanden auch die Regeln der Rechtschreibreform vom 1. Juli 1996.

# INHALTSVERZEICHNIS

## ADJEKTIV 135

## ADVERB 154

INHALTSVERZEICHNIS

# Der Satz   219

## Satzglieder   219

## Satzgliedstellung   230

## Attribut   246

INHALTSVERZEICHNIS

# ABKÜRZUNGEN UND SYMBOLE

(Dieses Verzeichnis enthält die Abkürzungen und Symbole, die im gesamten Buch verwendet werden. Abkürzungen und Symbole, die nur in einzelnen Kapiteln erscheinen, werden dort erläutert.)

| | | | | |
|---|---|---|---|---|
| Sing. | = Singular | | Nom. bzw. N | = Nominativ |
| Pl. | = Plural | | Präp. | = Präposition |
| Pers. | = Person | | Inf. | = Infinitiv |
| Präs. | = Präsens | | Part. | = Partizip |
| Prät. | = Präteritum | | HS | = Hauptsatz |
| Perf. | = Perfekt | | NS | = Nebensatz |
| Plusq. | = Plusquamperfekt | | neg | = Negation |
| Fut. I | = Futur I | | obl. | = obligatorisch |
| Fut. II | = Futur II | | fak. | = fakultativ |
| Mask. | = Maskulinum | | ugs. | = umgangssprachlich |
| Neutr. | = Neutrum | | lit. | = literarisch |
| Fem. | = Femininum | | vgl. | = vergleiche |
| Akk. bzw. A | = Akkusativ | | u. Ä. | = und Ähnliches |
| Dat. bzw. D | = Dativ | | Ggs. | = Gegensatz |
| Gen. bzw. G | = Genitiv | | | |

| | |
|---|---|
| * | = ungrammatischer (= falscher) Satz |
| (*) | = halbgrammatischer (= unüblicher) Satz |
| → | = wird zu, ist transformierbar in |
| ← | = wird aus, ist transformierbar aus, geht zurück auf |
| ↛ | = wird nicht zu, ist nicht transformierbar in |
| ↚ | = wird nicht aus, ist nicht transformierbar aus, geht nicht zurück auf |

# Die einzelnen Wortklassen

## Verb

## 1 Formensystem

### 1.1 Konjugation

Die Verben sind die einzige Wortklasse, deren Elemente konjugiert werden können, d. h. in Person, Numerus, Tempus, Genus und Modus verändert werden können. Die folgende Konjugationstabelle zeigt die Formveränderungen, die bei der Konjugation des regelmäßigen Verbs *fragen* vor sich gehen:

| | | Aktiv | | Vorgangspassiv | |
|---|---|---|---|---|---|

#### *Präsens*

| Sing. | | *Indikativ* | *Konjunktiv* | *Indikativ* | *Konjunktiv* |
|---|---|---|---|---|---|
| 1. Pers. | ich | frage | frage | werde gefragt | werde gefragt |
| 2. Pers. | du | fragst | fragest | wirst gefragt | werdest gefragt |
| 3. Pers. | er, sie, es | fragt | frage | wird gefragt | werde gefragt |
| *Pl.* | | | | | |
| 1. Pers. | wir | fragen | fragen | werden gefragt | werden gefragt |
| 2. Pers. | ihr | fragt | fraget | werdet gefragt | werdet gefragt |
| 3. Pers. | sie | fragen | fragen | werden gefragt | werden gefragt |

#### *Präteritum*

| Sing. | | *Indikativ* | *Konjunktiv* | *Indikativ* | *Konjunktiv* |
|---|---|---|---|---|---|
| 1. Pers. | ich | fragte | fragte | wurde gefragt | würde gefragt |
| 2. Pers. | du | fragtest | fragtest | wurdest gefragt | würdest gefragt |
| 3. Pers. | er, sie, es | fragte | fragte | wurde gefragt | würde gefragt |
| *Pl.* | | | | | |
| 1. Pers. | wir | fragten | fragten | wurden gefragt | würden gefragt |
| 2. Pers. | ihr | fragtet | fragtet | wurdet gefragt | würdet gefragt |
| 3. Pers. | sie | fragten | fragten | wurden gefragt | würden gefragt |

| | | Aktiv | | Vorgangspassiv | |
|---|---|---|---|---|---|

## Perfekt

| | | Indikativ | Konjunktiv | Indikativ | Konjunktiv |
|---|---|---|---|---|---|
| *Sing.* | | | | | |
| 1. Pers. | ich | habe gefragt | habe gefragt | bin gefragt worden | sei gefragt worden |
| 2. Pers. | du | hast gefragt | habest gefragt | bist gefragt worden | sei(e)st gefragt worden |
| 3. Pers. | er, sie, es | hat gefragt | habe gefragt | ist gefragt worden | sei gefragt worden |
| *Pl.* | | | | | |
| 1. Pers. | wir | haben gefragt | haben gefragt | sind gefragt worden | seien gefragt worden |
| 2. Pers. | ihr | habt gefragt | habet gefragt | seid gefragt worden | seiet gefragt worden |
| 3. Pers. | sie | haben gefragt | haben gefragt | sind gefragt worden | seien gefragt worden |

| | | Aktiv | | Vorgangspassiv | |
|---|---|---|---|---|---|

## Plusquamperfekt

| | | Indikativ | Konjunktiv | Indikativ | Konjunktiv |
|---|---|---|---|---|---|
| *Sing.* | | | | | |
| 1. Pers. | ich | hatte gefragt | hätte gefragt | war gefragt worden | wäre gefragt worden |
| 2. Pers. | du | hattest gefragt | hättest gefragt | warst gefragt worden | wär(e)st gefragt worden |
| 3. Pers. | er, sie, es | hatte gefragt | hätte gefragt | war gefragt worden | wäre gefragt worden |
| *Pl.* | | | | | |
| 1. Pers. | wir | hatten gefragt | hätten gefragt | waren gefragt worden | wären gefragt worden |
| 2. Pers. | ihr | hattet gefragt | hättet gefragt | wart gefragt worden | wär(e)t gefragt worden |
| 3. Pers. | sie | hatten gefragt | hätten gefragt | waren gefragt worden | wären gefragt worden |

## Futur I

| Sing. | | Aktiv | | Vorgangspassiv | |
|---|---|---|---|---|---|
| | | Indikativ | Konjunktiv | Indikativ | Konjunktiv |
| 1. Pers. | ich | werde fragen | werde fragen | werde gefragt werden | werde gefragt werden |
| 2. Pers. | du | wirst fragen | werdest fragen | wirst gefragt werden | werdest gefragt werden |
| 3. Pers. | er, sie, es | wird fragen | werde fragen | wird gefragt werden | werde gefragt werden |
| Pl. | | | | | |
| 1. Pers. | wir | werden fragen | werden fragen | werden ge- fragt werden | werden gefragt werden |
| 2. Pers. | ihr | werdet fragen | werdet fragen | werdet ge- fragt werden | werdet gefragt werden |
| 3. Pers. | sie | werden fragen | werden fragen | werden ge- fragt werden | werden gefragt werden |

## Futur II

### Aktiv

| Sing. | | Indikativ | Konjunktiv |
|---|---|---|---|
| 1. Pers. | ich | werde gefragt haben | werde gefragt haben |
| 2. Pers. | du | wirst gefragt haben | werdest gefragt haben |
| 3. Pers. | er, sie, es | wird gefragt haben | werde gefragt haben |
| Pl. | | | |
| 1. Pers. | wir | werden gefragt haben | werden gefragt haben |
| 2. Pers. | ihr | werdet gefragt haben | werdet gefragt haben |
| 3. Pers. | sie | werden gefragt haben | werden gefragt haben |

### Vorgangspassiv

| Sing. | | Indikativ | Konjunktiv |
|---|---|---|---|
| 1. Pers. | ich | werde gefragt worden sein | werde gefragt worden sein |
| 2. Pers. | du | wirst gefragt worden sein | werdest gefragt worden sein |
| 3. Pers. | er, sie, es | wird gefragt worden sein | werde gefragt worden sein |
| Pl. | | | |
| 1. Pers. | wir | werden gefragt worden sein | werden gefragt worden sein |
| 2. Pers. | ihr | werdet gefragt worden sein | werdet gefragt worden sein |
| 3. Pers. | sie | werden gefragt worden sein | werden gefragt worden sein |

## 1.2   FORMENBILDUNG DER REGELMÄSSIGEN VERBEN

### 1.2.1   PRÄSENS

Der Indikativ des Präsens wird gebildet, indem an den Stamm des Verbs folgende Personalendungen angefügt werden:

| 1. Pers. Sing.: | –e  | 1. Pers. Pl.: | –en |
|-----------------|-----|---------------|-----|
| 2. Pers. Sing.: | –st | 2. Pers. Pl.: | –t  |
| 3. Pers. Sing.: | –t  | 3. Pers. Pl.: | –en |

Anmerkungen:

1. In der 2. Pers. Sing., 3. Pers. Sing. und 2. Pers. Pl. wird zwischen Stamm und Personalendung ein *-e-* eingefügt, wenn der Stamm auf *-d* oder *-t* endet:

du red**est**, er red**et**, ihr red**et**

2. In der Endung der 2. Pers. Sing. fällt das *s* weg, wenn der Stamm des Verbs auf *-s*, *-ß*,
*-x* oder *-z* ausgeht:

du ra**st**, du grü**ßt**, du mi**xt**, du hei**zt**

3. In der 1. Pers. Sing. wird im Stamm das *e* ausgestoßen, wenn der Infinitiv auf *-eln*
ausgeht:

hand**eln** – ich hand**le**

4. In der 1. Pers. und 3. Pers. Pl. tritt statt *-en* nur die Endung *-n* auf, wenn der Infinitiv
auf *-eln* oder *-ern* ausgeht:

wir hand**eln**, sie hand**eln**

### 1.2.2   PRÄTERITUM

Der Indikativ des Präteritums wird bei den regelmäßigen Verben gebildet,
indem zwischen Stamm und Personalendung ein *-t-* eingefügt wird. In der
2. Pers. Sing. und Pl. wird nicht nur ein *-t-*, sondern *-te-* eingefügt. In der
3. Pers. Sing. – die schon im Präsens auf *-t* ausgeht – wird im Präteritum der
regelmäßigen Verben ein zusätzliches *-e* angefügt:

| ich frag-**t**-e | wir frag-**t**-en |
|------------------|-------------------|
| du frag-**te**-st | ihr frag-**te**-t |
| er frag-**t**-e | sie frag-**t**-en |

Anmerkung:

In der 2. Pers. Sing., 3. Pers. Sing. und 2. Pers. Pl. wird zwischen dem Stamm einerseits
und dem Präteritumskennnzeichen *t* und der Personalendung andererseits ein *-e-* eingefügt, wenn der Stamm auf *-d* oder *-t* endet:

du red-**e**-t-est

1.2.3 ANDERE TEMPORA

Das *Perfekt* wird gebildet durch das Präsens des Hilfsverbs *haben* oder *sein* + Partizip II.
Das *Plusquamperfekt* wird gebildet durch das Präteritum des Hilfsverbs *haben* oder *sein* + Partizip II.
Das *Futur I* wird gebildet durch das Präsens des Hilfsverbs *werden* + Infinitiv I.
Das *Futur II* wird gebildet durch das Präsens des Hilfsverbs *werden* + Infinitiv II.

1.3 PERSON UND NUMERUS

1. Die Kategorie der *Person* (im grammatischen Sinne) ist in jeder konjugierten Form des Verbs enthalten.
Es sind drei Personen zu unterscheiden:

|  | *Singular* | *Plural* |
|---|---|---|
| die sprechende Person (1. Pers.) | ich | wir |
| die angesprochene Person (2. Pers.) | du | ihr |
| die besprochene Person (3. Pers.) | er, sie, es | sie |

Der Begriff der grammatischen Person umschließt in der 3. Person sowohl Personen als auch Nicht–Personen der außersprachlichen Realität. Bei der 1. und 2. grammatischen Person handelt es sich immer auch um natürliche Personen.

2. Auch die Kategorie des *Numerus* ist in jeder konjugierten Verbform enthalten. Es sind zwei Numeri zu unterscheiden: Singular (Einzahl, Nicht-Gegliedertheit) und Plural (Mehrzahl, Gegliedertheit).

3. Zwischen dem syntaktischen Subjekt des Satzes und der konjugierten Form (Personalform, finite Form) des Verbs besteht das Verhältnis der *Kongruenz*. Kongruenz bedeutet Übereinstimmung des finiten Verbs mit dem Subjekt in Person und Numerus. Die Personalform des Verbs muss in Person und Numerus dem Subjekt entsprechen:

*Ich* hol**e** das Buch.
*Er* hol**t** das Buch.
*Die Studenten* hol**en** das Buch.

# 2 Einteilung der Verben

## 2.1 Klassifizierung der Verben nach morphologischen Kriterien

### 2.1.1 Finite und infinite Verbformen

1. Die finiten Verbformen drücken 5 Kategorien aus:

(1) die drei Personen
(2) die zwei Numeri: Singular und Plural
(3) die sechs Tempora: Präsens, Präteritum, Perfekt, Plusquamperfekt, Futur I, Futur II
(4) die drei Genera: Aktiv, Vorgangspassiv, Zustandspassiv
(5) die drei Modi: Indikativ, Konjunktiv, Imperativ

2. Die infiniten Verbformen drücken die Person, den Numerus sowie den Modus nicht aus und sind nicht konjugiert.

### 2.1.2 Regelmässige und unregelmässige Verben

Nach der *Art der Flexion* unterscheiden wir zwischen *regelmäßigen* und *unregelmäßigen* Verben.

#### 2.1.2.1 Unterschiede zwischen regelmässigen und unregelmässigen Verben

1. Zwischen den regelmäßigen und den unregelmäßigen Verben bestehen folgende primäre Unterschiede:

(1) Regelmäßige Verben bilden ihr Präteritum mit Hilfe des Suffixes *-t-*, unregelmäßige Verben ohne zusätzliches Suffix.
(2) Regelmäßige Verben bilden ihr Partizip II mit dem Suffix *-t* oder *-et*, unregelmäßige Verben mit Hilfe des Suffixes *-en*.
(3) Regelmäßige Verben ändern im Präteritum und Partizip II ihren Stammvokal nicht, unregelmäßige Verben ändern ihren Stammvokal in gesetzmäßiger Weise in den drei Stammformen Infinitiv – Präteritum – Partizip II (Ablaut).
Wir vergleichen:

fragen – frag-t-e – gefragt    (regelmäßig)
finden – fand – gefund-en    (unregelmäßig)

2. Neben diesen primären Unterschieden gibt es folgende Besonderheiten der unregelmäßigen Verben:

(1) Im Unterschied zu den regelmäßigen Verben ist die 1. und 3. Pers. Sing. im Präteritum bei den unregelmäßigen Verben endungslos:

ich fand – er fand

Aber regelmäßig:
ich frag**te** – er frag**te**

(2) Bei verschiedenen unregelmäßigen Verben tritt in der 2. und 3. Pers. Sing. ein zusätzlicher Wandel des Stammvokals auf, entweder (a) ein *i*-Umlaut (*a → ä, o → ö, au → äu*) oder (b) ein Wechsel von *e* – vereinzelt auch *ä* und *ö* – zu *i* bzw. *ie*:[1]

(a) b**a**cken:    ich b**a**cke, du b**ä**ckst, er b**ä**ckt
    st**o**ßen:    ich st**o**ße, du st**ö**ßt, er st**ö**ßt
    l**au**fen:    ich l**au**fe, du l**äu**fst, er l**äu**ft
(b) h**e**lfen:    ich h**e**lfe, du h**i**lfst, er h**i**lft
    geb**ä**ren:    ich geb**ä**re, du geb**ie**rst, sie geb**ie**rt
    erl**ö**schen:    es erl**i**scht

### 2.1.2.2 BESONDERE GRUPPEN DER UNREGELMÄSSIGEN VERBEN

1. Die drei Verben *gehen*, *stehen*, *tun* haben zusätzlich einen Wechsel im Konsonantismus:

ge**h**en – gi**ng** – gega**ng**en
ste**h**en – sta**nd** – gesta**nd**en
tu**n** – ta**t** – geta**n**

2. Das Verb *sein* setzt sich in der Konjugation aus verschiedenen Stämmen zusammen:

ich bin, du bist, er ist, wir sind, ihr seid, sie sind
ich war, ich bin gewesen

### 2.1.2.3 BESONDERE GRUPPEN DER REGELMÄSSIGEN VERBEN

Zu den regelmäßigen Verben gehören auch einige Gruppen von Verben, die in ihrer Tempusbildung einige Besonderheiten aufweisen.

1. Einige Verben (*brennen, kennen, nennen, rennen, senden, wenden*) verändern ihren Stammvokal; sie haben im Präsens ein *e*, im Präteritum und im Partizip II jedoch ein *a*:

br**e**nnen, br**a**nnte, gebr**a**nnt
k**e**nnen, k**a**nnte, gek**a**nnt

---

[1] Wenn solche Verben im Stamm auf *-t* auslauten, sind sie in der 3. Pers. Sing. endungslos:
    fechten – er ficht; flechten – er flicht

Anmerkung:

Von den Verben dieser Gruppe haben *senden* und *wenden* auch Konjugationsformen, die diese Unregelmäßigkeit nicht zeigen:

senden, sendete / sandte, gesendet / gesandt
wenden, wendete / wandte, gewendet / gewandt

2. Einige andere Verben (*bringen, denken*) verändern ebenfalls im Präteritum und Partizip II ihren Stammvokal im Verhältnis zum Präsens; außerdem wird das *n* des Präsens ausgestoßen und der dem *n* folgende Konsonant verändert:

bringen – br**ach**te – gebr**ach**t
denken – d**ach**te – ged**ach**t

3. Die Modalverben und das Verb *wissen* weisen mehrere Besonderheiten auf; vgl. dazu „Verb" 4.2.1.

### 2.1.2.4 ALPHABETISCHE LISTE DER UNREGELMÄSSIGEN VERBEN

Die Liste enthält die drei Stammformen (Infinitiv – Präteritum – Partizip II) und folgende zusätzliche Informationen:
(1) Vor dem Infinitiv steht ein (*r*), wenn das gleiche Verb auch regelmäßig konjugiert werden kann, wenn auch manchmal mit verschiedener Valenz und / oder verschiedener Bedeutung.
(2) Vor der betreffenden Form steht ein +, wenn es sich um eine veraltete oder ausschließlich gehobene Konjugationsform handelt.
(3) In Klammern hinter dem Infinitiv steht die 3. Pers. Sing. Präs., wenn die 2. und 3. Pers. Sing. Präs. vom Infinitiv abweicht, etwa durch Umlaut oder Wechsel von *e* (*ä, ö*) zu *i*.
(4) In Klammern hinter dem Präteritum steht der Stammvokal des Konjunktivs Präteritum, wenn dieser vom Indikativ Präteritum abweicht.
(5) In Klammern vor dem Partizip II steht *ist*, wenn die Vergangenheitsformen mit *sein* gebildet werden. *Hat* ist nur vermerkt, wenn es alternativ zu *sein* verwendet wird.
(6) In die alphabetische Liste sind auch jene Verben aufgenommen, die ihrem Wesen nach zwar regelmäßig konjugiert werden, aber einige Besonderheiten aufweisen.

| | *Infinitiv* | *Präteritum* | *Partizip II* |
|---|---|---|---|
| (r) | backen (bäckt / backt) | buk (+ ü) | gebacken |
| | befehlen (befiehlt) | befahl (+ ö / ä) | befohlen |
| | beginnen | begann (+ ä / ö) | begonnen |
| | beißen | biss | gebissen |
| | bergen (birgt) | barg (+ ä) | geborgen |
| | bersten (birst) | barst (+ ä) | (ist) geborsten |

| Infinitiv | Präteritum | Partizip II |
|-----------|------------|-------------|
| (r) bewegen | bewog (+ ö) | bewogen |
| biegen | bog (+ ö) | (hat / ist) gebogen |
| bieten | bot (ö) | geboten |
| binden | band (ä) | gebunden |
| bitten | bat (ä) | gebeten |
| blasen (bläst) | blies | geblasen |
| bleiben | blieb | (ist) geblieben |
| (r) + bleichen | blich | (ist) geblichen |
| braten (brät) | briet | gebraten |
| brechen (bricht) | brach (ä) | gebrochen |
| brennen | brannte (+ e) | gebrannt |
| bringen | brachte (ä) | gebracht |
| denken | dachte (ä) | gedacht |
| (r) + dingen | dang (ä) | gedungen |
| dreschen (drischt) | drosch (+ ö), drasch (+ ä) | gedroschen |
| dringen | drang (+ ä) | (ist / hat) gedrungen |
| dürfen (darf) | durfte (ü) | gedurft |
| empfangen (empfängt) | empfing | empfangen |
| empfehlen (empfiehlt) | empfahl (+ ä / ö) | empfohlen |
| empfinden | empfand (ä) | empfunden |
| erlöschen (erlischt) | erlosch (+ ö) | (ist) erloschen |
| (r) erschrecken (erschrickt) | erschrak (+ ä) | (ist) erschrocken |
| essen (isst) | aß (ä) | gegessen |
| fahren (fährt) | fuhr (ü) | (ist / hat) gefahren |
| fallen (fällt) | fiel | (ist) gefallen |
| fangen (fängt) | fing | gefangen |
| fechten (ficht) | focht (+ ö) | gefochten |
| finden | fand (ä) | gefunden |
| flechten (flicht) | flocht (+ ö) | geflochten |
| fliegen | flog (ö) | (ist / hat) geflogen |
| fliehen | floh (+ ö) | (ist) geflohen |
| fließen | floss (+ ö) | (ist) geflossen |
| (r) + fragen | frug (ü) | gefragt |
| fressen (frisst) | fraß (ä) | gefressen |
| frieren | fror (ö) | gefroren |
| (r) gären | gor (+ ö) | (ist / hat) gegoren |
| gebären (gebärt / gebiert) | gebar (ä) | geboren |
| geben (gibt) | gab (ä) | gegeben |
| gedeihen | gedieh | (ist) gediehen |
| gehen | ging | (ist) gegangen |
| gelingen | gelang (ä) | (ist) gelungen |

| Infinitiv | Präteritum | Partizip II |
|---|---|---|
| gelten (gilt) | galt (+ ä) | gegolten |
| genesen | genas (+ ä) | (ist) genesen |
| genießen | genoss (ö) | genossen |
| geraten (gerät) | geriet | (ist) geraten |
| geschehen (geschieht) | geschah (ä) | (ist) geschehen |
| gewinnen | gewann (+ ä / ö) | gewonnen |
| gießen | goss (+ ö) | gegossen |
| gleichen | glich | geglichen |
| (r) gleiten | glitt | (ist) geglitten |
| (r) glimmen | glomm (+ ö) | geglommen |
| graben (gräbt) | grub (+ ü) | gegraben |
| greifen | griff | gegriffen |
| haben (hast, hat) | hatte (ä) | gehabt |
| halten (hält) | hielt | gehalten |
| (r) hängen | hing | gehangen |
| (r) hauen | hieb | gehauen |
| heben | hob (+ ö) | gehoben |
| heißen | hieß | geheißen |
| helfen (hilft) | half (+ ä / ü) | geholfen |
| kennen | kannte (+ e) | gekannt |
| (r) + klimmen | klomm (ö) | geklommen |
| klingen | klang (ä) | geklungen |
| kneifen | kniff | gekniffen |
| kommen | kam (ä) | (ist) gekommen |
| können (kann) | konnte (ö) | gekonnt |
| kriechen | kroch (+ ö) | (ist) gekrochen |
| laden (lädt / ladet) | lud (+ ü) | geladen |
| lassen (lässt) | ließ | gelassen |
| laufen (läuft) | lief | (ist) gelaufen |
| leiden | litt | gelitten |
| leihen | lieh | geliehen |
| lesen (liest) | las (ä) | gelesen |
| liegen | lag (ä) | gelegen |
| lügen | log (+ ö) | gelogen |
| mahlen | mahlte | gemahlen |
| meiden | mied | gemieden |
| (r) melken | molk (+ ö) | gemolken |
| messen (misst) | maß (+ ä) | gemessen |
| misslingen | misslang (ä) | (ist) misslungen |
| mögen (mag) | mochte (ö) | gemocht |
| müssen (muss) | musste (ü) | gemusst |
| nehmen (nimmt) | nahm (ä) | genommen |

| Infinitiv | Präteritum | Partizip II |
|---|---|---|
| nennen | nannte (+ e) | genannt |
| pfeifen | pfiff | gepfiffen |
| (r) + pflegen | pflog (ö) | gepflogen |
| preisen | pries | gepriesen |
| (r)  quellen (quillt) | quoll (+ ö) | (ist) gequollen |
| raten (rät) | riet | geraten |
| reiben | rieb | gerieben |
| reißen | riss | (ist / hat) gerissen |
| reiten | ritt | (ist / hat) geritten |
| rennen | rannte (+ e) | (ist) gerannt |
| riechen | roch (+ ö) | gerochen |
| ringen | rang (+ ä) | gerungen |
| rinnen | rann (+ ä / ö) | (ist) geronnen |
| rufen | rief | gerufen |
| (r)  salzen | salzte | gesalzen |
| saufen (säuft) | soff (+ ö) | gesoffen |
| (r)  saugen | sog (+ ö) | gesogen |
| (r)  schaffen | schuf (ü) | geschaffen |
| (r)  schallen | scholl (+ ö) | geschollen (aber: [ist] erschollen |
| scheiden | schied | (hat / ist) geschieden |
| scheinen | schien | geschienen |
| scheißen | schiss | geschissen |
| schelten (schilt) | schalt (+ ä / ö) | gescholten |
| (r)  scheren | schor (ö) | geschoren |
| schieben | schob (+ ö) | geschoben |
| schießen | schoss (+ ö) | geschossen |
| (r) + schinden | schund (ü) | geschunden |
| schlafen (schläft) | schlief | geschlafen |
| schlagen (schlägt) | schlug (ü) | geschlagen |
| schleichen | schlich | (ist) geschlichen |
| (r)  schleifen | schliff | geschliffen |
| (r) + schleißen | schliss | geschlissen |
| schließen | schloss (ö) | geschlossen |
| schlingen | schlang (+ ä) | geschlungen |
| schmeißen | schmiss | geschmissen |
| (r)  schmelzen (schmilzt) | schmolz (+ ö) | (hat / ist) geschmolzen |
| (r) + schnauben | schnob (ö) | geschnoben |
| schneiden | schnitt | geschnitten |
| schreiben | schrieb | geschrieben |
| schreien | schrie | geschrien |
| schreiten | schritt | (ist) geschritten |

| Infinitiv | Präteritum | Partizip II |
|---|---|---|
| schweigen | schwieg | geschwiegen |
| (r) schwellen (schwillt) | schwoll (+ ö) | (ist) geschwollen |
| schwimmen | schwamm (+ ä / ö) | (ist / hat) geschwommen |
| schwinden | schwand (+ ä) | (ist) geschwunden |
| schwingen | schwang (+ ä) | geschwungen |
| (r) schwören | schwor (ö), schwur (+ ü) | geschworen |
| sehen (sieht) | sah (ä) | gesehen |
| sein (ist) | war (ä) | (ist) gewesen |
| (r) senden | sandte (e) | gesandt |
| (r) sieden | sott (+ ö) | gesotten |
| singen | sang (ä) | gesungen |
| sinken | sank (ä) | (ist) gesunken |
| sinnen | sann (+ ä / ö) | gesonnen |
| sitzen | saß (ä) | gesessen |
| sollen (soll) | sollte | gesollt |
| (r) spalten | spaltete | gespalten |
| speien | spie | gespien |
| spinnen | spann (+ ä / ö) | gesponnen |
| sprechen (spricht) | sprach (ä) | gesprochen |
| sprießen | spross (+ ö) | (ist) gesprossen |
| springen | sprang (ä) | (ist) gesprungen |
| stechen (sticht) | stach (+ ä) | gestochen |
| (r) +stecken | stak (ä) | gesteckt |
| stehen | stand (ä / ü) | gestanden |
| stehlen (stiehlt) | stahl (+ ä) | gestohlen |
| steigen | stieg | (ist) gestiegen |
| sterben (stirbt) | starb (+ ü) | (ist) gestorben |
| (r) stieben | stob (+ ö) | (ist) gestoben |
| stinken | stank | gestunken |
| stoßen (stößt) | stieß | (hat / ist) gestoßen |
| streichen | strich | (hat / ist) gestrichen |
| streiten | stritt | gestritten |
| tragen (trägt) | trug (ü) | getragen |
| treffen (trifft) | traf (ä) | getroffen |
| treiben | trieb | (hat / ist) getrieben |
| treten (tritt) | trat (ä) | (hat / ist) getreten |
| (r) triefen | troff (+ ö) | getroffen |
| trinken | trank (ä) | getrunken |
| trügen | trog (+ ö) | getrogen |
| tun (tut) | tat (ä) | getan |
| verderben (verdirbt) | verdarb (ü) | (hat / ist) verdorben |

| Infinitiv | Präteritum | Partizip II |
|---|---|---|
| verdrießen | verdross (+ ö) | verdrossen |
| vergessen (vergisst) | vergaß (ä) | vergessen |
| verlieren | verlor (+ ö) | verloren |
| (r) verlöschen (verlischt) | verlosch (+ ö) | (ist) verloschen |
| wachsen (wächst) | wuchs (ü) | (ist) gewachsen |
| wägen | wog (+ ö) | gewogen |
| waschen (wäscht) | wusch (+ ü) | gewaschen |
| (r) + weben | wob (ö) | gewoben |
| (r) weichen | wich | (ist) gewichen |
| weisen | wies | gewiesen |
| (r) wenden | wandte (e) | gewandt |
| werben (wirbt) | warb (+ ü) | (ist) geworben |
| werden (wirst, wird) | wurde (ü) | (ist) geworden |
| werfen (wirft) | warf (+ ü) | geworfen |
| (r) wiegen[1] | wog (ö) | gewogen |
| winden | wand (+ ä) | gewunden |
| wissen (weiß) | wusste (ü) | gewusst |
| wollen (will) | wollte | gewollt |
| wringen | wrang (+ ä) | gewrungen |
| + zeihen | zieh | geziehen |
| ziehen | zog (ö) | (hat / ist) gezogen |
| zwingen | zwang (ä) | gezwungen |

#### 2.1.2.5 MISCHTYPEN VON REGELMÄSSIGER UND UNREGELMÄSSIGER KONJUGATION

1. Ein Mischtyp entsteht dadurch, dass neben einem unregelmäßigen Prä-teritum ein regelmäßiges Partizip II steht oder umgekehrt:

mahlen – mahlte – gemahlen
spalten – spaltete – gespaltet / gespalten
hauen – hieb / haute – gehauen
stecken – steckte / stak – gesteckt

2. Ein anderer Mischtyp entsteht dadurch, dass regelmäßige und unregel-mäßige Konjugationsformen ohne Bedeutungsunterschied nebeneinander stehen:

gären – gärte / gor – gegärt / gegoren
melken – melkte / molk – gemelkt / gemolken

3. Ein dritter Mischtyp entsteht dadurch, dass regelmäßige und unregel-mäßige Konjugationsformen mit Bedeutungsunterschied nebeneinander stehen; es handelt sich um homonyme Verbvarianten:

bewegen:
Er *bewog* ihn zu dieser Entscheidung.   (= veranlassen)
Die Nachricht *bewegte* die Welt.   (= in Bewegung versetzen, emotional berühren)

schaffen:
Der Dichter *schuf* ein großes Kunstwerk.   (= schöpferisch gestalten)
Wir haben heute viel *geschafft*.   (= arbeiten, erledigen)
Er hat den Brief zur Post *geschafft*.   (= wegbringen)

erschrecken:
Das Auto hat das Kind *erschreckt*.   (= in den Zustand des Schreckens versetzen)
Das Kind ist vor dem Auto *erschrocken*.   (= in den Zustand des Erschreckens geraten)

## 2.2   KLASSIFIZIERUNG DER VERBEN NACH SYNTAKTISCHEN KRITERIEN

### 2.2.1   VERHÄLTNIS IM PRÄDIKAT

Nach dem *Verhältnis* im *Prädikat* unterscheidet man zwischen *Vollverben* (die allein das Prädikat des Satzes bilden) und *Nicht-Vollverben* (die nicht allein, sondern zusammen mit anderen Gliedern das Prädikat bilden, also nur „helfen", das Prädikat aufzubauen). Zu den Nicht–Vollverben gehören:

— *haben, sein, werden*: als *Hilfsverben* kommen sie zusammen mit dem Infinitiv ohne *zu* und dem Partizip II vor und dienen der Bildung der zusammengesetzten Tempus– und Passivformen (vgl. „Verb" 4.1):

Er *wird* morgen kommen.
Der Kranke *wird* von ihr besucht.

— *dürfen, können, mögen, müssen, sollen, wollen*: als *Modalverben* kommen sie zusammen mit dem Infinitiv ohne *zu* vor und drücken eine Modalität (Fähigkeit, Möglichkeit, Notwendigkeit, Wunsch; Sprecherstellungnahme) aus (vgl. „Verb" 4.2):

Das Mädchen *kann* gut schwimmen.
Er *kann* jetzt in Paris sein.

— *modifizierende Verben* (scheinen, brauchen, pflegen, wissen u. a. — jeweils in bestimmten Varianten), die nur zusammen mit einem Infinitiv mit *zu* vorkommen und in der Bedeutung z. T. den Modalverben sehr ähnlich sind:

Das Kind *scheint* zu schlafen.
Er *weiß* sich zu helfen.   (= *kann* sich helfen)
Sie *braucht* nicht zu kommen.   (= *muss* nicht kommen)

— *Funktionsverben* (vgl. „Verb" 2.3.2), die nur im Zusammenhang mit einem nominalen Bestandteil (Akkusativ oder Präpositionalgruppe) das Prädikat bilden:

zur Aufführung *bringen / kommen,* Anerkennung *finden*

— *bekommen-Verben* (vgl. „Verb" 6.4.2), die in einer bestimmten Verwendung nur im Zusammenhang mit einem Partizip II vorkommen und zum Ausdruck des Passivs dienen:

Er *bekommt* das Buch geschenkt.

— *Kopulaverben (sein, werden, bleiben),* die zusammen mit einem Adjektiv oder Substantiv (als Prädikativ) das Prädikat bilden:

Er *ist / wird* krank.
Sie *ist / wird / bleibt* Katholikin.

Daraus ergibt sich folgendes Bild:

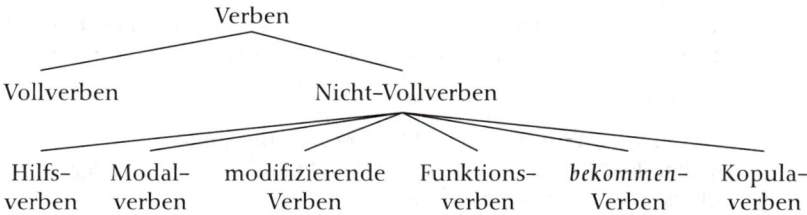

Obwohl alle Nicht–Vollverben das Prädikat des Satzes nicht allein bilden, unterscheiden sich ihre verschiedenen Gruppen in deutlicher Weise sowohl in ihrer Funktion als auch in ihren charakteristischen Umgebungen (z. B. Infinitiv mit oder ohne *zu,* Akkusativ bzw. Präpositionalgruppe, Partizip II, Substantiv im Nominativ oder Adjektiv).

## 2.2.2 VERHÄLTNIS ZUM SUBJEKT

Nach dem *Verhältnis zum Subjekt* unterscheidet man vier Arten von Verben:

1. Die meisten Verben können mit einem Subjekt aller drei Personen verbunden werden; man nennt diese Verben *persönliche Verben:*

*ich* schwimme, *du* schwimmst, *er* schwimmt, *wir* schwimmen, *ihr* schwimmt, *sie* schwimmen

2. Einige Verben können nur mit einem Subjekt der 3. Person verbunden werden:

Die Arbeit misslang ihm.

3. Andere Verben werden vor allem mit dem unpersönlichen *es* (3. Person) als Subjekt verbunden; man nennt diese Verben *unpersönliche Verben*:

Es regnet.

4. Eine weitere Gruppe bilden jene Verben, die notwendig mit einem logischen Subjekt im Plural erscheinen, das jedoch syntaktisch entweder durch ein pluralisches Subjekt (a) oder durch ein singularisches Subjekt in Verbindung mit einer Präpositionalgruppe mit der Präposition *mit* (b) ausgedrückt ist:

(a) *Wir* vereinbaren die nächste Besprechung.
(b) *Ich* vereinbare *mit ihm* die nächste Besprechung.

## 2.2.3   Verhältnis zum Objekt

Nach dem *Verhältnis zum Objekt* unterscheidet man *transitive* und *intransitive Verben*.

*Transitive Verben* sind solche Verben, bei denen ein Akkusativobjekt stehen kann, das bei der Passivtransformation zum Subjektsnominativ wird:

besuchen, senden, verweisen, erwarten, anregen . . .

*Intransitive Verben* sind solche Verben, bei denen kein Akkusativobjekt stehen kann, unabhängig davon, ob ein anderes Kasus– oder Präpositionalobjekt bei ihnen stehen kann:

denken, sterben, helfen, warten, fallen, reisen, erkranken, wachsen, ruhen
. . .

Zu den syntaktischen Reflexen des Unterschieds zwischen transitiven und intransitiven Verben vgl. „Verb" 5 und 6.

Anmerkung:

Nicht zu den transitiven Verben gerechnet werden solche Verben, die zwar einen Akkusativ bei sich haben, der jedoch bei der Passivtransformation nicht zum Subjektsnominativ wird:

Der Sammelband *enthält* viele Aufsätze.
→ *Viele Aufsätze werden von dem Sammelband enthalten.

Solche Verben mit einem nicht–subjektfähigen Akkusativ (einem Akkusativ des Inhalts) sind weder transitiv noch intransitiv, sondern sind Mittelverben (pseudotransitive Verben).

Zu den intransitiven Verben gehören:
— solche Verben, die außer dem Subjekt keine weiteren Ergänzungen (Objekte) im Satz brauchen (z. B. *blühen, scheinen, schwimmen, untergehen*): *absolute* Verben;

— solche Verben, die außer dem Subjekt mindestens eine weitere Ergänzung im Satz brauchen, damit der Satz grammatisch vollständig wird (z. B. *gehören, helfen, sich widmen, gedenken, sorgen, wohnen, liegen*): *relative Verben.*

Folglich sind alle transitiven Verben zugleich auch relative Verben (da sie ein Akkusativobjekt haben), aber nicht alle relativen Verben sind transitiv. Relative Verben können transitiv (wenn sie ein Akkusativobjekt bei sich haben) oder intransitiv sein (wenn sie andere Ergänzungen — z. B. im Dativ, im Genitiv oder in einer Präpositionalgruppe — haben), absolute Verben sind dagegen automatisch auch intransitiv:

| | |
|---|---|
| Er besucht seinen Freund. | (transitiv; relativ) |
| Der Koffer enthält zwei Anzüge. | (Mittelverb; relativ) |
| Er hilft seinem Freund. | (intransitiv; relativ) |
| Wir warten auf den Freund. | (intransitiv; relativ) |
| Paris liegt an der Seine. | (intransitiv; relativ) |
| Die Rosen verblühen. | (intransitiv; absolut) |

## 2.2.4 REKTION DER VERBEN

Die Rektion der Verben ist ihre Fähigkeit, ein von ihnen abhängiges Substantiv (oder Pronomen) in einem bestimmten Kasus (Prädikativ, Kasusobjekt oder Präpositionalobjekt) zu fordern. Manche Verben können auch zwei verschiedene Kasus nebeneinander regieren, andere regieren alternativ zwei (oder mehr) verschiedene Kasus; oftmals ist damit ein Bedeutungsunterschied verbunden. Die Rektion der Verben gibt keine Auskunft darüber, ob Subjekte, Adverbialbestimmungen, Infinitive, Nebensätze usw. stehen können oder müssen, ob die Objekte obligatorisch oder fakultativ auftreten. Diese Eigenschaften werden von der Valenz festgelegt; vgl. „Satzmodelle" 1 und 2.

Die folgenden Listen geben eine kleine Auswahl der Verben mit Rektion:

1. Verben, die den *Nominativ* (als Prädikativ) regieren:

bleiben, heißen, sein, werden; genannt werden

2. Verben, die den *Akkusativ* regieren:

achten, anreden, anschreien, ansehen, bauen, bedeuten, behalten, benutzen, bewahren, bewundern, ehren, einwickeln, einschmieren, ersteigen, erziehen, essen, hassen, lesen, lieben, loben, salzen, schlagen, schreiben, tadeln, trinken, umgestalten, umschreiben, verstecken, verteidigen, zeichnen

3. Verben, die den *Dativ* regieren:

abraten, ähneln, angehören, auffallen, ausweichen, begegnen, beistehen, danken, dienen, drohen, einfallen, entgegengehen, entgehen, entsprechen, fehlen, folgen, gefallen, gehorchen, gehören, gelingen, genügen, geraten, glücken, gratulieren, helfen, missfallen, misslingen, missraten, misstrauen, nachgeben, nachgehen, nützen, passen, schaden, schmecken, trauen, unterliegen, vertrauen, vorangehen, widersprechen, zukommen, zuhören, zuraten, zureden, zustreben, zustimmen, zuvorkommen

4. Verben, die den *Genitiv* regieren:

sich annehmen, bedürfen, sich bemächtigen, sich enthalten, sich entsinnen, sich erbarmen, sich erinnern, sich (er)freuen, gedenken, sich rühmen, sich schämen

5. Verben, die *einen Präpositionalkasus* regieren:

$an_D$:   arbeiten, sich bereichern, erkranken, fehlen, gewinnen, hängen, liegen, mitwirken, sich rächen, sterben, teilnehmen, verlieren, zweifeln

$an_A$:   anknüpfen, appellieren, denken, sich entsinnen, glauben, sich machen, sich wenden

$auf_D$:   basieren, beharren, beruhen, bestehen, fußen

$auf_A$:   achten, ankommen, aufpassen, ausgehen, sich berufen, sich beschränken, sich besinnen, sich beziehen, eingehen, sich einstellen, folgen, hoffen, hören, sich konzentrieren, reagieren, sich verlassen, vertrauen, verzichten, warten

*aus*:   bestehen, sich ergeben, folgen, resultieren

*bei*:   anrufen, bleiben

*für*:   sich bedanken, eintreten, sich entscheiden, gelten, sich interessieren, sein, sorgen, stimmen

*gegen*:   sich aussprechen, einschreiten, sich entscheiden, sich erheben, kämpfen, polemisieren, protestieren, stimmen, sich sträuben, verstoßen, sich wehren, sich wenden

$in_D$:   sich ausdrücken, bestehen, sich täuschen, sich üben

$in_A$:   eintreten, einwilligen, sich fügen, sich verlieben, sich vertiefen

*mit*:   sich abgeben, anfangen, aufhören, sich aussprechen, sich befassen, beginnen, sich begnügen, sich beschäftigen, diskutieren, reden, sprechen, sich unterhalten, sich verheiraten, sich verloben, zögern, zusammenstoßen

*nach*:   aussehen, forschen, fragen, klingeln, riechen, rufen, schreien, schmecken, sich sehnen, streben, suchen, verlangen

$über_A$:   arbeiten, sich ärgern, sich aufregen, sich aussprechen, debattieren, sich beschweren, diskutieren, sich einigen, sich empören, sich erregen, herrschen, klagen, lachen, nachdenken, referieren, scherzen, spotten, sich täuschen, verfügen, weinen

*um*:   sich ängstigen, sich bemühen, gehen (= sich handeln), klagen, sich kümmern, nachsuchen, sich sorgen, streiten, trauern

*von*: abhängen, absehen, ausgehen, sich distanzieren, sich erholen, herrühren, hören, träumen

*vor*$_D$: sich ängstigen, sich ekeln, erschrecken, fliehen, sich fürchten, sich genieren, sich scheuen

*zu*: ansetzen, antreten, beitragen, dienen, sich entschließen, führen, gehören, gelangen, kommen, neigen, passen, rechnen, zählen

6. Verben, die *einen Präpositionalkasus* regieren, der alternativ durch *verschiedene Präpositionen* (ohne wesentlichen Bedeutungsunterschied im Verb) realisiert ist:

mitwirken *an*$_D$ / *bei*; sich freuen *an*$_D$ / *auf*$_A$ / *über*$_A$; sich belustigen *an*$_D$ / *über*$_A$; leiden *an*$_D$ / *unter*$_D$; sich einlassen *auf*$_A$ / *in*$_A$; rechnen *auf*$_A$ / *mit*; drängen *auf*$_A$ / *nach*; schimpfen *auf*$_A$ / *über*$_A$; anwachsen *auf*$_A$ / *zu*; kämpfen *für* / *um*; schwärmen *für* / *von*; sich entschließen *für* / *zu*; kämpfen *gegen* / *mit*; abstechen *gegen* / *von*; greifen *nach* / *zu*; sich erkundigen *nach* / *über*$_A$; schreiben *über*$_A$ / *von*; sich drücken *um* / *von* / *vor*$_D$; wissen *um* / *von*

7. Verben, die einen *doppelten Akkusativ* regieren:

abfragen, heißen, kosten, lehren, nennen, rufen, schelten, schimpfen

8. Verben, die *Akkusativ* und *Dativ* regieren:

abtreten, anbieten, antragen, antun, befehlen, beifügen, berichten, bescheren, bestimmen, bewilligen, bezeichnen, bieten, borgen, bringen, deuten, empfehlen, entziehen, erlauben, erweisen, erzählen, geben, gestatten, gestehen, lassen, leihen, leisten, liefern, melden, mitteilen, nachweisen, opfern, raten, rauben, reichen, sagen, schenken, schicken, schreiben, schulden, senden, spenden, übergeben, überlassen, untersagen, verbieten, verschaffen, versprechen, verzeihen, vorhalten, vorlegen, vorlesen, vorrechnen, vortragen, vorwerfen, widmen, zeigen, zufügen

9. Verben, die *Akkusativ* und *Genitiv* regieren:

anklagen, beschuldigen, bezichtigen, entbinden, entheben, überführen, versichern, verweisen

10. Verben, die den *Akkusativ* und *einen Präpositionalkasus* regieren:

*als*$_A$: ansehen, bezeichnen, rühmen

*an*$_D$: beteiligen, erkennen

*an*$_A$: adressieren, anschließen, binden, erinnern, gewöhnen, liefern, richten, schreiben, verkaufen, verraten, verweisen

*auf*$_A$: beschränken, beziehen, bringen, hinweisen, lenken

*aus*: folgern, gewinnen, herauslesen, schließen, schlussfolgern

*durch*: dividieren, teilen

*für*:     ausgeben, erklären, geben, halten
*gegen*:   abhärten, erheben, tauschen
*in*$_D$:      sehen
*in*$_A$:      einführen, einteilen, setzen
*mit*:     addieren, aufziehen (= großziehen), beschäftigen, betrügen, necken, plagen, vereinbaren, vergleichen, verknüpfen
*nach*:   benennen, beurteilen, fragen
*über*$_A$:   aussprechen, verhängen
*um*:     betrügen, bitten, bringen, ersuchen
*von*:    abbringen, abhalten, entbinden, entlasten, freisprechen
*vor*$_D$:    beschützen, bewahren, schützen, verbergen, warnen, ekeln, schaudern
*zu*:      anhalten, auffordern, befähigen, beglückwünschen, benutzen, bevollmächtigen, bewegen, brauchen, degradieren, drängen, einladen, ermahnen, ernennen, erziehen, machen, missbrauchen, rechnen, treiben, überreden, veranlassen, verführen, verleiten, verpflichten, verurteilen, wählen, zählen, zwingen

11. Verben, die den *Akkusativ* und *einen Präpositionalkasus* regieren, der alternativ durch *verschiedene Präpositionen* (ohne wesentlichen Bedeutungsunterschied im Verb) realisiert ist:

hindern *an*$_D$ / *bei* / *in*$_D$; interessieren *an*$_D$ / *für*; verteilen *an*$_A$ / *unter*$_D$; befreien *aus* / *von*; belegen *durch* / *mit*; gewinnen *für* / *zu*; übertreffen *in*$_D$ / *mit*; befragen *nach* / *über*$_A$; schreiben *über*$_A$ / *von*

12. Verben, die den *Dativ* und *einen Präpositionalkasus* regieren:

*an*$_D$:        fehlen, liegen, mangeln
*auf*$_A$:      antworten
*bei*:        helfen
*für*:        danken
*mit*:       dienen
*über*$_A$ / *von*: (alternativ ohne wesentlichen Bedeutungsunterschied): berichten
*vor*:       ekeln, grauen, schaudern
*zu*:        gratulieren, raten, verhelfen

13. Verben, die *mehrere Präpositionalkasus* nebeneinander regieren:

sich rächen *an*$_D$ − *für*; klagen *auf*$_A$ − *gegen*; schließen *aus* / *von* − *auf*$_A$; werden *aus* − *zu*; sich bedanken *bei* − *für*; sich unterscheiden *durch* − *von*; sich verantworten *für* − *vor*$_D$; sich entscheiden *für* / *zu* − *gegen*; kämpfen *für* / *um* − *mit* / *gegen*; streiten *mit* − *um* / *über*$_A$; verhandeln *mit* − *über*$_A$; sprechen *mit* / *zu* − *über*$_A$ / *von*; urteilen *nach* − *über*$_A$

14. Verben, die den *Akkusativ* und *mehrere Präpositionalkasus* nebeneinander regieren:

übersetzen *aus — in*$_A$; gewinnen *aus — mit*; rechtfertigen *durch / mit — vor*$_D$; überzeugen *durch / mit — von*; überreden *durch / mit — zu*; sagen *zu — über*$_A$ */ von*

## 2.2.5   Verhältnis zu Subjekt und Objekt

Nach dem *Verhältnis zu Subjekt und Objekt* unterscheidet man die besonderen Gruppen der *reflexiven* und *reziproken* Verben; vgl. dazu „Verb" 8.

## 2.2.6   Verhältnis zu allen Aktanten

Nach dem *Verhältnis zu allen Aktanten* (Subjekt, Objekt, notwendige Adverbialbestimmung) im Satz — nach der Valenz des Verbs — werden die Verben hinsichtlich der Zahl und der Art der nötigen und möglichen Aktanten klassifiziert; vgl. dazu „Satzmodelle" 1 und 2.

## 2.3   Klassifizierung der Verben nach semantischen Kriterien

## 2.3.1   Tätigkeits-, Vorgangs- und Zustandsverben

Aufgrund der Bedeutung der Verben lassen sich folgende Grobklassen unterscheiden:

— *Tätigkeitsverben* drücken aus, dass ein Subjekt (als Agens) in aktiver Weise eine Tätigkeit ausübt:

arbeiten, essen, öffnen, lesen, bohren, schlagen

— *Vorgangsverben* drücken aus, dass ein Subjekt (ohne Agens zu sein) eine Veränderung an sich erfährt, dabei in seinem Zustand oder seiner Beschaffenheit verändert wird:

erfrieren, einschlafen, fallen, sterben, verhungern

— *Zustandsverben* drücken einen Zustand des Subjekts aus, der sich nicht ändert:

sich befinden, liegen, sich schämen, umgeben, wohnen

|                | + Agens | + statisch |
| -------------- | ------- | ---------- |
| Tätigkeitsverb | +       | –          |
| Vorgangsverb   | –       | –          |
| Zustandsverb   | –       | +          |

Tätigkeitsverben können durch *Was macht das Subjekt?*, Vorgangsverben durch *Was geschieht dem Subjekt?* erfragt werden, bei Zustandsverben sind beide Fragen nicht möglich.

Manchmal stehen Tätigkeits–, Vorgangs– und Zustandsverben in regulärer Beziehung zueinander:

| | |
|---|---|
| Er *zerbrach* die Tasse. | (Tätigkeitsverb) |
| Die Tasse *zerbrach.* | (Vorgangsverb) |
| Er *stellt* den Schrank in das Zimmer. | (Tätigkeitsverb) |
| Der Schrank *steht* in dem Zimmer. | (Zustandsverb) |
| Das Mädchen *erkrankte.* | (Vorgangsverb) |
| Das Mädchen *kränkelte.* | (Zustandsverb) |

### 2.3.2   AKTIONSARTEN

Unter der *Aktionsart eines Verbs* versteht man die *Verlaufsweise* und *Abstufung* des Geschehens, das vom Verb bezeichnet wird. Die Differenzierung des Geschehens erfolgt nach dem *zeitlichen* Verlauf (Ablauf, Vollendung; Anfang, Übergang, Ende) und nach dem *inhaltlichen* Verlauf (Veranlassen, Intensität, Wiederholung, Verkleinerung). Nach diesen Gesichtspunkten unterscheidet man folgende grammatisch bedeutsame *Klassen:*

1. *Durative Verben* (auch: *imperfektive Verben*) bezeichnen den reinen Ablauf oder Verlauf des Geschehens, ohne dass etwas über Begrenzung und Abstufung, über Anfang und Ende des Geschehens ausgesagt ist:

arbeiten, blühen, essen, laufen, schlafen

2. *Perfektive Verben* grenzen den Verlauf des Geschehens zeitlich ein oder drücken den Übergang von einem Geschehen zu einem anderen Geschehen aus:

aufblühen, verblühen, einschlafen, aufessen, loslaufen

Zu den syntaktischen Reflexen der Aktionsarten vgl. „Verb" 5.1 und „Attribut" 3.2.

### 2.3.3   FUNKTIONSVERBEN

Aus den finiten Verben werden die *Funktionsverben* als die Gruppe von Verben ausgesondert, die in einer bestimmten Verwendung im Satz das Prädikat nicht allein ausdrücken.

### 2.3.3.1   WESEN UND LISTE DER FUNKTIONSVERBEN

Funktionsverben sind solche Verben, die vorwiegend eine grammatische Funktion ausüben und ihre lexikalische Bedeutung weitgehend eingebüßt haben:

Er *bringt* die Kreide zur Tafel.      (Vollverb: Ortsveränderung)
Er *bringt* das Stück zur Aufführung.  (Funktionsverb: keine Ortsveränderung)

Die eigentliche Bedeutung des Prädikats ist deshalb nicht im Funktionsverb enthalten, sondern in die nominalen Glieder außerhalb des Verbs (vor allem: Präpositionalgruppen oder Akkusative) verlagert. Aus diesem Grunde können die Funktionsverben nicht ohne den nominalen Teil des Funktionsverbgefüges vorkommen und umgekehrt, sie bilden beide zusammen eine Einheit (das Prädikat des Satzes). Oftmals kann die Verbindung des Funktionsverbs mit einem solchen Akkusativ oder einer solchen Präpositionalgruppe ohne wesentliche Bedeutungsveränderung durch ein entsprechendes Vollverb ersetzt werden:

Wir *geben* den Mitarbeitern *Nachricht.*
→ Wir *benachrichtigen* die Mitarbeiter.
Das Theater *brachte* das Stück *zur Aufführung.*
→ Das Theater *führte* das Stück *auf.*

Die bei den Funktionsverben stehenden bedeutungtragenden Glieder können in der Regel nicht — wie die Objekte und Adverbialbestimmungen — pronominalisiert (bzw. proadverbialisiert) und erfragt werden. Bei den Substantiven in Funktionsverbgefügen ist vielfach der Artikel — Nullartikel oder bestimmter Artikel — festgelegt; der bestimmte Artikel verschmilzt meist obligatorisch mit der Präposition. Es handelt sich z. B. um folgende Verben:

*bringen*

zur Aufführung bringen        (= aufführen)
zum Abschluss bringen         (= abschließen)
zur Vernunft bringen          —
in Verlegenheit bringen       —

Anmerkung:
Zu allen Fügungen ist die Umkehrung mit *kommen* möglich (dabei wird — wie im Passiv — das Objekt zum Subjekt):

Das Theater *bringt* das neue Stück zur Aufführung.
→ Das neue Stück *kommt* zur Aufführung.

*geben* (z. T. *erteilen*)

(die / eine) Antwort geben (erteilen)    (= antworten, beantworten)
den / einen Rat geben (erteilen)         (= raten)
die Erlaubnis geben (erteilen)           (= erlauben)

Anmerkung:
Zu allen Fügungen ist die Umkehrung mit *bekommen* (auch: *erhalten*) möglich (dabei wird — wie im Passiv — das Objekt zum Subjekt):

Die Mutter *gibt* ihrer Tochter die Erlaubnis zur Reise.
→ Die Tochter *bekommt* (von der Mutter) die Erlaubnis zur Reise.

*erfahren* (eine Art Umschreibung des Passivs)

| | |
|---|---|
| eine Vereinfachung erfahren | (= vereinfacht werden) |
| eine Veränderung erfahren | (= verändert werden) |

*finden* (eine Art Umschreibung des Passivs)

| | |
|---|---|
| Aufnahme finden | (= aufgenommen werden) |
| Berücksichtigung finden | (= berücksichtigt werden) |

*führen*

| | |
|---|---|
| einen Kampf führen | (= kämpfen) |
| zu Ende führen | (= beenden) |
| ins Feld führen | – |

*machen*

| | |
|---|---|
| (die) Angaben machen | (= angeben) |
| (die / eine) Mitteilung machen | (= mitteilen) |

*leisten*

| | |
|---|---|
| Ersatz leisten | (= ersetzen) |
| Hilfe leisten | (= helfen) |
| Verzicht leisten | (= verzichten) |

*nehmen*

| | |
|---|---|
| in Anspruch nehmen | (= beanspruchen) |
| Einsicht nehmen | (= einsehen) |
| in Verwahrung nehmen | (= verwahren) |

*setzen*

| | |
|---|---|
| in Brand setzen | (= anbrennen) |
| aufs Spiel setzen | – |
| in Verwunderung setzen | (= verwundern) |

*stellen*

| | |
|---|---|
| (den / einen) Antrag stellen | (= beantragen) |
| in Aussicht stellen | – |
| unter Strafe stellen | (= bestrafen) |

*treffen*

| | |
|---|---|
| die / eine Vereinbarung treffen | (= vereinbaren) |
| die Vorbereitungen treffen | (= vorbereiten) |
| die / eine Abmachung treffen | (= abmachen) |
| die / eine Wahl treffen | (= wählen) |
| Vorsorge treffen | (= vorsorgen) |

### 2.3.3.2 Semantische Leistungen der Funktionsverben

1. Die spezifische semantische Leistung der Funktionsverben (durch die sie sich auch von den sie paraphrasierenden Verben unterscheiden) besteht im Ausdruck der Aktionsart, d. h. darin, dass sie entweder einen Zustand (durativ), eine Zustandsveränderung (inchoativ) oder das Bewirken eines Zustands bzw. einer Zustandsveränderung (kausativ) bezeichnen. Dies geschieht mitunter sogar bei denselben nominalen Bestandteilen des Funktionsverbgefüges:

sich in Abhängigkeit *befinden* (durativ) – in Abhängigkeit *kommen* (inchoativ) – in Abhängigkeit *bringen* (kausativ)

Angst *haben* (durativ) – Angst *bekommen* (inchoativ) – in Angst *versetzen* (kausativ)

Obwohl das Funktionsverb im Funktionsverbgefüge seine ursprüngliche lexikalische Bedeutung eingebüßt hat, ist es nicht nur Träger der grammatischen Kategorien des Verbs, sondern zugleich auch Träger von allgemeinen semantischen Kategorien der genannten Art. Diese Funktionen lassen auch eine deutliche Reihenbildung erkennen:

in Frage / zum Ausdruck / zum Einsatz / zur Ruhe / zum Abschluss / zur Anwendung / zur Aufführung ... *kommen* (immer: inchoativ)

zum Abschluss / zur Anwendung / zur Aufführung / zum Ausdruck / zur Ruhe / in Verwirrung ... *bringen* (immer: kausativ)

Deshalb sind die einzelnen Funktionsverben auch auf die verschiedenen Gruppen spezialisiert:

— Durative Funktionsverben sind z. B.: *ausüben, sich befinden, besitzen, bleiben, führen, haben, leisten, liegen, machen, sein, stehen, üben.*

— Inchoative Funktionsverben sind z. B.: *aufnehmen, bekommen, erfahren, erhalten, erheben, finden, gehen, gelangen, geraten, kommen, nehmen, treten.*

— Kausative Funktionsverben sind z. B.: *bringen, geben, setzen, stellen, erteilen, versetzen.*

Zwischen ihnen bestehen vielfach (a) synonymische oder (b) konverse Beziehungen:

(a) eine Anregung bekommen / erhalten
(b) zur Verfügung stehen / haben
    zur Aufführung kommen / bringen

Aufgrund dieser Funktionen lassen sich innerhalb der Funktionsverbgefüge die unterschiedlichen Funktionen auf Funktionsverb und nominale Bestandteile aufteilen. Dadurch unterscheiden sie sich von den *Phraseologismen* („phraseologischen Ganzheiten"), die auch semantische Ganzheiten sind und als solche das Prädikat bilden, deren Bedeutung sich aber nicht auf die Teilbedeutungen der einzelnen Bestandteile zurückführen lässt):

*unter den Nagel reißen* (Gesamtbedeutung hat weder etwas mit *Nagel* noch etwas mit *reißen* zu tun)
*schwarz sehen* (Gesamtbedeutung hat weder etwas mit *schwarz* noch etwas mit *sehen* zu tun)

Insofern müssen die Funktionsverbgefüge auf der einen Seite gegenüber freien Wortverbindungen mit Vollverben (z. B. *Er bringt die Kreide zur Tafel*), auf der anderen Seite aber auch gegenüber „phraseologischen Ganzheiten" abgegrenzt werden.

2. Mit Hilfe der Funktionsverben ist es möglich, die *Mitteilungsperspektive* zu ändern oder zu schattieren. Während das finite Verb an zweiter Stelle im Satz stehen muss (und an diese Stelle unabhängig vom kommunikativen Mitteilungswert gebunden ist), bilden die Funktionsverben mit den sie begleitenden, eigentlich bedeutungstragenden Gliedern eine Art Rahmen im Satz. Dadurch treten die bedeutungstragenden Glieder (vor allem: Präpositionalgruppen, Akkusative) an das Ende des Satzes und damit in eine Position, die den vom Mitteilungsgehalt her wichtigsten Gliedern zukommt. Sie treten an das Ende des Satzes, das jeweils das Neue, die wesentlichste Information ausdrückt:

Der Wissenschaftler *beweist* seine These mit Experimenten und Berechnungen.
→ Der Wissenschaftler *stellt* seine These mit Experimenten und Berechnungen *unter Beweis*.

3. Mit Hilfe der Funktionsverben ist es möglich, das *Passiv* zu umschreiben:

Das Buch *ist* allgemein *anerkannt worden*.
→ Das Buch *hat* allgemeine *Anerkennung gefunden*.
Das neue Stück *wurde* in der Semperoper *aufgeführt*.
→ Das neue Stück *kam* in der Semperoper *zur Aufführung*.

4. Da die Funktionsverbgefüge *formelhaft* sind und *Modell*charakter haben, werden sie in solchen Bereichen der Sprache bevorzugt verwendet, wo eine Art Dispositionsausdruck vorherrscht (etwa in den Fach- und Wissenschaftssprachen).

# 3 INFINITE VERBFORMEN

## 3.1 FORMENSYSTEM

Im Deutschen unterscheidet man nach den morphologischen Merkmalen drei infinite Verbformen:
Infinitiv – Partizip I – Partizip II

### 3.1.1 INFINITIV

1. Der Infintiv (= Infinitiv I Aktiv) wird durch Anhängen von *-en* an den Verbstamm gebildet:

arbeit-**en**, schlag-**en**, komm-**en**

In einigen Fällen lautet die Infinitivendung *-n*:

(1) bei Verben mit Suffix *-el-* und *-er-*

wechsel**n**, lächel**n**, humpel**n**
zitter**n**, kicher**n**, flimmer**n**

(2) bei den Verben *sein* und *tun*

2. Neben dem Infinitiv I (Aktiv) gibt es noch den Infinitiv II (Aktiv). Der Infinitiv II wird mit dem Partizip II des Verbs + Infinitiv I von *haben* oder *sein* gebildet:

gearbeitet haben, geschlagen haben
gekommen sein, eingeschlafen sein

3. Zum Infinitiv I Aktiv und zum Infinitiv II Aktiv gibt es bei passivfähigen Verben entsprechende Passivformen. Es ist dabei zwischen Vorgangs- und Zustandspassiv zu unterscheiden.

Das Vorgangspassiv wird mit dem Partizip II des Verbs + Infinitiv I bzw. Infinitiv II von *werden* gebildet. Beim Infinitiv II wird das Partizip II von *werden* ohne Präfix *ge-* benutzt:

geöffnet werden  —  geöffnet worden sein

Das Zustandspassiv wird mit dem Partizip II des Verbs + Infinitiv I bzw. Infinitiv II von *sein* gebildet:

geöffnet sein  —  geöffnet gewesen sein

Schematisiert lassen sich die unter 1.–3. genannten Infinitivformen wie folgt darstellen:

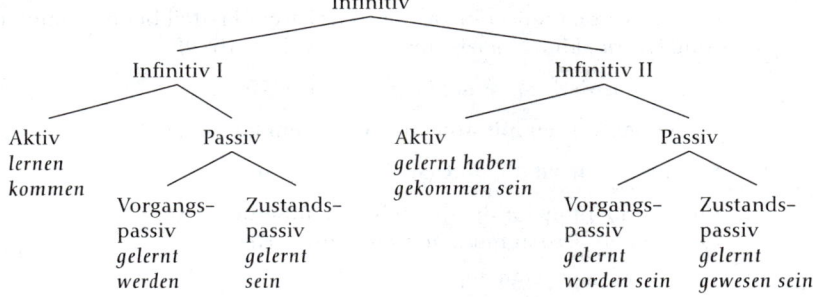

4. Der Infinitiv wird vor allem in Verbindung mit einem finiten Verb gebraucht. Die verbalen Merkmale im Satz (Person, Tempus, Modus) werden vom finiten Verb getragen, der Infinitiv ist in der Form unveränderlich. Das Subjekt des Infinitivs fehlt im Satz und wird entweder durch das Subjekt (a) oder durch das Objekt (b) des finiten Verbs ausgedrückt:

(a) Ich habe ihr versprochen zu kommen.
  ← *Ich* habe ihr versprochen, dass *ich* komme.
(b) Ich habe ihr zugeredet zu kommen.
  ← Ich habe *ihr* zugeredet, dass *sie* kommt.

Mit Ausnahme des Subjekts hat der Infinitiv alle notwendigen (valenzbedingten) Glieder bei sich:

Ich bat ihn, *das Buch in den Schrank* zu stellen.
(Objekt und Lokalbestimmung)

Der Infinitiv kann auch durch freie (valenzunabhängige) Glieder erweitert sein:

Ich bat ihn, mich *morgen im Institut* anzurufen.
(Temporal- und Lokalbestimmung)

5. Der Infinitiv wird gewöhnlich durch *zu* mit dem finiten Verb verbunden. *zu* steht entweder unmittelbar vor dem Infinitiv oder zwischen dem ersten Verbteil und dem Verbstamm des Infinitivs. Folgende Regeln sind bestimmend für die Stellung von *zu*:

(a)  Die Stellung vor dem Verb hat *zu* bei den stammbetonten Verben. Zu diesen Verben gehören

($a_1$) die einfachen Verben:

zu **a**rbeiten, zu g**e**hen, zu schr**ei**ben

($a_2$) die Verben mit Präfix als untrennbarem Erstteil (*be-, ent-, er-, ge-, ver-, zer-*):

zu best**e**llen, zu erz**ie**hen, zu gef**a**llen

($a_3$) die Verben mit Präfix als untrennbarem Erstteil bei bestimmter Bedeutung (*durch-, hinter-, über-, um-, unter-*; vgl. „Verb" 9):

zu durchl**au**fen, zu umg**e**ben, zu unters**a**gen

($a_4$) einige Verben mit Adjektiv als untrennbarem Erstteil:

zu frohl**o**cken, zu offenb**a**ren, zu voll**e**nden

(b)  Die Stellung vor dem Verb hat *zu* außerdem
($b_1$) bei den Verben mit betontem Suffix *-ieren*:

zu stud**ie**ren, zu transform**ie**ren

($b_2$) bei einigen Verben mit Substantiv oder Adjektiv als betontem untrennbarem Erstteil:

zu fachsimpeln, zu haushalten, zu schlussfolgern
zu langweilen, zu liebäugeln

(c)  Die Stellung zwischen dem ersten Verbteil und dem Verbstamm hat *zu* bei den Verben, die auf dem Erstteil betont sind. Zu diesen Verben gehören

($c_1$) die Verben mit Präfix als trennbarem Erstteil (*an-, auf-, aus-, bei-, ein-* u. a.):

anzuhören, aufzustehen, beizutragen

($c_2$) die Verben mit Präfix als trennbarem Erstteil bei bestimmter Bedeutung (*durch-, hinter-, über-, um-, unter-;* vgl. „Verb" 9):

durchzulaufen, umzufallen, unterzugehen

($c_3$) eine Reihe von Verben mit Substantiv oder Adjektiv als betontem trennbarem Erstteil:

heimzufahren, standzuhalten, teilzunehmen
festzulegen, freizusprechen, krankzuschreiben

6. Bei den Verbindungen finiter Verben mit Infinitiv ist eine Reihe von formalen Besonderheiten zu beachten:

(1) Einige Verbgruppen verbinden sich nicht mit einem Infinitiv mit *zu*, sondern mit einem Infinitiv ohne *zu*. Das sind:

die Modalverben *dürfen, können, mögen, müssen, sollen, wollen*:

Er kann ausgezeichnet schwimmen.

die Empfindungsverben *hören, sehen, fühlen, spüren*:

Sie hörte die Kinder lachen.

die Bewegungsverben *gehen, kommen, fahren* u. a.:

Er geht zweimal wöchentlich schwimmen.

die Verben *werden, bleiben, lassen*:

Sie wird uns morgen besuchen.
Er blieb plötzlich stehen.
Der Lehrer lässt die Kinder aufstehen.

in spezieller Verwendung die Verben *haben, finden, legen, schicken* u. a.:

Er hat sein Auto vor dem Hause stehen.
Er hat gut reden.
Sie fand das Buch auf dem Boden liegen.

Die Eltern legen sich schlafen.
Die Mutter schickt die Kinder schlafen.

Bei den Verben *lernen, lehren* und *helfen* gibt es den Infinitiv mit und ohne *zu*:

Er hat Geige spielen gelernt.
Er hat gelernt, sich *zu* beherrschen.

(2) Erscheint das finite Verb in einer zusammengesetzten Tempusform (a) oder tritt es im eingeleiteten Nebensatz auf (b), kann der Infinitiv vorange-stellt oder nachgestellt werden (die Nachstellung ist häufiger):

Er hat *zu kommen* versprochen. / Er hat mir versprochen *zu kommen*. (a)
Wenn ich *zu lesen* aufhöre, gehe ich. / Wenn ich aufhöre *zu lesen*, gehe ich. (b)

Nur in Vorderstellung steht der Infinitiv
— bei den Verben mit *Infinitiv ohne zu* (vgl. oben (1)):

Ich habe nicht *mitfahren* dürfen. (a)
Sag mir, wenn du *schwimmen* gehst. (b)

— bei den Hilfsverben (*haben, sein*) und einigen modifzierenden Verben (*brauchen, scheinen, wissen* u. a.) mit *Infinitiv mit zu*:

Die Arbeit wird an einem Tag nicht *zu schaffen* sein. (a)
Ich habe ihm gesagt, dass er nicht *zu kommen* braucht. (b)

(3) In der Verbindung mit Infinitiv ersetzen die Modalverben, die Empfin-dungsverben (*hören, sehen* u. a.), *brauchen* und *lassen* bei der Bildung von Perfekt, Plusquamperfekt und Infinitiv II das Partizip II durch den Infinitiv („Ersatzinfinitiv"):

Ich habe nicht antworten *können*.
Ich habe ihn nicht kommen *sehen*.

Ohne Infinitiv bilden diese Verben ihre Formen von Perfekt, Plusquamper-fekt und Infinitiv II regelmäßig mit dem Partizip II:

Ich hätte das Gedicht nicht *gekonnt*.

(4) Wenn die Verben mit sog. Ersatzinfinitiv im Nebensatz in den zusam-mengesetzten Tempusformen vorkommen, steht die finite Verbform vor den beiden Infinitiven:

Er ärgert sich, weil er das Buch *hat* liegen lassen.

(5) In der Infinitivverbindung steht beim finiten Verb öfters ein Korrelat:

Ich habe *es* aufgegeben, ihn ständig zu verbessern.
Er achtet *darauf*, keine Fehler zu machen.

**3.1.2    PARTIZIP I**

Das Partizip I wird durch Anhängen von -*d* an den Infinitiv gebildet:

arbeiten-**d**, schlagen-**d**, kommen-**d**

In Verbindung mit einem finiten Verb ist das Partizip I in der Form unveränderlich, in Verbindung mit einem Substantiv übernimmt es die adjektivischen Formenmerkmale:

| | |
|---|---|
| ihr Vortrag war überzeugend | — ihr überzeugend**er** Vortrag |
| ihre Darstellung war überzeugend | — ihre überzeugend**e** Darstellung |
| ihr Argument war überzeugend | — ihr überzeugend**es** Argument |

**3.1.3    PARTIZIP II**

1. Das Partizip II wird bei den regelmäßigen Verben durch Anhängen von -*t*
an den Verbalstamm (nach stammauslautendem -*t*- oder -*d*-: -*et*), bei den
unregelmäßigen Verben durch Anhängen von -*en* an den Verbalstamm und
Veränderung des Stammvokals gebildet:

regelmäßige Verben

verkaufen: verkauf-**t**
verarbeiten: verarbeit-**et**

unregelmäßige Verben

versprechen: verspr**o**ch-**en**
versinken: vers**u**nk-**en**

2. Bei den Verben, die auf der ersten Silbe betont werden, ist — neben der
Endung -*(e)t* bzw. -*en* — zur Bildung des Partizips II das Präfix *ge*- notwendig.
Das Präfix steht bei einfachen Verben und bei Verben mit einem untrennbaren Erstteil am Wortanfang (1), bei Verben mit trennbarem Erstteil zwischen
dem Erstteil und dem Verbstamm (2):

(1)  einfache Verben / Verben mit untrennbarem Erstteil

**a**rbeiten: **ge**–arbeit–et
**la**ngweilen: **ge**-lang–weil-t

(2)  Verben mit trennbarem Erstteil

**au**fstehen: auf-**ge**–stand–en
**u**ntergehen: unter-**ge**–gang–en
**tei**lnehmen: teil-**ge**–nomm–en

Mit den beiden Stellungsformen (1) und (2) steht das partizipiale *ge*- in einer
bestimmten Entsprechung zum infinitivischen *zu*. Man vergleiche dazu

„Verb" 3.1.1 unter 5. ((1) entspricht den Gruppen ($a_1$) und ($b_2$), (2) entspricht den Gruppen ($c_1$), ($c_2$) und ($c_3$)).

3. In Verbindung mit einem finiten Verb ist das Partizip II – wie das Partizip I – in der Form unveränderlich, in Verbindung mit einem Substantiv übernimmt es die adjektivischen Formenmerkmale:

| | |
|---|---|
| sein Roman ist gelungen | – sein gelungen**er** Roman |
| seine Oper ist gelungen | – seine gelungen**e** Oper |
| sein Bild ist gelungen | – sein gelungen**es** Bild |

## 3.2 SYNTAKTISCHE BESCHREIBUNG

### 3.2.1 INFINITIV

Der Infinitiv kommt in der Regel nur in Verbindung mit einem finiten Verb vor. Eine Ausnahme bilden lediglich die attributiven Verbindungen von Infinitiven mit Substantiven (1) und der isolierte Gebrauch des Infinitivs in Imperativsätzen (2). Meistens liegt jedoch auch hier eine verbale Verbindung zugrunde:

(1) Es war unsere *Hoffnung*, ihn bald zu treffen.
   ← Wir *hofften*, ihn bald zu treffen.

(2) Aufstehen!
   ← Sie *sollen* aufstehen!

Bei den verbalen Infinitivverbindungen ist zwischen notwendigen (valenzbedingten) und freien (valenzunabhängigen) Verbindungen zu unterscheiden. In den notwendigen Verbindungen ist das finite Verb entweder Nicht-Vollverb (1.) oder Vollverb (2.), in den freien Verbindungen ist es stets Vollverb (3.).

1. Das finite Verb ist ein Nicht-Vollverb, der Infinitiv ist ein Vollverb. Der Infinitiv wird mit oder ohne *zu* an das Nicht-Vollverb angeschlossen:

Ich habe *zu tun*.
Er will *kommen*.

Jedes Verb kann in der Infinitivform zu einem Nicht-Vollverb treten. Eng begrenzt ist dagegen die Zahl der Verben, die als finites Nicht-Vollverb mit einem Vollverb im Infinitiv stehen können. Dazu gehören die Hilfsverben, die Modalverben und eine Reihe von modifizierenden Verben (*brauchen, scheinen, wissen* u. a.).

2. Das finite Verb und der Infinitiv sind Vollverben. Der Infinitiv wird mit *zu* an das finite Verb angeschlossen (zu den Ausnahmen ohne *zu* vgl. „Verb" 3.1.1 unter 6. (1)):

Sie bat ihn, bald *zu* kommen.
Sie bat ihn, später an*zu*rufen.

Jedes Verb kann in der Infinitivform zu einem finiten Vollverb treten. Begrenzt ist dagegen die Zahl der Verben, die als finite Vollverben fungieren können. Es handelt sich dabei nicht um eine einheitliche Gruppe:

(1) Eine erste Gruppe Verben bildet Infinitivverbindungen mit zwei logischen Subjekten. Das logische Subjekt des Infinitivs tritt syntaktisch als Akkusativobjekt (a) oder als Dativobjekt (b) des finiten Verbs auf:

(a) Ich habe *ihn* beauftragt, die Briefe abzuholen.
   ← Ich habe *ihn* beauftragt, dass *er* die Briefe abholt.
(b) Ich habe *ihm* aufgetragen, die Briefe abzuholen.
   ← Ich habe *ihm* aufgetragen, dass *er* die Briefe abholt.

Verben zu (a):

abhalten, anflehen, anregen, anspornen, anweisen, auffordern, aufhetzen, aufrufen, beauftragen, berechtigen, beschuldigen, beschwören, bitten, drängen, einladen, ermächtigen, ermahnen, ermutigen, gewöhnen, hindern, mahnen, überreden, veranlassen, warnen, zwingen u. a.

Verben zu (b):

abraten, angewöhnen, anheim stellen, auftragen, befehlen, einschärfen, empfehlen, erlauben, ermöglichen, freistellen, gestatten, raten, telegrafieren, überlassen, untersagen, verbieten, vorwerfen, zumuten, zuraten, zureden u. a.

(2) Eine zweite Gruppe Verben bildet Infinitivverbindungen mit einem gemeinsamen logischen Subjekt:

Ich hoffe, Sie bald zu treffen.
← *Ich* hoffe, dass *ich* Sie bald treffe.

Dazu gehören:

ablehnen, anfangen, aufhören, beabsichtigen, beginnen, behaupten, beitragen, bereuen, beschließen, dienen, drohen, erklären, ertragen, erwägen, erwarten, fortfahren, fürchten, glauben, hoffen, leugnen, lieben, neigen, planen, schwören, streben, träumen, unterlassen, verdienen, vergessen, verlernen, vermeiden, vermögen, versäumen, versichern, versprechen, versuchen, verzichten, vorhaben, vorziehen, wagen, wünschen, zugeben, zusagen u. a.

Weiter eine Zahl reflexiver Verben:

sich$_A$: anstrengen, beeilen, begnügen, bemühen, entschließen, freuen, fürchten, (ge)trauen, hüten, schämen, sehnen, sträuben, weigern, wundern u. a.

sich$_D$: ausbitten, einbilden, vornehmen

(3) Eine dritte Gruppe Verben bildet Infinitivverbindungen sowohl mit einem gemeinsamen logischen Subjekt als auch mit zwei logischen Subjekten. Welche Beziehung im Einzelfall vorliegt, ist abhängig von der Bedeutung des Verbs im Infinitiv:

Ich habe ihr angeboten, die Kette zu bezahlen.
← Ich habe ihr angeboten, dass ich die Kette bezahle.
Ich habe ihr angeboten, bei mir zu wohnen.
← Ich habe ihr angeboten, dass sie bei mir wohnt.

Ebenso: beantragen, fordern, verlangen, vorschlagen

3. Während die Zahl der Verben begrenzt ist, die sich notwendig mit einem Infinitiv mit oder ohne zu verbinden, gibt es für die Verbindungen finites Vollverb + Infinitiv mit um zu, anstatt zu und ohne zu keine syntaktischen Beschränkungen. Solche Infinitive sind freie adverbiale Bestimmungen, die zu jedem finiten Verb hinzutreten können:

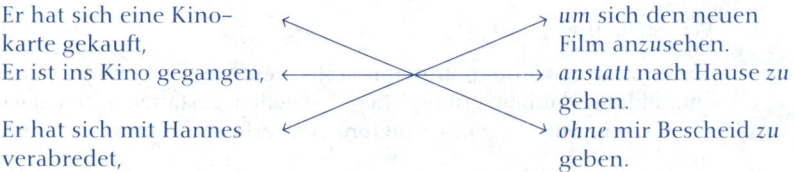

Er hat sich eine Kino–
karte gekauft,                                      um sich den neuen
                                                    Film anzusehen.
Er ist ins Kino gegangen,                           anstatt nach Hause zu
                                                    gehen.
Er hat sich mit Hannes                              ohne mir Bescheid zu
verabredet,                                         geben.

## 3.2.2 PARTIZIP I

Das Partizip I kommt in Verbindung mit einem finiten Verb und mit einem Substantiv vor.

1. Partizip I in Verbindung mit einem finiten Verb
Das Partizip I kommt in notwendiger Verbindung mit dem finiten Kopulaverb sein (auch mit bleiben und werden) und in freien Verbindungen mit finiten Vollverben vor.

Die Zahl der Partizipien I, die sich mit dem Kopulaverb sein verbinden, ist beschränkt:

Die Krankheit ist ansteckend.

Ebenso: anstrengend, aufreibend, drückend, entscheidend, glühend, kränkend u. a.

Bei manchen Verbindungen von *sein* mit einem Partizip I handelt es sich um den prädikativen Gebrauch von Partizipien adjektivischen Charakters:

Dieser Film ist *spannend.*

Für die Verbindungen von finiten Vollverben mit einem Partizip I gibt es keine syntaktischen Beschränkungen. Es handelt sich um den freien adverbialen Gebrauch des Partizips. Die Bedeutung des Partizips ist aktivisch. Es besteht Zeitgleichheit mit dem finiten Verb:

Sie diskutierte *überzeugend.*
← Sie diskutierte und überzeugte.

Daneben kommen auch adjektivische Partizipien als Adjektivadverbien vor:

Das Institut sucht *dringend* eine Sekretärin.

2. Partizip I in Verbindung mit einem Substantiv
Bei der Verbindung von Partizip I und Substantiv handelt es sich um den freien attributiven Gebrauch des Partizips; vgl. dazu „Attribut" 3.2.

### 3.2.3 PARTIZIP II

Das Partizip II kommt in Verbindung mit einem finiten Verb und mit einem Substantiv vor.

1. Partizip II in Verbindung mit einem finiten Verb
Das Partizip II kommt in notwendiger Verbindung mit den finiten Hilfsverben *haben, sein, werden* und in freien Verbindungen mit finiten Vollverben vor.
Die Bedeutung des Partizips II in den Hilfsverbverbindungen ist aktivisch (1, 2) oder passivisch bzw. reflexivisch (3, 4):

(1) Der Student hat gearbeitet.　　(Perfekt Aktiv)
　　← Der Student arbeitet.
(2) Das Mädchen ist gelaufen.
　　← Das Mädchen läuft.

(3) Das Kind ist gewaschen.　　(Präsens Zustandspassiv / –reflexiv)
　　← Man wäscht das Kind.
　　← Das Kind wäscht sich.

(4) Das Kind wird gewaschen.　　(Präsens Vorgangspassiv)
　　← Man wäscht das Kind.

Bei manchen Verbindungen von *sein* mit einem Partizip II handelt es sich um den prädikativen Gebrauch von Partizipien adjektivischen Charakters:

Ich bin über sein Benehmen *betroffen.*

Verbindungen des Partizips II mit finiten Vollverben sind syntaktisch nicht beschränkt. Diese adverbialen Formen können aktivische (1) oder passivische (2) Bedeutung haben. Das Partizip steht gewöhnlich im Verhältnis der Vorzeitigkeit zum finiten Verb:

(1)   Er steht gebückt.
     ← Er steht. Er hat sich gebückt.

(2)   Er geht gehetzt.
     ← Er geht. Man hat ihn gehetzt.

Daneben kommen auch adjektivische Partizipien II als Adjektivadverbien vor:

Mein Freund spielt *geschickt* Billard.

2. Partizip II in Verbindung mit einem Substantiv
Bei der Verbindung von Partizip II und Substantiv handelt es sich um den attributiven Gebrauch des Partizips; vgl. „Attribut" 3.2.

# 4   HILFSVERBEN UND MODALVERBEN

## 4.1   HILFSVERBEN

Hilfsverben sind im Deutschen die Verben *haben, sein* und *werden.* Sie dienen in Verbindung mit dem Infinitiv oder dem Partizip II von Vollverben zur Bildung der zusammengesetzten Tempusformen, des Passivs und bestimmter modaler Konstruktionen.

### 4.1.1   FORMENBESTAND

1. Konjugationsformen der Hilfsverben im Präsens und Präteritum

*haben* ist ein regelmäßiges Verb mit Zusammenziehung im Auslaut des Stammes (in der 2. und 3. Pers. Sing. Präs. und in allen Formen des Präteritums):

ich habe, du ha**s**t, er ha**t**, wir haben, . . .
ich ha**tt**e, du ha**tt**est, . . .

*sein* ist ein unregelmäßiges Verb, das aus verschiedenen Stämmen gebildet wird:

ich *bin*, du bist, er *ist*, wir *sind*, ihr seid, sie sind
ich *war*, du warst, er war, ...

*werden* ist ein unregelmäßiges Verb der gleichen Konjugationsgruppe wie *helfen, sterben* u. a., aber mit einigen Besonderheiten (Zusammenziehung im Stammauslaut in der 2. und 3. Pers. Sing. Präs., Stammvokal -*u*- im Präteritum, regelmäßige Endungen in der 1. und 3. Pers. Sing. Prät.):

ich werde, du wir**st**, er wir**d**, wir werden, ...
ich w**u**rd**e**, du w**u**rdest, er w**u**rd**e**, ...

| | Indikativ | | Konjunktiv | |
| --- | --- | --- | --- | --- |
| | *Präsens* | *Präteritum* | *Präsens* | *Präteritum* |
| ich | habe | hatte | habe | hätte |
| du | hast | hattest | habest | hättest |
| er, sie, es | hat | hatte | habe | hätte |
| wir | haben | hatten | haben | hätten |
| ihr | habt | hattet | habet | hättet |
| sie | haben | hatten | haben | hätten |
| ich | bin | war | sei | wäre |
| du | bist | warst | seiest | wärest |
| er, sie, es | ist | war | sei | wäre |
| wir | sind | waren | seien | wären |
| ihr | seid | wart | seiet | wäret |
| sie | sind | waren | seien | wären |
| ich | werde | wurde | werde | würde |
| du | wirst | wurdest | werdest | würdest |
| er, sie, es | wird | wurde | werde | würde |
| wir | werden | wurden | werden | würden |
| ihr | werdet | wurdet | werdet | würdet |
| sie | werden | wurden | werden | würden |

2. Weitere Besonderheiten der Hilfsverben

(1) Das Partizip II der Hilfsverben lautet

bei *haben* regelmäßig: *gehabt*

Ich habe diese Woche viel zu tun *gehabt.*    (Perfekt)

bei *sein* mit besonderer Stammform: *gewesen*

Die Aufgabe ist nicht zu lösen *gewesen*.         (Perfekt)

bei *werden* unregelmäßig ohne Präfix *ge-*: *worden*

Das Buch ist in wenigen Tagen verkauft *worden*.     (Perfekt Passiv)

Anmerkung:

Bei *werden* als Kopulaverb wird das Partizip II mit Präfix *ge-* gebildet: *geworden*.

Das Buch ist ein großer Erfolg *geworden*.     (Perfekt)

(2) Vielfach ist das Partizip II eines Vollverbs in einer Bedeutungsvariante adjektiviert. In diesen Fällen ist *sein* nicht Hilfsverb, sondern Kopulaverb:

Sie *ist* mit einem Lehrer *verheiratet*.
Der Junge *ist* im Basteln sehr *geschickt*.

Als Kopulaverb ist *sein* (und z. T. *werden*) auch dann zu sehen, wenn es mit dem Partizip I eines Vollverbs verbunden ist:

Ihr Argument *war überzeugend*.
Der Film *ist / wird* am Ende *spannend*.

(3) Der Infinitiv eines Vollverbs wird bei *haben* und *sein* mit *zu*, bei *werden* ohne *zu* angeschlossen:

Sie hatte viel *zu* erzählen.     (modale Konstruktion)
Sie wird jetzt bei ihren Eltern sein.     (Futur I)

(4) Die Stellung der Hilfsverben im Satz entspricht den Regeln für die Prädikatsteile (vgl. genauer „Satzgliedstellung" 2.1).

Beispiel: *haben*-Perfekt im Aussage- und Nebensatz

Die Oberärztin *hat* ihn operiert.
Seine Frau hat gesagt, dass ihn die Oberärztin operiert *hat*.

Bei Gebrauch mehrerer Nicht-Vollverben ergibt sich eine bestimmte Reihenfolge.

Beispiel: *werden*-Passiv, *sein*-Perfekt und Modalverb im Aussage- und Nebensatz

Er *soll* von der Oberärztin operiert *worden sein*.
Sie hat gehört, dass er von der Oberärztin operiert *worden sein soll*.

**4.1.2**  SEMANTISCHE BESCHREIBUNG

**1. haben**

Variante 1 — *haben* + Partizip II   (= Vergangenheit):

Ich *habe* das Buch *gelesen.*

*haben* + Partizip II dient zur Bildung des Perfekts, Plusquamperfekts und Infinitivs II (neben *sein;* vgl. *sein* Variante 1).

Variante 2 — *haben* + Infinitiv mit *zu* (= Notwendigkeit; Möglichkeit):

Ich *habe* mit dir *zu reden.*   (= Ich muss mit dir reden.)
Was *hast* du *zu berichten?*   (= Was kannst du berichten?)

*haben* bildet hier eine modale Konstruktion (zumeist mit der Bedeutung der Notwendigkeit).

Im Gegensatz zu Variante 3 von *sein* hat diese Variante von *haben* aktivische Bedeutung. Subjekt der Handlung ist zumeist eine Person.

**2. sein**

Variante 1 — *sein* + Partizip II   (= Vergangenheit):

Ich *bin* gestern spät *eingeschlafen.*

*sein* + Partizip II dient zur Bildung des Perfekts, Plusquamperfekts und Infinitivs II (neben *haben,* nur bei intransitiven Verben der Orts- und Zustandsveränderung).

Variante 2 — *sein* + Partizip II   (= Zustandspassiv / –reflexiv):

Der Brief *ist geschrieben.*  —  Das Mädchen *ist verliebt.*

Die Verbindung *sein* + Partizip II nimmt bei denjenigen Verben nicht die Bedeutung Zustandspassiv / –reflexiv an, bei denen sie die Bedeutung „Vergangenheit" (Variante 1) hat.

Variante 3 — *sein* + Infinitiv mit *zu* (= Notwendigkeit; Möglichkeit):

Eine weitere Verzögerung der Arbeit *ist* unbedingt *zu vermeiden.*   (= Eine weitere Verzögerung der Arbeit muss unbedingt vermieden werden.)
Die Arbeit *ist* in drei Tagen gut *zu schaffen.*   (= Die Arbeit kann in drei Tagen gut geschafft werden.)

Im Gegensatz zu Variante 2 von *haben* hat diese Variante von *sein* passivische Bedeutung. Subjekt der Handlung ist zumeist keine Person.

**3. werden**

Variante 1 — *werden* + Partizip II   (= Vorgangspassiv):

Die Haustür *wird* jeden Abend um acht *verschlossen.*

*werden* + Partizip II dient zur Bildung des Vorgangspassivs. Im Perfekt, Plusquamperfekt und Futur II lautet die Form des Hilfsverbs *worden*:

Der Brief ist schon vor drei Tagen abgeschickt *worden*.

Variante 2 — *werden* + Infinitiv I / II ohne *zu*     (= Futur I / II):

Wir *werden* am Wochenende *verreisen*.
In drei Monaten *werden* wir die Arbeit *geschafft haben*.

*werden* + Infinitiv I / II bezeichnet hier zukünftiges Geschehen.

Variante 3 — *werden* + Infinitiv I / II ohne *zu*     (= Futur I / II):

Sie *wird* jetzt zu Hause *sein*.
Er *wird* das nicht mit Absicht *gemacht haben*.

*werden* + Infinitiv I / II bezeichnet hier vermutetes Geschehen in Gegenwart bzw. Vergangenheit.


## 4.2     MODALVERBEN

Die Modalverben *dürfen, können, mögen, müssen, sollen, wollen* bilden eine in morphosyntaktischer und semantischer Hinsicht relativ geschlossene Gruppe. In Verbindung mit dem Infinitiv von Vollverben dienen sie zum Ausdruck verschiedener modaler Bedeutungen.


### 4.2.1     FORMENBESTAND

1. Konjugationsformen der Modalverben im Präsens und Präteritum

(1) Wechsel des Stammvokals zwischen Singular und Plural im Präsens (außer bei *sollen*):

| ich | darf | kann | mag | muss | will | soll |
|-----|------|------|-----|------|------|------|
| wir | dürfen | können | mögen | müssen | wollen | sollen |

(2) Endungslosigkeit in der 1. und 3. Pers. Sing. Präs. (wie im Präteritum der unregelmäßigen Verben):

| ich er | darf | kann | mag | muss | will | soll |
|--------|------|------|-----|------|------|------|

(3) Präteritum mit Suffix *-te-* (wie bei den regelmäßigen Verben, aber mit Stammvokal des Infinitivs / Plural Präs. ohne Umlaut):

| ich | durf-te | konn-te | moch-te | muss-te | woll-te | soll-te |
|-----|---------|---------|---------|---------|---------|---------|
| wir | durf-te-n | konn-te-n | moch-te-n | muss-te-n | woll-te-n | soll-te-n |

|  | Indikativ | | Konjunktiv | |
|  | Präsens | Präteritum | Präsens | Präteritum |
| --- | --- | --- | --- | --- |
| ich | darf | durfte | dürfe | dürfte |
| du | darfst | durftest | dürfest | dürftest |
| er, sie, es | darf | durfte | dürfe | dürfte |
| wir | dürfen | durften | dürfen | dürften |
| ihr | dürft | durftet | dürfet | dürftet |
| sie | dürfen | durften | dürfen | dürften |
| ich | kann | konnte | könne | könnte |
| du | kannst | konntest | könnest | könntest |
| er, sie, es | kann | konnte | könne | könnte |
| wir | können | konnten | können | könnten |
| ihr | könnt | konntet | könnet | könntet |
| sie | können | konnten | können | könnten |
| ich | mag | mochte | möge | möchte |
| du | magst | mochtest | mögest | möchtest |
| er, sie, es | mag | mochte | möge | möchte |
| wir | mögen | mochten | mögen | möchten |
| ihr | mögt | mochtet | möget | möchtet |
| sie | mögen | mochten | mögen | möchten |
| ich | muss | musste | müsse | müsste |
| du | musst | musstest | müssest | müsstest |
| er, sie, es | muss | musste | müsse | müsste |
| wir | müssen | mussten | müssen | müssten |
| ihr | müsst | musstet | müsset | müsstet |
| sie | müssen | mussten | müssen | müssten |
| ich | soll | sollte | solle | sollte |
| du | sollst | solltest | sollest | solltest |
| er, sie, es | soll | sollte | solle | sollte |
| wir | sollen | sollten | sollen | sollten |
| ihr | sollt | solltet | sollet | solltet |
| sie | sollen | sollten | sollen | sollten |
| ich | will | wollte | wolle | wollte |
| du | willst | wolltest | wollest | wolltest |
| er, sie, es | will | wollte | wolle | wollte |
| wir | wollen | wollten | wollen | wollten |
| ihr | wollt | wolltet | wollet | wolltet |
| sie | wollen | wollten | wollen | wollten |

2. Weitere Besonderheiten der Modalverben

(1) Die Modalverben bilden mit dem Infinitiv von Vollverben notwendige (valenzbedingte) Verbindungen. Der Infinitiv der Vollverben wird ohne *zu* angeschlossen. Die Verbindungen sind mit Infinitiv I und Infinitiv II möglich:

Wir müssen eine Stunde *warten*.        (= Notwendigkeit)
Wir müssen eine Stunde *gewartet haben*.    (= Vermutung)

Zur obligatorischen Vorderstellung der Vollverben in den zusammengesetzten Tempusformen und im eingeleiteten Nebensatz vgl. „Verb" 3.1.1 unter 6. (3).

(2) Die Modalverben werden auch ohne Vollverb gebraucht. Dabei ist zwischen zwei Funktionen zu unterscheiden:
Im ersten Fall sind die Modalverben nicht mehr Nicht–Vollverben mit modaler Funktion, sondern Vollverben mit entsprechender lexikalischer Bedeutung:

Sie *will* (= wünscht, verlangt), dass du dich persönlich entschuldigst.
Ich *mag* (= liebe) Regenwetter nicht.

Im zweiten Fall handelt es sich bei den Modalverben trotz der fehlenden Vollverben um Nicht–Vollverben. Das Vollverb ist weggelassen, da es sich aus dem Zusammenhang ergibt:

Ich habe die Vase umgestoßen, ohne es zu wollen (. . ., ohne die Vase umstoßen zu wollen).
Er sagt, dass es schon spät wäre und er nach Hause müsse (. . . und er nach Hause gehen müsse).

(3) In der Verbindung mit einem Vollverb ersetzen die Modalverben im Perfekt, Plusquamperfekt und Infinitiv II die Partizip II–Form durch die Infinitivform (sog. Ersatzinfinitiv). Ohne Vollverb werden die Modalverben in diesen Tempusformen regulär mit dem Partizip II gebraucht:

Ich habe ihn nicht beleidigen *wollen*.
Ich habe das nicht *gewollt*.

(4) Die Modalverben sind nicht passivfähig, sie können jedoch in Verbindung mit dem Infinitiv Passiv eines Vollverbs gebraucht werden.
Infinitiv I:

Ich musste gestern das Geld *überweisen*.
→ Das Geld musste gestern (von mir) *überwiesen werden*.

Infinitiv II:

Er muss gestern das Geld *überwiesen haben*.
→ Das Geld muss gestern (von ihm) *überwiesen worden sein*.

## 4.2.2 SEMANTISCHE BESCHREIBUNG

Während die Hilfsverben zum Ausdruck von Tempus, Genus (Passiv) und Modalität dienen, werden mit den Modalverben nur verschiedene modale Bedeutungen bezeichnet.
Vorwiegend bedeutet diese Modalität die Art, wie sich das Verhältnis zwischen dem **Subjekt** des Satzes und der im Infinitiv ausgedrückten Handlung gestaltet. Die wichtigsten Bedeutungen dieser sog. objektiven Modalität sind „Möglichkeit", „Notwendigkeit", „Erlaubnis", „Verbot", „Absicht", „Wunsch":

Er *wollte* seine Frau im Krankenhaus besuchen.        (= Absicht)
Er *durfte* die Intensivstation aber *nicht* betreten.        (= Verbot)
Er *musste* um Erlaubnis fragen.        (= Notwendigkeit)

Von der objektiven Modalität ist die sog. subjektive Modalität zu unterscheiden, mit der die Art bezeichnet wird, in welcher sich der **Sprecher** zu der mit Subjekt und Infinitiv ausgedrückten Aussage verhält, vor allem wie seine Einschätzung der Realität dieser Aussage ist (Überzeugung, Vermutung, fremde Behauptung u. Ä.):

Das Kind *muss* krank sein.        (= Gewissheit)
Es *soll* sich bei seinem Freund angesteckt haben.        (= fremde Behauptung)

### 4.2.2.1 OBJEKTIVE MODALITÄT

Mit *dürfen* und *müssen* wird nur jeweils eine modale Bedeutung bezeichnet, mit den anderen Modalverben werden bis zu vier Varianten bezeichnet.

#### 1. **dürfen** (= Erlaubnis)

Weihnachten durften die Kinder länger aufbleiben.        (= Weihnachten erlaubten die Eltern, dass die Kinder länger aufblieben.)

*dürfen* als Ausdruck einer Möglichkeit für das Subjekt schließt immer den Willen einer fremden Instanz ein (deshalb: „Erlaubnis"). Die Instanz kann sehr unterschiedlich sein (Person, Behörde, moralisches Prinzip) und bleibt oft im Satz ungenannt.

Verneintes *dürfen* bezeichnet als Gegensatz zur Erlaubnis ein Verbot:

Wegen der Ansteckungsgefahr durften wir den Patienten nicht besuchen.

#### 2. **können**
Variante 1 (= Möglichkeit)

Man kann heute in der See schwimmen, es ist nicht zu stürmisch. (Es ist heute möglich, in der See zu schwimmen, ...)

*können* drückt eine Möglichkeit aus, die durch objektive Bedingungen gegeben ist.

Variante 2 (= Fähigkeit)

Die alte Frau kann noch ohne Brille die Zeitung lesen.    (= Die alte Frau ist noch fähig / imstande, ohne Brille die Zeitung zu lesen.)

*können* drückt eine Möglichkeit aus, die durch das Subjekt selbst (physische oder geistige Fähigkeit) gegeben ist.

Variante 3 (= Erlaubnis)

Wer mit dem Sprachtest fertig ist, kann nach Hause gehen.    (= . . ., darf nach Hause gehen.)

In dieser Bedeutung steht *können* dem Modalverb *dürfen* nahe. Es wird vor allem in der gesprochenen Sprache gebraucht, um auszudrücken, dass jemand etwas tun kann, weil eine andere Person (als fremde Instanz) die Zustimmung gibt.

### 3. **mögen**
Variante 1 (= Wunsch, Lust)

Ich möchte einmal die Insel Rügen kennen lernen.    (= Ich wünsche mir, einmal die Insel Rügen kennen zu lernen.)

In dieser Variante wird *mögen* vor allem im Prät. Konjunktiv verwendet, das dabei die Gegenwart bezeichnet (in der Vergangenheit ist nur *wollen* möglich). Im verneinten Satz kommen auch die indikativischen Formen (mit der Bedeutung „Abneigung") vor:

Sie mag nicht lange Strecken mit dem Bus fahren.

Variante 2 (= Einräumung)

Mag es auch kalt sein, er zieht keinen Mantel an.    (= Obwohl es kalt ist, zieht er keinen Mantel an.)

In bestimmten konzessiven Satzstrukturen dient *mögen* dazu, die Bedeutung der Einräumung zu verdeutlichen.

Variante 3 (= indirekte Aufforderung)

Er hat mir gesagt, dass ich auf ihn warten möge / möchte.    (= Er hat mir gesagt: „Warten Sie auf mich!")

*mögen* im Präs. / Prät. Konjunktiv dient – wie *sollen* (vgl. *sollen* Variante 2) – zur Kennzeichnung des indirekten Aufforderungssatzes.

### 4. **müssen** (= Notwendigkeit)

Du musst dich beeilen, wenn du den Zug noch erreichen willst.    (= Es ist notwendig, dass du dich beeilst, wenn . . .)

Mit *müssen* wird die Realisierung eines Geschehens als Notwendigkeit betont, hinter der die fordernde Instanz zurücktritt (vgl. dagegen: *sollen* Variante 1).

Die verneinte Notwendigkeit und die mit *nur* oder *kaum* eingeschränkte Notwendigkeit wird häufig nicht mit *müssen*, sondern mit *brauchen + zu* ausgedrückt:

Wenn du nicht willst, brauchst du nicht mitzukommen (statt: . . ., musst du nicht mitkommen).

### 5. **sollen**
Variante 1 (= Forderung)

Die Schüler sollen die Schlüsselwörter im Text unterstreichen. (= Der Lehrer verlangt, dass die Schüler die Schlüsselwörter im Text unterstreichen.)

*sollen* als Ausdruck einer Notwendigkeit für das Subjekt schließt immer den Willen einer fremden Instanz ein (deshalb: „Forderung"). Die Instanz kann sehr unterschiedlich sein und wird oft im Satz nicht genannt, bleibt als solche aber immer deutlich (vgl. dagegen: *müssen*).

Variante 2 (= indirekte Aufforderung)

Ich habe ihm gesagt, dass er nicht zu spät kommen soll / solle. (= Ich habe ihm gesagt: „Kommen Sie nicht zu spät!")

*sollen* im Präs. Indikativ / Konjunktiv dient — wie *mögen* (vgl. *mögen* Variante 3) — zur Kennzeichnung des indirekten Aufforderungssatzes.

Variante 3 (= Eventualität)

Wenn du ihn sehen solltest, grüße ihn von mir.
Auch wenn er nicht kommen sollte, machen wir den Ausflug.

*sollen* im Prät. Konjunktiv verleiht der Aussage des Konditionalsatzes und des Konzessivsatzes (mit *auch wenn*) die Bedeutungsschattierung „Eventualität".

Variante 4 (= Zukunft)

Jahrelang unternahm er nichts gegen die Krankheit. Das sollte sich später rächen.

*sollen* in dieser Variante ist nur im Prät. Indikativ möglich. Das Modalverb dient zum Ausdruck einer determinierten Nachzeitigkeit im präteritalen Erzählplan (Zukunft in der Vergangenheit).

### 6. **wollen**
Variante 1 (= Absicht, Wille)

Das Ehepaar will eine Busreise durch Österreich unternehmen. (= Das Ehepaar beabsichtigt, eine Busreise durch Österreich zu unternehmen.)

In manchen Fällen wird mit *wollen* mehr ein Wunsch als ein Wille oder eine Absicht ausgedrückt, vor allem in der Vergangenheit:

Ich wollte immer einmal Island kennen lernen.    (= Ich wünschte mir immer, einmal Island kennen zu lernen.)

In anderen Fällen (z. B. in Satzverbindungen mit *aber, doch*) wird mit *wollen* ein nicht verwirklichter Wille ausgedrückt, was sich mit *im Begriff sein* umschreiben lässt:

Ich wollte ihn gerade fragen, aber mein Freund hielt mich zurück.

Variante 2 (= Zukunft)

Ich will hier warten, bis du kommst.    (= Ich werde hier warten, bis du kommst.)

Das Modalverb *wollen* zum Ausdruck der Zukunft unterscheidet sich vom Hilfsverb *werden* dadurch, dass die Grundbedeutung „Absicht, Wille" abgeschwächt erhalten bleibt. In der Infinitivkonstruktion ist nur *wollen* möglich:

Er hat zugesagt, dass er die Arbeit ausführen wird.
→ Er hat zugesagt, die Arbeit ausführen zu wollen.

Variante 3 (= Notwendigkeit; Forderung)

Die Sache will gut überlegt sein.
Der Aufsatz will nur einen kurzen Überblick geben.

In Sätzen mit nicht-agensorientierter Aussage steht *wollen* als stilistische Variante für *müssen* (= Notwendigkeit) und *sollen* (= Forderung):

Die Sache muss gut überlegt sein.    (= Wir müssen uns die Sache gut überlegen.)
Der Aufsatz soll nur einen kurzen Überblick geben.    (= Der Autor will mit dem Aufsatz nur einen kurzen Überblick geben.)

#### 4.2.2.2 Subjektive Modalität

Der Gebrauch der Modalverben mit subjektiver Modalität ist in morphosyntaktischer Hinsicht beschränkt. Dies betrifft zum einen die Modalverben selbst, zum anderen aber auch die infiniten Vollverben der Verbindung. Die Beschränkungen für die Modalverben sind temporaler und modaler Art: Generell sind die Modalverben mit subjektiver Modalität nur im Präsens und Präteritum möglich; die Modalverben *mögen, sollen* und *wollen* kommen darüber hinaus nur im Indikativ vor, das Modalverb *dürfen* steht nur im Konjunktiv Prät. Für die infiniten Vollverben besteht die Beschränkung, dass weit häufiger als bei den Modalverben mit objektiver Modalität der Infinitiv II erscheint.

In semantischer Hinsicht zerfallen die Modalverben mit subjektiver Modalität in zwei Gruppen:

1. Modalverben mit Vermutungsbedeutung

Die Bedeutung der Vermutung haben die Modalverben *müssen*, *dürfen*, *mögen* und *können*, wobei folgende Graduierung erkennbar ist:

*müssen* – Gewissheit, Überzeugung (= sicherlich, gewiss)

Er *muss* krank sein.
→ Er ist sicherlich krank.

*dürfen* – Wahrscheinlichkeit (= wahrscheinlich)

Sie *dürften* schon schlafen.
→ Sie schlafen wahrscheinlich schon.

*mögen* – einräumende Vermutung (= wohl, vermutlich)

Sie *mögen* sich von früher kennen.
→ Sie kennen sich wohl von früher.

*können* – Ungewissheit (= vielleicht)

Er *kann* noch auf dem Sportplatz sein.
→ Er ist vielleicht noch auf dem Sportplatz.

Die Zeitverhältnisse sind wie folgt:

Er muss / dürfte / mag / kann krank sein.
(Präs.[1] + Inf. I: Vermutung in der Gegenwart über gegenwärtiges Geschehen)

Er muss / dürfte / mag / kann die Verabredung vergessen haben.
(Präs.[1] + Inf. II: Vermutung in der Gegenwart über vergangenes Geschehen)

Er musste / mochte / konnte sie von früher kennen.
(Prät. + Inf. I: Vermutung in der Vergangenheit über vergangenes gleichzeitiges Geschehen)

Sie musste / mochte / konnte ihn nicht erkannt haben.
(Prät. + Inf. II: Vermutung in der Vergangenheit über vergangenes vorzeitiges Geschehen)

2. Modalverben mit der Bedeutung einer fremden Behauptung

Die Bedeutung der Behauptung haben die Verben *wollen* und *sollen*. Die subjektive Modalität besteht darin, dass es sich um eine vom Sprecher gewöhnlich distanziert gesehene Rede einer fremden Person handelt. Bei

---

1 bzw. Prät. Konj. (bei *dürfen*)

*wollen* ist es die Rede des syntaktischen Subjekts, das nur die 2. oder 3. Person sein kann, über sich selbst. Bei *sollen* ist es die Rede einer im aktualen Satz nicht genannten Personengruppe (*man*) über das syntaktische Subjekt. Die Transformation in die indirekte Rede mit Redeeinleitung (die von *wollen* und *sollen* mit ausgedrückt wird) macht den Unterschied deutlich:

Er will von dem Vorfall nichts bemerkt haben.
→ *Er* behauptet, dass er von dem Vorfall nichts bemerkt habe.
Sie soll schon seit längerer Zeit krank sein.
→ *Man* behauptet, dass sie schon seit längerer Zeit krank sei.

# 5 TEMPORA

## 5.1 FORMENBESTAND

Im Deutschen werden sechs grammatische Tempora unterschieden: das Präsens, das Präteritum, das Perfekt, das Plusquamperfekt, das Futur I und das Futur II.
Zu den Konjugationsformen dieser Tempora und zu Besonderheiten in der Formenbildung vgl. „Verb" 1.

**Zur Bildung der Vergangenheitsformen mit *haben* oder *sein***

1. *haben* wird zur Bildung der Vergangenheitsformen benutzt

(1) bei den *transitiven* Verben:

Er *hat* seinen Freund besucht.

Anmerkung:

*haben* steht auch bei den transitiven Verben, die intransitiv gebraucht sind, deren Akkusativobjekt also im konkreten Satz nicht erscheint:

Die Mutter *hat* gegessen.

(2) bei den *Mittelverben*:

Der Schüler *hat* eine gute Note bekommen.

(3) bei den *reflexiven* Verben:

Er *hat sich* über das Geschenk gefreut.

(4) bei den *Modalverben*:

Der Junge *hat* ins Kino gehen *wollen*.

(5) bei den *unpersönlichen* Verben:

Gestern *hat* es geregnet und geblitzt.

(6) bei *intransitiven* Verben von *durativer* Aktionsart:

Das Kind *hat* lange geschlafen.

2. *sein* wird zur Bildung der Vergangenheitsformen benutzt

(1) bei *intransitiven* Verben von *perfektiver* Aktionsart:

Der Kranke *ist* aufgewacht.

(2) bei den Verben der Bewegung, die eine *Ortsveränderung* bezeichnen:

Der Gast *ist* pünktlich gekommen.

(3) bei den Verben *sein* und *bleiben*:

Er *ist* lange Zeit in den USA gewesen.
Er *ist* bis ins hohe Alter Sportler geblieben.

(4) bei einigen anderen Verben:

In der Waldstraße *ist* ein Unfall passiert.

Ebenso: geschehen, vorkommen, auffallen

3. Verben mit *haben* und / oder *sein* in den Vergangenheitsformen

(1) Manche Verben der Bewegung bilden ihr Perfekt mit *haben* und *sein*; das Geschehen wird einmal in seiner Dauer (durativ, deshalb: *haben*), das andere Mal unter dem Gesichtspunkt seiner Vollendung, seines Ziels (perfektiv, deshalb: *sein*) betrachtet:

Er *hat* zwei Stunden gesegelt.
Er *ist* an das andere Ufer gesegelt.

Ebenso: paddeln, reiten, rudern, tanzen

(2) Manche Verben haben verschiedene Varianten, die sich in der Bedeutung und in der Valenz (Transitivität − Intransitivität) unterscheiden und deshalb auch ihre Vergangenheitsformen in verschiedener Weise (*haben* oder *sein*) bilden:

Er *hat* die Blume abgebrochen. − Die Blume *ist* abgebrochen.

5.2 Tempussystem und objektive Zeit

1. Den 6 grammatischen Tempora des deutschen Tempussystems entsprechen nicht in linearer Zuordnung 6 Bedeutungen dieser Tempora.

(1) Einerseits werden die Zeitinhalte nicht nur durch die grammatischen Tempusformen, sondern auch durch lexikalische Mittel ausgedrückt:

*Jetzt* bringt er das Buch. − *Morgen* bringt er das Buch.

(2) Andererseits drücken die grammatischen Tempusformen nicht nur Zeit-inhalte, sondern auch andere – modale – Inhalte aus:

Die Reisegruppe *wird* noch nicht *angekommen sein.*

In diesem Falle wird die temporale Interpretation des Satzes begleitet von einem Modalfaktor, der eine Vermutung ausdrückt, die auf Vergangenes bezogen ist.

2. Um den komplexen und vermittelten Beziehungen zwischen objektiver Zeit und Tempusform gerecht zu werden, müssen folgende temporale Merk-male bei der Beschreibung der Bedeutungsvarianten der einzelnen Tempora berücksichtigt werden:

(1) die *Aktzeit* (*Aktz*), d. h. die objektiv–reale Zeit, die dem entsprechenden Verb in der Wirklichkeit zugeordnet werden muss, z. B. die objektiv–reale Zeit des tatsächlichen Arbeitens und Laufens, wenn im betreffenden Satz die Verben *arbeiten* oder *laufen* erscheinen;

(2) die *Sprechzeit* (*Sprz*), d. h. die Zeit, in der der gegebene Satz tatsächlich vom Sprecher oder Schreiber geäußert wird; diese Sprechzeit fällt (mit Aus-nahme der direkten Rede in der Erzählform) mit der Sprechergegenwart zusammen;

(3) die *Betrachtzeit* (*Betrz*), d. h. die Zeit der Betrachtung (der Perspektive) des verbalen Aktes durch den Sprecher:

Bis Sonnabend wird er sich das Buch gekauft haben.
Bis Sonnabend hat er sich das Buch gekauft.

In diesem Falle ist die Sprechzeit *heute*, die Betrachtzeit ist *Sonnabend*, die Aktzeit liegt zwischen *heute* und *Sonnabend*:

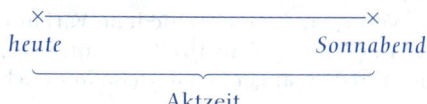

3. Neben diesen temporalen Merkmalen enthalten die grammatischen Tem-pusformen noch zusätzliche Merkmale:

(1) Manche Tempusformen enthalten einen *Modalfaktor der Vermutung*, der entweder bei der betreffenden Tempusform notwendig vorhanden ist (+ Mod), der bei der betreffenden Tempusform fehlt (– Mod) oder der bei der betreffenden Tempusform fakultativ vorhanden ist (± Mod) und unter Umständen erst durch eine zusätzliche lexikalische Angabe (meist durch ein Modalwort) in Erscheinung tritt:

| | |
|---|---|
| Er hatte den Zug versäumt. | (− Mod) |
| Er wird gestern in Hamburg gewesen sein. | (+ Mod) |
| Bis morgen hat er die Arbeit (vermutlich) beendet. | (± Mod) |

(2) Manche Tempusformen enthalten einen *aktionalen Faktor* (der *Resultativität*).

(3) Manche Tempusformen enthalten einen *kommunikativ-pragmatischen Faktor*, der die *Sprechhaltung* näher charakterisiert. Meistens handelt es sich um die normale Sprechhaltung der Umgangs- und Hochsprache (+ Colloqu), wie sie etwa als Sprechhaltung der normalen (d. h. nicht dichterisch oder stilistisch gefärbten) Mitteilung, Besprechung und Auseinandersetzung Verwendung findet. Einzelne Tempusformen sind jedoch in der normalen Umgangssprache nicht üblich (− Colloqu), sondern auf die Sprechhaltung der Erzählung und Darstellung beschränkt und deshalb vorwiegend in der Dichtung üblich. Schließlich gibt es Tempusformen, die sich gegenüber dem Merkmal der Sprechhaltung neutral verhalten (± Colloqu):

| | |
|---|---|
| In drei Wochen *gehen* die Kinder in die Ferien. | (+ Colloqu) |
| 1789 *findet* die Französische Revolution *statt.* | (− Colloqu) |
| Er *arbeitete* gestern den ganzen Tag. | (± Colloqu) |

(4) Schließlich können bestimmte *lexikalische Temporalbestimmungen* manchmal den Zeitinhalt eines Satzes allein ausdrücken. Bei manchen Bedeutungsvarianten der Tempora treten solche Temporalbestimmungen obligatorisch auf (+ Adv), in einigen Fällen dürfen sie nicht auftreten (− Adv), in den meisten Fällen ist ihr Auftreten fakultativ (± Adv):

| | |
|---|---|
| *Bis Sonnabend* habe ich mir das Buch gekauft. | (+ Adv) |
| Der Apfel fällt nicht weit vom Stamme. | (− Adv) |
| Er arbeitete (*gestern*) den ganzen Tag. | (± Adv) |

## 5.3 Semantische Beschreibung der absoluten Tempora

### 5.3.1 Präsens

1. Aktuelles Präsens:
*Aktz = Sprz = Betrz, − Mod, + Colloqu, ± Adv*
Das aktuelle Präsens drückt gegenwärtige Sachverhalte aus. Aktzeit, Sprechzeit und Betrachtzeit fallen in der Gegenwart zusammen.
Das aktuelle Präsens enthält keinen Modalfaktor und kann mit einer fakultativen Temporalangabe (*jetzt, in diesem Augenblick* u. a.) verbunden werden:

Seine Tochter studiert (jetzt) in Wien.

2. Präsens zur Bezeichnung eines zukünftigen Geschehens:
*Aktz = Betrz, Aktz u. Betrz nach Sprz, − Mod, + Colloqu, ± Adv*
Das Präsens drückt in dieser Bedeutungsvariante zukünftige Sachverhalte
aus. Die Betrachtzeit und die Aktzeit liegen nach der Sprechzeit. Diese Variante des Präsens enthält selbst keinen Modalfaktor der Vermutung, kann
aber eine zusätzliche lexikalische Angabe der Vermutung sowie eine fakultative Temporalangabe (*bald, morgen* u. a.) bei sich haben:

In einem Monat haben die Kinder Ferien.
Wir kommen (sicher) (bald) zurück.

Anmerkungen:

(1) Diese Bedeutungsvariante des Präsens deckt sich mit der 2. Bedeutungsvariante des
Futur I (vgl. „Verb" 5.3.5):

Wir kommen (bald) zurück.
≈ Wir werden (bald) zurückkommen.

(2) Bei perfektiven Verben hat das Präsens automatisch die Bedeutung der Variante 2:

Wir treffen uns am Bahnhof.    (= Zukunft)

3. Präsens zur Bezeichnung eines vergangenen Geschehens (historisches
Präsens):
*Aktz = Betrz, Betrz u. Aktz vor Sprz, − Mod, − Colloqu, + Adv*
Das Präsens drückt in dieser Bedeutungsvariante vergangene Sachverhalte
aus. Die Aktzeit und die Betrachtzeit liegen vor der Sprechzeit. In dieser Variante des Präsens ist ein Modalfaktor der Vermutung ausgeschlossen.
Dagegen muss die Vergangenheitsbedeutung durch eine obligatorische Temporalangabe (*gestern, neulich, 1914* u. a.) − oder durch einen entsprechenden
Kontext − deutlich werden. Diese Variante ist auf die Erzählung, auf
die Beschreibung historischer Tatsachen und auf die Dichtersprache
beschränkt:

Neulich treffe ich einen alten Schulkameraden.

4. Generelles oder atemporales Präsens:
*Sprz = Betrz, Aktz während, vor und nach Sprz u. Betrz, − Mod, ± Colloqu,
− Adv*
Das Präsens drückt in dieser Bedeutungsvariante allgemein gültige Sachver-
halte aus und ist an keine objektive Zeit gebunden. Die Sprechzeit und die
Betrachtzeit sind zwar Gegenwart, die Aktzeit liegt jedoch während und
zugleich vor und nach der Sprech- (und Betracht-)zeit. Diese Variante des
Präsens enthält keinen Modalfaktor und lässt auch eine zusätzliche Tempo-
ralangabe nicht zu:

Die Erde bewegt sich um die Sonne.

## 5.3.2 PRÄTERITUM

*Aktz = Betrz, Betrz u. Aktz vor Sprz, − Mod, ± Colloqu, ± Adv*
Das Präteritum bezeichnet vergangene Sachverhalte. Aktzeit und Betrachtzeit sind identisch, beide liegen vor der Sprechzeit. Zum Präteritum kann
eine fakultative Temporalangabe (*gestern, im vorigen Jahr, neulich, 1914* u. a.)
treten:

Er arbeitete (gestern) den ganzen Tag.

Anmerkungen:

(1) In der „erlebten Rede" wird das Präteritum manchmal als Stilmittel benutzt, um
gegenwärtige Sachverhalte zu bezeichnen. In der erlebten Rede werden innere Vorgänge einer Person (Selbstgespräche, Gedankengänge u. a.) in der Perspektive der handelnden Person wiedergegeben. Die erlebte Rede hat Hauptsatzform, die Perspektive
der handelnden Person und in der Regel den Indikativ (wie die direkte Rede), aber die
3. Person (wie die indirekte Rede):

*direkte Rede*
Er fragte den Arzt: „Bin *ich* wirklich so schwer krank?"

*indirekte Rede*
Er fragte sich, *ob er* wirklich so schwer krank sei.

*erlebte Rede*
*War er* wirklich so schwer krank?

(2) Das Präteritum wird in einigen erstarrten Formeln statt des Präsens gebraucht,
wenn gegenwärtige Sachverhalte gemeint sind, der Sprecher sich aber an einer vorher
bestehenden Situation (= Betrachtzeit) orientiert:

Wie *war* doch Ihr Name?
Wer *war* hier noch ohne Fahrschein?

(3) Das Präteritum ist in der Bedeutung mit der 1. Bedeutungsvariante des Perfekts
nahezu identisch:

Er arbeitete gestern den ganzen Tag.
≈ Er hat gestern den ganzen Tag gearbeitet.

Zwischen dem Präteritum und der 1. Bedeutungsvariante des Perfekts bestehen lediglich relative Unterschiede dialektaler Art (im Süden des deutschen Sprachgebiets wird
das Perfekt, im Norden das Präteritum bevorzugt; das Perfekt setzt sich jedoch aufgrund seines analytischen Charakters immer mehr durch) und in der Sprechhaltung
(das Präteritum dient meist als Tempus der Erzählung in der schöngeistigen Literatur,
das Perfekt dagegen der Besprechung von Sachverhalten im Alltagsgespräch). Bei
Modalverben wird vorzugsweise das Präteritum verwendet.

## 5.3.3 PERFEKT

1. Perfekt zur Bezeichnung eines vergangenen Geschehens:
*Aktz = Betrz, Betrz u. Aktz vor Sprz, − Mod, + Colloqu, ± Adv*

Das Perfekt drückt in dieser Bedeutungsvariante vergangene Sachverhalte aus. Aktzeit und Betrachtzeit sind identisch: beide liegen vor der Sprechzeit. Diese Bedeutungsvariante des Perfekts ist durch das Präteritum ersetzbar und enthält keinen Modalfaktor, kann jedoch eine fakultative Temporalangabe (*gestern, im vorigen Jahr, neulich, 1914* u. a.) bei sich haben:

Wir haben (gestern) die Stadt beischtigt.

2. Perfekt zur Bezeichnung eines vergangenen Geschehens mit resultativem Charakter:
*Betrz = Sprz, Aktz vor Betrz u. Sprz, − Mod, + Colloqu, ± Adv*
Das Perfekt drückt in dieser Bedeutungsvariante zwar auch vergangenes Geschehen aus, dessen Resultat für die Sprechzeit jedoch wesentlicher ist als das in der Vergangenheit liegende Geschehen, enthält selbst keinen Modalfaktor, kann eine fakultative Temporalangabe bei sich haben, ist durch das Präteritum nicht ersetzbar und auf perfektive Verben beschränkt:

Peter ist (vor kurzer Zeit) eingeschlafen.    (Peter schläft jetzt.)

3. Perfekt zur Bezeichnung eines zukünftigen Geschehens:
*Aktz vor Betrz, Betrz nach Sprz, Aktz nach Sprz, − Mod, + Colloqu, + Adv*
Das Perfekt drückt in dieser Bedeutungsvariante zukünftige Sachverhalte aus, die man sich unter einem bestimmten Zeitpunkt (als Perspektive der Betrachtzeit) als abgeschlossen vorstellt. Sowohl die Aktzeit als auch die Betrachtzeit liegen nach der Sprechzeit, aber die Aktzeit liegt vor der Betrachtzeit, also zwischen Sprechzeit und Betrachtzeit. Diese Bedeutungsvariante des Perfekts kann mit einem zusätzlichen lexikalischen Element eine Vermutung ausdrücken (enthält selbst keinen Modalfaktor). Sie ist jedoch gebunden an das obligatorische Auftreten einer zusätzlichen Adverbialbestimmung (*morgen, bald, bis Sonntag* u. a.):

Bis zum nächsten Jahr hat er seine Dissertation abgeschlossen.

Anmerkung:

Diese 3. Variante des Perfekts stimmt in der zeitstrukturellen Bedeutung mit der 3. Variante des Futur II überein, unterscheidet sich von dieser aber durch den fehlenden Modalfaktor. Soll eine Vermutung ausgedrückt werden, muss beim Perfekt ein zusätzliches lexikalisches Element stehen:

Bis zum nächsten Jahr *hat* er seine Dissertation *vermutlich abgeschlossen.*   (Bis zum nächsten Jahr *wird* er seine Dissertation *abgeschlossen haben.*)

5.3.4    PLUSQUAMPERFEKT

1. Plusquamperfekt zur Bezeichnung eines vor-vergangenen Geschehens:
*Aktz vor Sprz, Aktz vor Betrz, Betrz vor Sprz, − Mod, ± Colloqu, + Adv*

Das Plusquamperfekt bezeichnet in dieser Variante ein vor-vergangenes Geschehen, d. h. einen Sachverhalt, der vor einem anderen − ebenfalls vergangenen − Sachverhalt (als Betrachtzeit) eingetreten ist, Akt- liegt vor Betrachtzeit, Betracht- vor Sprechzeit, nicht durch Perfekt zu ersetzen, enthält keinen Modalfaktor, muss aber eine Temporalangabe bei sich haben:

Bei meiner Ankunft hatte er die Arbeit schon beendet.

2. Plusquamperfekt zur Bezeichnung eines resultativen Geschehens in der Vergangenheit:
*Aktz vor Sprz, Aktz vor Betrz, Betrz = Sprz, − Mod, ± Colloqu, ± Adv*
In dieser Variante bezeichnet das Plusquamperfekt ein vergangenes Geschehen mit resultativem Charakter, Betracht- und Sprechzeit sind identisch, beide liegen nach der Aktzeit, ist durch Perfekt (Variante 2) zu ersetzen, enthält keinen Modalfaktor, kann eine fakultative Temporalangabe bei sich haben:

Er hatte (gestern) seine Mütze verloren.   (Seine Mütze war weg.)

## 5.3.5   FUTUR I

1. Futur I zur Bezeichnung eines vermuteten Geschehens in der Gegenwart:
*Aktz = Betrz = Sprz, + Mod, + Colloqu, ± Adv*
Diese Bedeutungsvariante des Futur I bezeichnet ein Geschehen in der Gegenwart, obligatorisch verbunden mit einem Modalfaktor der Vermutung. Fakultativ steht eine zusätzliche Temporalangabe (*jetzt, in diesem Augenblick* u. a.). Aktzeit, Betrachtzeit und Sprechzeit decken sich:

Er wird (jetzt) im Büro sein.

Anmerkungen:

(1) Diese Bedeutungsvariante des Futur I deckt sich in der temporalen Charakteristik völlig mit dem Präsens (1. Bedeutungsvariante). Sie unterscheidet sich aber von ihr durch den vorhandenen Modalfaktor.

(2) Handelt es sich um perfektive Verben, so bezieht sich das Futur I in dieser Bedeutungsvariante nicht auf ein gegenwärtiges, sondern auf ein zukünftiges Geschehen. Es nimmt damit die Bedeutung der Variante 2 des Futur I an:

Wir werden uns (wohl) am Bahnhof treffen.

2. Futur I zur Bezeichnung eines zukünftigen Geschehens:
*Betrz = Aktz, Betrz und Aktz nach Sprz, ± Mod, + Colloqu, ± Adv*
Diese Bedeutungsvariante des Futur I bezeichnet einen Sachverhalt in der Zukunft. Die Betrachtzeit deckt sich mit der Aktzeit, beide liegen nach der Sprechzeit. Diese Variante kann einen Modalfaktor (eine Vermutung) ausdrücken, muss es aber nicht. Das Futur I kann in dieser Variante mit einer

fakultativen Temporalbestimmung (*morgen, bald, im nächsten Jahr* u. a.) verbunden werden:

Wir werden (bald) das Resultat erfahren.

Anmerkung:

Diese Bedeutungsvariante des Futur I deckt sich mit der 2. Bedeutungsvariante des Präsens:

Wir *werden* das Resultat (bald) *erfahren.*
≈ Wir *erfahren* das Resultat (bald).

### 5.3.6   Futur II

1.  Futur II zur Bezeichnung eines vermuteten Geschehens in der Vergangenheit:
*Aktz vor Sprz, Betrz vor Sprz, Aktz = Betrz, + Mod, + Colloqu, ± Adv*
Das Futur II bezeichnet in dieser Variante ein vermutetes Geschehen in der Vergangenheit, die Betrachtzeit deckt sich mit der Aktzeit, beide liegen vor der Sprechzeit, enthält immer einen Modalfaktor der Vermutung und kann fakultativ mit einer Temporalangabe verbunden werden:

Er wird (gestern) die Stadt verlassen haben.

Anmerkung:

Diese Bedeutungsvariante des Futur II deckt sich in der temporalen Charakteristik völlig mit dem Perfekt (1. Bedeutungsvariante). Sie unterscheidet sich aber von ihr durch den vorhandenen Modalfaktor.

2.  Futur II zur Bezeichnung eines vermuteten Geschehens in der Vergangenheit mit resultativem Charakter:
*Aktz vor Sprz, Betrz = Sprz, Aktz vor Betrz, + Mod, + Colloqu, ± Adv*
Das Futur II bezeichnet in dieser Bedeutungsvariante ein vermutetes Geschehen in der Vergangenheit mit resultativem Charakter (das erreichte Resultat in der Gegenwart ist wesentlicher als der in der Vergangenheit liegende Akt), enthält immer einen Modalfaktor und kann fakultativ mit einer Temporalangabe verbunden werden, stimmt temporal – nicht modal – mit dem Perfekt (2. Variante) überein und ist durch dieses weitgehend ersetzbar, ist – wie dieses – auf perfektive Verben beschränkt:

Peter wird (vor einiger Zeit) eingeschlafen sein.   (Peter wird jetzt schlafen.)

3.  Futur II zur Bezeichnung eines zukünftigen Geschehens:
*Aktz vor Betrz, Betrz nach Sprz, Aktz nach Sprz, ± Mod, + Colloqu, + Adv*
Das Futur II drückt in dieser Bedeutungsvariante zukünftige Sachverhalte aus, die man sich unter einem bestimmten Zeitpunkt (Perspektive der Betrachtzeit) als abgeschlossen vorstellt. Sowohl die Aktzeit als auch die

Betrachtzeit liegen nach der Sprechzeit, aber die Aktzeit liegt vor der Betrachtzeit, also zwischen Sprechzeit und Betrachtzeit. Diese Bedeutungsvariante des Futur II kann (auch ohne zusätzliches lexikalisches Element) einen Modalfaktor der Vermutung enthalten. Sie ist jedoch gebunden an das obligatorische Auftreten einer zusätzlichen Temporalbestimmung (*morgen, bald, bis Sonnabend* u. a.):

Morgen wird er die Arbeit beendet haben.

Anmerkung:

Diese 3. Variante des Futur II stimmt in der Bedeutung völlig mit der 3. Variante des Perfekts überein.

Insgesamt drücken die grammatischen Tempora des Deutschen folgende reale Zeiten aus:

| gram. Tempus / reale Zeit | Präsens | Präteritum | Perfekt | Plusquam–perfekt | Futur I | Futur II |
|---|---|---|---|---|---|---|
| Gegenwart | + | – | – | – | + | – |
| Vergangenheit | + | + | + | + | – | + |
| Zukunft | + | – | + | – | + | + |

## 5.4 RELATIVER GEBRAUCH DER TEMPORA

Der relative Gebrauch der Tempora ergibt sich aus der temporalen Abhängigkeit mehrerer Sachverhalte, die in einem zusammengesetzten Satz zueinander in Beziehung gesetzt werden.

1. Gleichzeitigkeit des Geschehens in Hauptsatz und Nebensatz
Verläuft das Geschehen in Haupt- und Nebensatz gleichzeitig, so wird in den beiden Teilsätzen in der Regel das gleiche Tempus verwendet:

Wenn es *regnet, bleiben* wir zu Hause.
Während er im Kino *war, ging* sein Freund spazieren.

2. Vorzeitigkeit des Geschehens im Nebensatz
Wenn das Geschehen im Nebensatz *vor* dem Geschehen im Hauptsatz abläuft, gilt Folgendes für den Gebrauch der Tempora: Im Nebensatz steht in der Regel das *Perfekt*, wenn im Hauptsatz das *Präsens* steht. Im Nebensatz

erscheint in der Regel das *Plusquamperfekt*, wenn im Hauptsatz das *Präte-riturm* verwendet wird:

Nachdem wir die Arbeit *beendet haben, fahren* wir nach Hause.
Nachdem wir die Arbeit *beendet hatten, fuhren* wir nach Hause.

3. Nachzeitigkeit des Geschehens im Nebensatz
Verläuft das Geschehen im Nebensatz *nach* dem Geschehen im Hauptsatz, so werden die Tempora ähnlich wie bei der Gleichzeitigkeit gebraucht:

Er *blieb* in Kiel, bis er mit seinem Studium fertig *war.*
Sie *bringt* das Kind in den Kindergarten, bevor sie zur Arbeit *geht.*

# 6    Genera

## 6.1    Formenbestand

|  |  | *Aktiv* | *Vorgangspassiv* | *Zustandspassiv* |
|---|---|---|---|---|
| Präs. | ich | impfe | werde geimpft | bin geimpft |
| Prät. | ich | impfte | wurde geimpft | war geimpft |
| Perf. | ich | habe geimpft | bin geimpft worden | bin geimpft gewesen |
| Plusq. | ich | hatte geimpft | war geimpft worden | war geimpft gewesen |
| Fut. I | ich | werde impfen | werde geimpft werden | werde geimpft sein |
| Fut. II | ich | werde geimpft haben | werde geimpft worden sein | werde geimpft gewesen sein |

1. Das Vorgangspassiv wird gebildet aus den konjugierten Formen des Hilfs-verbs *werden* + Partizip II des Vollverbs. Im Perfekt, Plusquamperfekt und Futur II verliert das Partizip II von *werden* das Präfix *ge*-:

Ich werde geimpft.   —   Ich bin geimpft *worden.*

Anmerkung:

Die futurischen Formen des Vorgangspassivs werden verhältnismäßig selten gebraucht. Das Futur I wird meist durch das Präsens, das Futur II durch das Perfekt ersetzt.

2. Das Zustandspassiv wird gebildet aus den konjugierten Formen des Hilfs-verbs *sein* + Partizip II des Vollverbs:

Ich bin geimpft.   —   Ich war geimpft.

Anmerkung:

Das Perfekt und Plusquamperfekt sowie das Futur I und Futur II des Zustandspassivs werden verhältnismäßig selten verwendet. Das Perfekt und Plusquamperfekt werden gewöhnlich durch das Präteritum, das Futur I wird gewöhnlich durch das Präsens, das Futur II durch das Perfekt ersetzt.

## 6.2 VORGANGSPASSIV

### 6.2.1 TYPEN

Das Vorgangspassiv (oder *werden*-Passiv) setzt immer eine Aktivform voraus – beide sind regulär miteinander verbunden –, aber nicht umgekehrt. Es werden folgende Typen unterschieden:

(1) das Vorgangspassiv bei transitiven Verben, bei dem das Akkusativobjekt des aktivischen Satzes zum Nominativ des passivischen Satzes wird:

Der Vater schenkt dem Sohn *den Computer.*
→ *Der Computer* wird (dem Sohn) (von dem Vater) geschenkt.

(2) das Vorgangspassiv bei intransitiv–relativen Verben, das subjektlos ist (ohne syntaktisches Subjekt im Passiv), bei dem Dativ-, Genitiv- und Präpositionalobjekt des aktivischen Satzes in ihrem Kasus erhalten bleiben, d. h. *nicht* zum Subjekt des passivischen Satzes werden:

Der Lehrer hilft *dem Schüler.*
→ *Dem Schüler* wird (von dem Lehrer) geholfen.
Die Klasse gedachte *der Toten.*
→ *Der Toten* wurde von der Klasse gedacht.
Die Eltern sorgen *für die Kinder.*
→ *Für die Kinder* wird (von den Eltern) gesorgt.

(3) das Vorgangspassiv bei intransitiv–absoluten Verben (ebenfalls subjektlos)
(3a) mit bestimmt–persönlichem Subjekt im Aktivsatz:

*Die Zuschauer* klatschten.
→ Von den Zuschauern wurde geklatscht.

(3b) mit unbestimmt–persönlichem Subjekt im Aktivsatz:

*Man* tanzte.
→ Es wurde getanzt.

Bei den Typen (1) und (2) erscheint das Agens (als Subjekt des aktivischen Satzes) im Vorgangspassiv als fakultative Präpositionalgruppe, bei (3a) als obligatorische Präpositionalgruppe, bei (3b) wird es eliminiert. Typ (1) wird zumeist als „persönliches Passiv" bezeichnet, die anderen Typen werden gelegentlich als „unpersönliches Passiv" bezeichnet – Letzteres aber zu Unrecht, da auch diese Typen ein Agens voraussetzen (sonst wäre die Bildung eines Vorgangspassivs gar nicht möglich). Die Typen (2) und (3) sind also (syntaktisch) subjektlos, aber deshalb nicht (semantisch) agenslos oder „unpersönlich" – unabhängig davon, ob das Agens im konkreten Satz tatsächlich erscheint.

## 6.2.2 BEDEUTUNG

Von der Bedeutung her ist das Aktiv nicht einfach eine „Tätigkeitsform", das Passiv nicht einfach eine „Leideform" (was die deutschen Umschreibungen suggerieren könnten), beide sind auch nicht einfach unterschiedliche „Handlungsrichtungen" oder „Geschehensarten" (so wird „Genus" häufig verdeutscht). Vielmehr bezeichnen Aktiv und Vorgangspassiv in der Regel den gleichen Sachverhalt der Realität, sie unterscheiden sich aber durch eine *unterschiedliche Perspektivierung* dieses Sachverhalts, durch eine *unterschiedliche Blickrichtung* auf das gleiche Geschehen: Das Aktiv lässt das Geschehen als agensorientiert (oder agenszugewandt), das Passiv als nicht–agensorientiert (oder agensabgewandt) erscheinen. Diese unterschiedliche Perspektivierung ist eine *semantische* Perspektivierung und darf nicht in gleicher Weise als kommunikative Perspektivierung interpretiert werden: Das Vorgangspassiv wird zwar zumeist statt des Aktivs verwendet, wenn der Sprecher das Agens nicht nennen kann oder will (dies kann als allgemeine Gebrauchsbedingung für das Passiv gelten). Wird aber das Agens im Passivsatz genannt, erscheint es oft in der Position des vom Mitteilungsgehalt her wesentlichen Satzglieds in rhematischer Position, wird kommunikativ als besonders wichtig empfunden (vgl. die Beispiele unter „Verb" 6.2.1).

## 6.2.3 EINSCHRÄNKUNGEN

Nicht jeder aktivische Satz lässt die Bildung eines Vorgangspassivs zu. Ein Vorgangspassiv kann nur gebildet werden, wenn im entsprechenden Aktivsatz das syntaktische Subjekt ein Agens bezeichnet, das Verb also ein Tätigkeitsverb ist:

*Der Sohn* hilft dem Vater.  (Agens)
→ Dem Vater wird (von dem Sohn) geholfen.
*Der Sohn* ähnelt dem Vater.  (kein Agens)
→ *Dem Vater wird (von dem Sohn) geähnelt.

Darüber hinaus ist die Bildung des Vorgangspassivs nicht möglich,
– wenn das Akkusativobjekt bei Verben in Verbindung mit einem Modalverb steht:

Der Arzt *kann* sie besuchen.
→ *Sie wird (von dem Arzt) besuchen gekonnt.

— wenn das Akkusativobjekt bei Verben steht, die einen Infinitiv ohne *zu* bei sich haben (AcI–Verben, d. h. Empfindungsverben und *lassen*):

Er *sieht* die Mutter kommen.
→ *Die Mutter wird (von ihm) kommen gesehen.

— wenn das Akkusativobjekt als Reflexivpronomen erscheint (in reflexiven Konstruktionen):

Er wäscht *sich*.
→ *Er wird von sich gewaschen.

— wenn das Verb ein Mittelverb ist (*bekommen, haben, besitzen, haben, kosten, enthalten, gelten, umfassen, wiegen, es gibt*):

Sie *bekam* einen Brief.
→ *Ein Brief wurde von ihr bekommen.

### 6.2.4 Anschluss des Agens

Falls im Vorgangspassiv ein Agens genannt wird, wird es mit Hilfe der Präpositionen *von* oder *durch* angeschlossen, ohne dass ein wesentlicher Bedeutungsunterschied erkennbar wäre:

Die Straße wurde *von* dem Regen überschwemmt.
Die Straße wurde *durch* den Regen überschwemmt.
Er wurde *von* den Freunden überzeugt.
Er wurde *durch* die Freunde überzeugt.

Ein Bedeutungsunterschied wird meist nur empfunden, wenn beide Präpositionen im gleichen Satz auftreten (in diesem Falle weist *von* auf das Agens, *durch* auf Mittel und Vermittler):

Ich wurde *von* meinem Freund *durch* einen Boten verständigt.

Im Übrigen gilt folgende Verteilung: *von* steht vornehmlich bei Personen, auch bei Abstrakta und seltener bei Sachen, umgekehrt *durch* vor allem bei Sachen, auch bei Abstrakta und seltener bei Personen.

### 6.3 Zustandspassiv

### 6.3.1 Verhältnis zu Vorgangspassiv und Aktiv

Ein Zustandspassiv (oder *sein*-Passiv) setzt immer ein entsprechendes Vorgangspassiv (und Aktiv) voraus, aber nicht umgekehrt:

| | |
|---|---|
| Peter öffnet das Fenster. | (Aktiv) |
| → Das Fenster *wird* (von Peter) geöffnet. | (Vorgangspassiv) |
| → Das Fenster *ist* geöffnet. | (Zustandspassiv) |

Allerdings ist der Unterschied zwischen Zustandspassiv und Vorgangspassiv / Aktiv von anderer Art als der zwischen Vorgangspassiv und Aktiv: Aktiv und Vorgangspassiv sind verschiedene *subjektive* Blickrichtungen auf das gleiche Geschehen. Das Zustandspassiv unterscheidet sich jedoch *objektiv* von Aktiv / Vorgangspassiv dadurch, dass es nicht − wie diese − einen Prozess, sondern einen Zustand als *Resultat* eines vorausgegangenen Prozesses bezeichnet. Zuerst *wurde* das Fenster geöffnet (Prozess: Vorgangspassiv), danach *war* das Fenster geöffnet (Zustand als Resultat eines Prozesses: Zustandspassiv). Deshalb können Vorgangs- und Zustandspassiv im selben Tempus auch nicht zugleich wahr sein.

Auf der anderen Seite entspricht das Verhältnis von Agens und Subjektsnominativ beim Zustandspassiv dem Verhältnis beim Vorgangspassiv: Der Subjektsnominativ bezeichnet − wie beim Vorgangspassiv, aber im Gegensatz zum Aktiv − nicht das Agens. Im Unterschied zum Aktiv sind Vorgangs- und Zustandspassiv nicht-agensorientiert:

|  | prozessual | agensorientiert |
|---|---|---|
| Aktiv | + | + |
| Vorgangspassiv | + | − |
| Zustandspassiv | − | − |

### 6.3.2 EINSCHRÄNKUNGEN

Daraus ergeben sich bestimmte Einschränkungen für die Bildung des Zustandspassivs. Jedem Zustandspassiv entspricht ein Vorgangspassiv, aber nicht jedes Vorgangspassiv hat ein entsprechendes Zustandspassiv. Ein Zustandspassiv kann nur gebildet werden von Verben mit transformativer bzw. resultativer Bedeutung, d. h. von solchen Verben, die einen Übergang zu einem neuen Zustand bezeichnen, bei denen das Objekt so stark durch die Handlung affiziert wird, dass ein neuer Zustand überhaupt entstehen kann:

Die Brotscheibe *wird* abgeschnitten.
→ Die Brotscheibe *ist* abgeschnitten.
Die Frau *wird* bewundert.
→ *Die Frau *ist* bewundert.

Deshalb ist das Zustandspassiv möglich bei Verben wie z. B. *verletzen, verbinden, brechen, einreihen, annähen, abschneiden, kämmen, waschen, ernten, schreiben, vollenden, öffnen, schließen, pflastern, impfen, operieren, ausziehen,*

unmöglich dagegen bei Verben wie z. B. *bewundern, loben, betrachten, sehen, befragen, beglückwünschen, zeigen.*

### 6.3.3 UNTERSCHEIDUNG VON ANDEREN FORMEN

Nicht jede Form aus *sein* + Partizip II kann als Zustandspassiv verstanden werden — schon deshalb, weil ihnen kein entsprechendes Vorgangspassiv entspricht. Vom Zustandspassiv müssen unterschieden werden

— das *Perfekt Aktiv* (das zwar auch einen Zustand bezeichnen kann, aber nicht auf ein entsprechendes Vorgangspassiv, sondern auf ein Präsens Aktiv zurückgeführt werden kann):

Die Frucht *ist gereift.*　　　　　　　　(Perfekt Aktiv)
← *Die Frucht ist gereift worden.
← Die Frucht reift.

Der Brief *ist geschrieben.*　　　　　　(Zustandspassiv)
← Der Brief ist geschrieben worden.
← *Der Brief schreibt.

— das *Zustandsreflexiv* (das zwar auch einen Folgezustand ausdrückt, aber nicht auf ein entsprechendes Vorgangspassiv, sondern auf ein reflexives Verb bzw. eine reflexive Konstruktion zurückgeführt werden kann):

Das Mädchen *ist verliebt.*　　　　　　(Zustandsreflexiv)
← *Das Mädchen ist verliebt worden.
← Das Mädchen verliebt sich.

Der Brief *ist geschrieben.*　　　　　　(Zustandspassiv)
← Der Brief ist geschrieben worden.
← *Der Brief schreibt sich.

— die *allgemeine Zustandsform* (die zwar auch einen Zustand, aber keinen *Folge*zustand ausdrückt, bei der *werden*- und *sein*-Form (und Aktiv) bedeutungsgleich sind, die nur bei kursiven (nicht–resultativen) Verben vorkommt, deren Subjekt im Aktivsatz *nicht* Agens ist):

Die Stadt *wird / ist* von Bergen *umgeben.*

— die Verbindung von *Kopulaverb* + Partizip II (als adjektivisches *Prädikativ*):

Der Zahnarzt *ist* (sehr) *geschickt.*

### 6.3.4 *BLEIBEN*-PASSIV

Manchmal wird — neben dem *werden*- und dem *sein*-Passiv — auch von einem *bleiben*-Passiv gesprochen:

| Der Vater öffnet das Fenster. | (Aktiv) |
| Das Fenster *wird* geöffnet. | (Vorgangs– bzw. *werden*-Passiv) |
| Das Fenster *ist* geöffnet. | (Zustands– bzw. *sein*-Passiv) |
| Das Fenster *bleibt* geöffnet. | (*bleiben*-Passiv) |

Die Subjekt–Objekt–Verhältnisse sind bei allen drei Arten des Passivs gleich: Das Akkusativobjekt des aktivischen Satzes wird zum Nominativ des passivischen Satzes „konvertiert". Wie das Zustandspassiv gegenüber dem Vorgangspassiv die zusätzliche semantische Markierung [+ statisch] [+ resultativ] hat, so hat das *bleiben*-Passiv gegenüber dem Zustandspassiv die weitere zusätzliche Markierung [+ kontinuativ]. Mit der zunehmenden Markiertheit vom *werden*- über das *sein*- zum *bleiben*-Passiv ist ein abnehmender Grad der Auxiliarisierung (des Verbs) – d. h. seiner Entwicklung zum Hilfsverb – sowie der Grammatikalisierung (der Konstruktion) verbunden. Daraus ergeben sich weitere Beschränkungen. Wie nicht jedes Aktiv ein entsprechendes Vorgangspassiv und nicht jedes Vorgangspassiv ein entsprechendes Zustandspassiv hat, so hat auch nicht jedes Zustandspassiv ein entsprechendes *bleiben*-Passiv:

| *Das Buch bleibt vollendet. | (Geschehen irreversibel) |
| *Der Brief bleibt geschrieben. | (Geschehen irreversibel) |
| Der Brief bleibt ungeschrieben. | (Geschehen reversibel) |

## 6.4 PASSIV–PARAPHRASEN

### 6.4.1 INVENTAR

Unter Passiv–Paraphrasen werden aktivische Formen mit passivischer Bedeutung verstanden. Bei ihnen drückt – wie beim „syntaktischen" Passiv – das Subjekt nicht das Agens aus. Im Deutschen gibt es Passiv–Paraphrasen ohne modale Nebenbedeutung und solche mit modaler Nebenbedeutung.
1. Zu den Passiv–Paraphrasen *ohne* modale Nebenbedeutung rechnen z. B.

– Konstruktionen mit *bekommen / erhalten / kriegen* + Partizip II (bei denen der Subjektsnominativ den Adressaten ausdrückt – deshalb auch „Adressaten"- oder „Dativpassiv"):

*Er bekommt das Buch geschenkt.* (= *Ihm wird das Buch geschenkt.*)

– Konstruktionen mit *bekommen / erfahren / erhalten / finden / gehen / gelangen / kommen* + Substantiv (meist: Nomen actionis auf *-ung*) (gehören zu den Funktionsverbgefügen):

Der Wunsch ging in Erfüllung.  (= wurde erfüllt)

– einige reflexive Formen (deren Subjekt ebenfalls kein Agens ist, die ebenfalls in der Bedeutung dem Passiv entsprechen):

Der Schlüssel wird sich finden.  (= wird gefunden werden)

2. Zu den Passiv-Paraphrasen *mit* modaler Nebenbedeutung gehören z. B.

— Konstruktionen mit *sein + zu* + Infinitiv:

Die Tür ist abzuschließen.   (= *kann / muss* abgeschlossen werden)

— Konstruktionen mit *sein* + Adjektiv (auf *-bar, -lich, -fähig*):

Sein Wunsch ist erfüllbar.   (= *kann* erfüllt werden)

— Konstruktionen mit *es gibt + zu* + Infintiv:

Es gibt hier viel zu lesen.   (= *kann / muss* hier viel gelesen werden)

— Konstruktionen mit *bleiben + zu* + Infinitiv:

Das Resultat bleibt abzuwarten.   (= *muss* abgewartet werden)

— einige reflexive Formen:

Das Buch lässt sich gut verkaufen.   (= *kann* gut verkauft werden)

### 6.4.2   *BEKOMMEN*-PASSIV

Eine besondere Rolle unter den Passiv-Paraphrasen spielt die zuerst genannte Konstruktion mit *bekommen / erhalten / kriegen* + Partizip II, die heute vielfach schon als eigenständige Passivkonstruktion (neben dem *werden-, sein-* und *bleiben-*Passiv) angesehen wird. Dafür spricht der Umstand, dass sie formal ebenfalls aus (auxiliarisiertem) Nicht-Vollverb + Partizip II besteht. *bekommen (erhalten, kriegen)* haben in dieser Konstruktion ihre lexikalische Bedeutung weitgehend verloren, weil sie bei verschiedenen Gruppen von Vollverben vorkommen (auch bei solchen — wie (b) und (c) —, bei denen von der ursprünglichen lexikalischen Bedeutung von *bekommen* nicht mehr die Rede sein kann):

(a) Er *bekommt* das Buch *geschenkt.*
(b) Er *bekommt* den Führerschein *weggenommen.*
(c) Er *bekommt* den Zahn *gezogen.*

### 6.4.3   PASSIV IM ENGEREN UND IM WEITEREN SINNE

Die zunehmende Erweiterung des Passivs (vom *werden-* über das *sein-* bis zum *bleiben-* und *bekommen-*Passiv) unter Einbeziehung der semantischen Ebene ergibt freilich ein komplexeres Bild (als man es früher hatte). Das Passiv in diesem weiteren Sinne kann nicht mehr festgemacht werden ausschließlich an einem *einzigen* Merkmal formaler Art (*werden* + Partizip II), sondern ist charakterisiert durch *mehrere* Merkmale:

— durch den semantisch-syntaktischen Tatbestand, dass der Subjektsnominativ in Passivsätzen nicht das Agens ausdrückt, dass eine agensabgewandte Sehweise bzw. Perspektivierung vorliegt (das gilt in gleicher Weise auch für die Passiv-Paraphrasen),

— durch den morphologischen Tatbestand, dass das Passiv immer besteht aus einem auxiliarisierten Nicht–Vollverb + Partizip II (das gilt nur für die Passivkonstruktionen, nicht für die Passiv–Paraphrasen),
— durch den syntaktischen Tatbestand regulärer Entsprechungsverhältnisse zwischen den Passivarten untereinander und zum Aktiv (vor allem: Akkusativ– und Dativkonversion),
— durch den syntaktischen Tatbestand der Aktantenreduktion, d. h. der Tilgung von Aktanten oder der Verwandlung von obligatorischen in fakultative Aktanten — unterschiedlich allerdings nach Passivart und Passivtyp.

# 7 Modi

## 7.1 Formenbestand

Im Deutschen werden drei Modi unterschieden:
Indikativ — Konjunktiv — Imperativ
Zum Formenbestand des Indikativs vgl. „Verb" 1.

### 7.1.1 Konjunktiv

1. Konjunktiv Präsens
Die Konjugation im Konjunktiv Präs. ist dadurch gekennzeichnet, dass in allen Endungen ein *e* erscheint. Dadurch ergeben sich Unterschiede zum Indikativ Präs. in der 3. Pers. Sing., die ganz verschiedene Endungen besitzt (Indikativ *-t*, Konjunktiv *-e*), und in der 2. Pers. Sing./Pl., wo der Indikativ gewöhnlich eine Form ohne *e* hat:

| *Indikativ* | | *Konjunktiv* | |
|---|---|---|---|
| ich gehe | wir gehen | ich gehe | wir gehen |
| du gehst | ihr geht | du **gehest** | ihr **gehet** |
| er geht | sie gehen | er **gehe** | sie gehen |

Weitere Unterschiede zum Indikativ ergeben sich bei den unregelmäßigen Verben, die im Indikativ in der 2. und 3. Pers. Sing. Umlaut oder *e / i*-Wechsel haben. Im Konjunktiv Präs. gibt es weder Umlaut noch *e / i*-Wechsel:

| *Indikativ* | *Konjunktiv* |
|---|---|
| du trägst | du tragest |
| er trägt | er trage |
| du nimmst | du nehmest |
| er nimmt | er nehme |

2. Konjunktiv Präteritum

Der Konjunktiv Prät. der regelmäßigen Verben stimmt mit dem Indikativ Prät. überein.

Der Konjunktiv Prät. der unregelmäßigen Verben enthält im Gegensatz zum Indikativ Prät. in allen Endungen ein *e* (wie der Konjunktiv Präs.).:

*Indikativ*                    *Konjunktiv*

| ich schrieb | wir schrieben | ich schrieb*e* | wir schrieben |
| du schriebst | ihr schriebt | du schrieb*e*st | ihr schrieb*e*t |
| er schrieb | sie schrieben | er schrieb*e* | sie schrieben |

Die unregelmäßigen Verben mit umlautfähigem Stammvokal im Indikativ Prät. haben außerdem im Konjunktiv Prät. noch den Umlaut:

*Indikativ*      *Konjunktiv*

ich nahm       ich nähme
ich bot        ich böte
ich trug       ich trüge

3. Konjunktiv der zusammengesetzten Tempora

Der Konjunktiv Perf. wird mit dem Konjunktiv Präs. von *haben / sein* + Partizip II des Verbs gebildet, der Konjunktiv Plusq. entsprechend mit dem Konjunktiv Prät. Bei den Verben mit *haben* fallen dabei einige Formen im Konjunktiv Perf. mit den entsprechenden indikativischen Formen zusammen (1. Pers. Sing., 1. / 3. Pers. Pl.):

|  | *Indikativ* | *Konjunktiv* |
|---|---|---|
| Perf. | ich *habe* gearbeitet | ich *habe* gearbeitet |
|  | du hast gearbeitet | du habest gearbeitet |
|  | . . . | . . . |
|  | ich bin gegangen | ich sei gegangen |
|  | du bist gegangen | du seiest gegangen |
|  | . . . | . . . |
| Plusq. | ich hatte gearbeitet | ich hätte gearbeitet |
|  | du hattest gearbeitet | du hättest gearbeitet |
|  | . . . | . . . |
|  | ich war gegangen | ich wäre gegangen |
|  | du warst gegangen | du wärest gegangen |
|  | . . . | . . . |

Der Konjunktiv Fut. I wird mit dem Konjunktiv Präs. von *werden* + Infinitiv I des Verbs gebildet, der Konjunktiv Fut. II entsprechend mit dem Infinitiv II.

Aufgrund des weitgehenden Formenzusammenfalls zwischen dem Indikativ und Konjunktiv Präs. von *werden* sind Unterschiede zwischen dem Indikativ Fut. und Konjunktiv Fut. nur in der 2. und 3. Pers. Sing. vorhanden:

| *Indikativ* | *Konjunktiv* |
|---|---|
| ich werde gehen | ich werde gehen |
| du wirst gehen | du *werdest* gehen |
| er wird gehen | er *werde* gehen |
| . . . | . . . |

4. Die *würde*-Form

Neben den regulären Konjunktivformen kann im Deutschen noch eine besondere Konjunktivform aus dem Konjunktiv Prät. von *werden* und dem Infinitiv (I und II) des Verbs gebildet werden. Diese sog. *würde*-Form kann als Ersatz für nahezu alle anderen Konjunktivformen stehen.

Besonders oft werden Konjunktiv Präs., Prät. und Fut. durch *würde* + Infinitiv I ersetzt, vor allem, wenn sie mit den indikativischen Formen zusammenfallen und die durch die Konjunktivformen ausgedrückten Funktionen auch nicht durch andere Sprachmittel gekennzeichnet sind:

Ich habe gesagt, ich besuche ihn am Sonntag.
→ Ich habe gesagt, ich würde ihn am Sonntag besuchen.
Wenn er regelmäßig trainierte, erreichte er mehr.
→ Wenn er regelmäßig trainieren würde, erreichte er mehr.

Die *würde*-Form ersetzt weiterhin die veralteten bzw. gehobenen Präteritalformen einiger unregelmäßiger Verben:

Wenn ich Zeit hätte, hülfe ich dir.
→ Wenn ich Zeit hätte, würde ich dir helfen.

Vgl. dazu die mit + gekennzeichneten Verbformen des Präteritums in der Liste der unregelmäßigen Verben („Verb" 2.1.2.4).

7.1.2   IMPERATIV

Der Imperativ verfügt nur über Formen für die 2. Pers. Sing. und Pl. im Präs. Aktiv.

Die Singularform des Imperativs ist gewöhnlich durch die Endung *-e*, die an den Infinitivstamm angefügt wird, gekennzeichnet. Die Pluralform hat die Endung *-t* und entspricht damit der 2. Pers. Pl. Präs. Indikativ. Zusätzlich dienen zur Kennzeichnung des Imperativs die Spitzenstellung der Imperativform im Satz, eine verstärkte Druckbetonung und gewöhnlich auch das Fehlen des Personalpronomens:

Frage ihn selbst! Bitte ihn herein! Erhole dich gut!
Schreibt es auf! Setzt euch! Rechnet es schriftlich!

Beide Imperativformen finden nur für die vertrauliche Form der 2. Person (*du; ihr*) Verwendung. Für die höfliche Form (*Sie*) steht eine weitere Imperativform zur Verfügung, die formal mit der 3. Pers. Pl. Präs. Konjunktiv identisch ist. Diese Höflichkeitsform gilt für Singular und Plural. Sie ist wie die vertraulichen Imperativformen zusätzlich durch Spitzenstellung und verstärkte Druckbetonung gekennzeichnet. Im Unterschied zu diesen ist bei der Höflichkeitsform jedoch das Personalpronomen (*Sie*) obligatorisch. Es ist der Imperativform stets nachgestellt:

Fragen Sie ihn selbst! Erholen Sie sich gut! Schreiben Sie es auf!

Anmerkungen:

(1) Gegenüber dem Umlaut und dem *e / i*-Wechsel des Stammvokals bei einigen unregelmäßigen Verben im Indikativ. Präs. Sing. verhält sich die Singularform des Imperativs unterschiedlich. Während ein Umlaut im Imperativ nicht erfolgt (a), wird der *e / i*-Wechsel wie im Indikativ vollzogen (b). Bei den Verben mit *e / i*-Wechsel ist außerdem zu beachten, dass das Singular-*e* obligatorisch ausfällt:

| *Indikativ* | *Imperativ* |
| --- | --- |
| (a) du bläst | blase |
| (b) du nimmst | nimm |

(2) Bei den Verben auf -*eln* fällt gewöhnlich das *e* des Suffixes aus:

Schüttle das Glas! Bummle nicht! Lächle doch!

(3) Besondere Imperativformen bildet das Verb *sein*:

Singular: *sei*   Plural: *seid*   Höflichkeitsform: *seien Sie*

## 7.2  GEBRAUCH DER MODI

Der Indikativ ist die allgemeine Form sprachlicher Äußerungen (mit Ausnahme von Aufforderungen). Er dient sowohl zur Führung eines Gesprächs als auch zur Erzählung und zur sachlichen Darstellung.

Gegenüber dem Indikativ spielen der Konjunktiv und der Imperativ eine beschränkte Rolle. Dabei dient der Imperativ zum Ausdruck der verschiedenen Formen der Aufforderung. Der Konjunktiv ist an bestimmte Satzformen gebunden.

### 7.2.1  KONJUNKTIV

#### 7.2.1.1  INDIREKTE REDE

Die indirekte Rede ist die vermittelte Wiedergabe fremder oder früherer eigener Aussage durch den Sprecher. Neben dem Konjunktiv (1.) dienen zu ihrer Kennzeichnung redeeinleitende Verben (2.), die Nebensatzform (3.) und die Pronominalverschiebung (4.). Keines dieser Mittel erscheint immer, doch

ist in der Regel zumindest eines vorhanden, um die indirekte Rede als solche zu markieren.

## 1. Der Konjunktiv in der indirekten Rede

Der Konjunktiv tritt in der indirekten Rede neben dem Indikativ auf. Er wird dem Indikativ vorgezogen, wenn die indirekte Rede die Form eines uneingeleiteten Nebensatzes (scheinbare Hauptsatzform) hat. Bei mehreren aufeinander folgenden uneingeleiteten Nebensätzen ohne wiederholtes redeeinleitendes Verb — in der sog. berichteten Rede — ist der Konjunktiv obligatorisch.

Wie beim Indikativ, so stehen auch beim Konjunktiv die Tempusformen in einem systematischen Verhältnis zu den Zeitstufen (Gegenwart / Vergangenheit / Zukunft), z. T. werden im Konjunktiv aber andere Tempusformen als im Indikativ verwendet. Im Folgenden werden die Tempusformen der beiden Modi in der indirekten Rede (für den Indikativ auch in der direkten Rede) auf den verschiedenen Zeitstufen einander gegenübergestellt. Die Zeitstufen und Tempusformen in der Redeeinleitung spielen in diesem Zusammenhang keine Rolle.

(1) Zur Wiedergabe der *Gegenwart* dienen Konjunktiv Präs. und Prät. (entsprechend Indikativ Präs.):

Sie hat mir gesagt: „Ich sehe ihn jetzt selten."
(direkte Rede Indikativ Präs.)
Sie hat mir gesagt, dass sie ihn jetzt selten sieht.
(indirekte Rede Indikativ Präs.)
Sie hat mir gesagt, sie sehe / sähe ihn jetzt selten.
(indirekte Rede Konjunktiv Präs. / Prät.)

(2) Für die Wiedergabe der *Vergangenheit* werden Konjunktiv Perf. und Plusq. verwendet (entsprechend Indikativ Prät. / Perf.):

Sie hat mir gesagt: „Ich sah ihn früher oft. / Ich habe ihn früher oft gesehen."     (direkte Rede Indikativ Prät. / Perf.)
Sie hat mir gesagt, dass sie ihn früher oft sah / gesehen hat.
(indirekte Rede Indikativ Prät. / Perf.)
Sie hat mir gesagt, sie habe / hätte ihn früher oft gesehen.
(indirekte Rede Konjunktiv Perf. / Plusq.)

(3) Zur Wiedergabe der *Zukunft* dienen Konjunktiv Fut. I und *würde* + Infinitiv I (entsprechend Indikativ Präs. / Fut. I):

Sie hat mir gesagt: „Ich sehe ihn bald. / Ich werde ihn bald sehen."
(direkte Rede Indikativ Präs. / Fut. I)
Sie hat mir gesagt, dass sie ihn bald sieht / sehen wird.
(indirekte Rede Indikativ Präs. / Fut. I)

Sie hat mir gesagt, sie werde / würde ihn bald sehen.
(indirekte Rede Konjunktiv Fut. I / *würde* + Infinitiv I)

Beim Gebrauch der indirekten Rede gibt es – wie die obigen Regelangaben zeigen – neben bestimmten Beschränkungen auch eine gewisse Freiheit in der Wahl sowohl der Modi als auch der Tempusformen innerhalb der einzelnen Zeitstufen.

Folgende allgemeine Hinweise können gegeben werden:
In der geschriebenen Sprache und der durch die Schriftsprache beeinflussten gesprochenen Sprache wird überwiegend der Konjunktiv verwendet und auf den Zeitstufen jeweils Konjunktiv Präsens, Perfekt und Futur I bevorzugt. In der umgangssprachlich beeinflussten Sprache wird umgekehrt häufig der Indikativ verwendet (zum Nebeneinander der Formen für Vergangenheit und Zukunft vgl. „Verb" 5.3). Falls hier doch der Konjunktiv gebraucht wird, wird auf den Zeitstufen jeweils Präteritum, Plusquamperfekt oder *würde* + Infinitiv I gewählt.

Bei der Tempuswahl im Konjunktiv spielt weiterhin eine gewisse Rolle, ob die Form eindeutig ist oder mit einer Indikativform zusammenfällt (vgl. oben 7.1.1). Die sog. Ersatzregeln – z. B. Ersatz einer nicht eindeutigen Präsensform durch die eindeutige Präterital- oder *würde*-Form – werden aber nur zum Teil angewendet, vor allem, wenn die indirekte Rede bereits durch andere Sprachformen gekennzeichnet ist (vgl. oben die Regelangaben zum (un)eingeleiteten Nebensatz, im Folgenden auch unter 2.–4.). Nicht nachweisbar ist auch, dass für den unterschiedlichen Formengebrauch die Sprecherintentionen eine Rolle spielen. So lässt sich in Texten nicht feststellen, dass mit dem Konjunktiv Präteritum oder Plusquamperfekt eine (größere) Distanz des Sprechers zum Redeinhalt ausgedrückt wird.

2. Redeeinleitende Verben
Die indirekte Rede ist abhängig von einem übergeordneten Verb des Sagens. Entsprechend der Sprecherintention kann es ein Verb (bzw. eine verbale Verbindung) des Sagens im engeren Sinne (*sagen, äußern, Antwort geben* . . .), des Fragens (*fragen, Frage stellen* . . .) oder Aufforderns (*auffordern, anordnen, Befehl erteilen* . . .) sein. Von indirekter Rede kann man teilweise auch dann sprechen, wenn es sich nicht um ein Verb des Sagens, sondern um ein Verb (bzw. eine verbale Verbindung) des Denkens, Fühlens oder der Wahrnehmung handelt. Nach diesen Verben ist manchmal nicht der Konjunktiv, sondern nur der Indikativ möglich. Unterschiedlich verhalten sich zum Teil auch die Tempusformen. Man vgl.:

Er sagte: „Ich bin krank."
→ Er sagte, dass er krank ist / sei / wäre.
Er wusste: Ich bin krank.
→ Er wusste, dass er krank war / (ist) / *sei / *wäre.

### 3. Nebensatzform der indirekten Rede

Die indirekte Rede steht in Form von eingeleiteten Nebensätzen (mit Letzt-stellung des finiten Verbs) oder von uneingeleiteten Nebensätzen (mit Zweit-stellung des finiten Verbs). Eine Differenzierung dieser Formen ergibt sich aus den Satzarten, die in der indirekten Rede auftreten.

(1) Der indirekte *Aussagesatz* ist als eingeleiteter und uneingeleiteter Neben-satz möglich. Einleitungswort ist die Konjunktion *dass*:

Er sagte mir, dass er sie besucht habe.
                er habe sie besucht.

(2) Der indirekte *Fragesatz* ist nur als eingeleiteter Nebensatz möglich. Ein-leitungswörter sind Interrogativpronomina und –adverbien (bei der indi-rekten Ergänzungsfrage) oder die Subjunktion *ob* (bei der indirekten Entscheidungsfrage):

Ich fragte ihn, wen er besucht habe.
                 wann er sie besucht habe.
                 ob er sie besucht habe.

(3) Der indirekte *Aufforderungssatz* ist wie der Aussagesatz in eingeleiteter und uneingeleiteter Form möglich. Einleitungswort ist ebenfalls die Kon-junktion *dass*. Zur Unterscheidung vom indirekten Aussagesatz ist zusätz-lich das Modalverb *sollen* oder *mögen* nötig:

Ich bat ihn, dass er sie besuchen möge / solle.
              er möge / solle sie besuchen.

### 4. Pronominal- und Adverbialverschiebung

(1) Gegenüber der direkten Rede wird in der indirekten Rede oftmals eine Personenverschiebung notwendig. Personalpronomina (und Possessivpro-nomina) verändern ihre Personalform so, dass Identität mit dem korrelie-renden Pronomen der Redeeinleitung hergestellt wird:

| *Er* | hat über | dich | zu | *mir* | gesagt: |
| ↓ | | ↓ | | ↓ | |
| „Ich | werde | ihn | zu | dir | schicken." |
| ↓ | | ↓ | | ↓ | |
| . . ., *er* | würde | dich | zu | *mir* | schicken. |

| *Du* | hast über | *mich* | zu | *ihm* | gesagt: |
| ↓ | | ↓ | | ↓ | |
| „Ich | werde | ihn | zu | dir | schicken." |
| ↓ | | ↓ | | ↓ | |
| . . ., *du* | würdest | *mich* | zu | *ihm* | schicken. |

(2) Neben der Pronominalverschiebung gibt es in der indirekten Rede bei Adverbien (Orts- und Zeitangaben), die sich auf den Sprechakt beziehen, sehr oft auch eine Adverbialverschiebung:

Mein Berliner Freund hat mir am Sonntag am Telefon gesagt:
*„Gestern* ist *hier* eine große Kunstausstellung eröffnet worden."
..., *am Vortag* sei *dort* eine große Kunstausstellung eröffnet worden.

Anmerkung:

Ähnlich wie in der indirekten Rede ist der Konjunktivgebrauch im Komparativsatz mit der Subjektion *als* (*ob*). In diesen Sätzen, mit denen eine hypothetische (nicht reale, sondern nur angenommene) Gleichheit ausgedrückt wird, steht der Konjunktiv fakultativ neben dem Indikativ. In Sätzen mit *als* ohne *ob* und unmittelbar folgendem Verb wird gewöhnlich nur der Konjunktiv gebraucht.

*Gegenwart* (Konjunktiv Präs. / Prät., Indikativ Präs.):

Er tut so, als ob er mich nicht sehe / sähe / sieht.
Er tut so, als sehe / sähe er mich nicht.

*Vergangenheit* (Konjunktiv Perf. / Plusq., Indikativ Perf.):

Er tut so, als ob er mich nicht gesehen habe / hätte / hat.
Er tut so, als habe / hätte er mich nicht gesehen.

### 7.2.1.2 KONDITIONALSATZ

Während der Konjunktiv in der indirekten Rede lediglich ein fakultatives Mittel neben anderen ist, kommt dem Konjunktiv im Konditionalsatz eine spezifische Funktion zu. Der Indikativ dient hier zum Ausdruck realisierbarer oder realisierter (sog. potenzieller) Bedingungen, der Konjunktiv dagegen zum Ausdruck von nur vorgestellten realisierbaren (sog. hypothetischen) oder von nicht realisierten (sog. irrealen) Bedingungen.
Unterschiedlich ist auch der Formengebrauch: Während es in der indirekten Rede innerhalb der Zeitstufen eine gewisse Freiheit bei der Wahl der Konjunktivformen gibt, steht im Konditionalsatz mit Konjunktiv jeweils nur eine – zum Indikativ unterschiedliche – Tempusform zur Verfügung.

1. Potenzieller Konditionalsatz
Beim potenziellen Konditionalsatz ist zwischen (a) dem Gefüge mit Indikativ Präs. (und Futur) und (b) dem Gefüge mit Indikativ Prät. oder Perf. zu unterscheiden:

(a) Wenn ich Zeit habe, besuche ich meine Schwester. / Wenn ich Zeit haben werde, werde ich meine Schwester besuchen.
(b) Wenn ich Zeit hatte, besuchte ich meine Schwester. / Wenn ich Zeit gehabt habe, habe ich meine Schwester besucht.

(a) bezieht sich auf die Gegenwart / Zukunft und meint die Realisierbarkeit des bedingenden Geschehens (im Nebensatz) und des bedingten Geschehens (im Hauptsatz), (b) bezieht sich auf die Vergangenheit und meint realisiertes bedingendes und bedingtes Geschehen.

Anmerkung:

Die beiden *wenn*-Sätze unter (a) und (b) können nicht nur als Konditionalsätze (*wenn = falls*), sondern auch als Temporalsätze (*wenn = immer wenn, sobald*) interpretiert werden.

2. Hypothetischer Konditionalsatz

Der hypothetische Konditionalsatz wird mit dem Konjunktiv Prät. (oder: *würde* + Infinitiv I) gebildet und bezieht sich auf die Gegenwart oder Zukunft:

Wenn ich Zeit hätte, besuchte ich meine Schwester (oder: . . ., würde ich meine Schwester besuchen).

Der hypothetische Konditionalsatz meint ein bedingendes und bedingtes Geschehen, das nur in der Vorstellung des Sprechers realisierbar und unter Umständen auch nicht realisierbar ist.

3. Irrealer Konditionalsatz

Der irreale Konditionalsatz wird mit dem Konjunktiv Plusq. gebildet und bezieht sich auf die Vergangenheit:

Wenn ich Zeit gehabt hätte, hätte ich meine Schwester besucht.

Der irreale Konditionalsatz meint ein nicht realisiertes und nicht mehr realisierbares bedingendes und bedingtes Geschehen.

Anmerkungen:

(1) Der Zeitbezug des konjunktivischen Konditionalsatzes wird in der Regel aus einem vorausgehenden indikativischen Satz mit negativer bzw. antonymischer Aussage erkennbar.

*Gegenwart:*
Es regnet heute. Wenn schönes Wetter wäre, würden wir einen Ausflug machen.

*Vergangenheit:*
Es hat gestern geregnet. Wenn schönes Wetter gewesen wäre, hätten wir den Ausflug gemacht.

(2) Konjunktivische Konditionalsätze erscheinen nicht nur in expliziter Form als Gefüge von bedingendem Nebensatz und bedingtem Hauptsatz. Oft werden die Bedingungen in anderer Form ausgedrückt. Man kann hier von verkappten Konditionalsätzen sprechen, die erst durch die Zurückführung auf ein Gefüge als solche erkennbar werden. Die wichtigsten dieser Formen sind

(a) Infinitiv- und Partizipialkonstruktionen:

Es wäre gut, ihn selbst zu fragen.
← Es wäre gut, wenn Sie ihn selbst fragen würden.
Über die Zeit befragt, wüsste ich keine Antwort.
← Wenn ich über die Zeit befragt würde, wüsste ich keine Antwort.

(b) Präpositionale Gruppen:

Bei intensiver Bodenbearbeitung lägen die Erträge höher.
← Wenn der Boden intensiv bearbeitet würde, lägen die Erträge höher.
Mit einem besseren Zeugnis hättest du die Stelle bekommen.
← Wenn du ein besseres Zeugnis gehabt hättest, hättest du die Stelle bekommen.

(c) Satzverbindungen mit *aber* und andere antonymische indikativische Aussagen:

Ich hätte ihm geschrieben, aber ich wusste seine Adresse nicht.
← Ich hätte ihm geschrieben, wenn ich seine Adresse gewusst hätte.
Ich bin um zehn Uhr gegangen, sonst hätte ich den Bus verpasst.
← Wenn ich nicht um zehn Uhr gegangen wäre, hätte ich den Bus verpasst.

(3) Die gleichen Konjunktivformen wie der Konditionalsatz hat gewöhnlich auch der mit der Subjunktion *als dass* eingeleitete sog. irreale Konsekutivsatz. Im Gegensatz zum Konditionalsatz jedoch, wo die Subjunktion *wenn* homonym ist und die modale Bedeutung allein durch den Konjunktiv zustande kommt, wird im irrealen Konsekutivsatz die modale Bedeutung bereits durch die Subjunktion *als dass* im Gegensatz zur Subjunktion *so dass / sodass* des realen Konsekutivsatzes gekennzeichnet. *als dass*-Sätze können deshalb auch im Indikativ stehen, ohne dass sich die Aussage ändert. Ein weiterer Unterschied besteht darin, dass beim Konditionalsatz auch der Hauptsatz im Konjunktiv steht und der Zeitbezug (Gegenwart oder Vergangenheit) nur kontextuell gegeben ist, während beim irrealen Konsekutivsatz nur der Nebensatz im Konjunktiv steht und der Zeitbezug im Hauptsatz vorgegeben wird.

*Gegenwart* (Konjunktiv Prät. oder Indikativ Präs.):

Das Wasser ist zu kalt, als dass man baden könnte (. . ., als dass man baden kann).

*Vergangenheit* (Konjunktiv Plusq. oder Indikativ Prät.):

Das Wasser war zu kalt, als dass man hätte baden können (. . ., als dass man baden konnte).

(4) Der Konjunktiv steht manchmal auch im *ohne dass*-Satz (negativer Konsekutivsatz). In den grammatischen Merkmalen besteht eine große Ähnlichkeit zum *als dass*-Satz:

Er hilft jedem bereitwillig, ohne dass man ihn darum bäte (oder: bittet).
Ich habe tüchtig gefroren, ohne dass ich mich erkältet hätte (oder: habe).

## 7.2.1.3 KONJUNKTIV IM EINFACHEN SATZ

### 1. Konjunktiv Präsens

Der Konjunktiv Präs. im einfachen Satz hat imperativische Bedeutung. Es handelt sich dabei um eine Ersatzfunktion des Konjunktivs für die fehlende Form des Imperativs in der 3. Pers. Sing., der in der Gegenwartssprache jedoch selten und auf Wendungen beschränkt ist:

Das Brautpaar lebe hoch!

Auch der imperativische Konjunktiv mit dem unbestimmt-persönlichen Pronomen *man* in Kochrezepten, Gebrauchsanweisungen etc. wird nur noch gelegentlich verwendet:

Man nehme 6 Eier, 200 g Mehl . . .

2. Konjunktiv Präteritum / Plusquamperfekt

Um Umschreibungen des Aufforderungssatzes im weitesten Sinne handelt es sich auch bei der Verwendung des Konjunktivs Prät. / Plusq. in bestimmten Formen des einfachen Satzes. Formen- und bedeutungsmäßig ist dabei eine starke Ähnlichkeit mit dem Konjunktiv im Konditionalsatz zu erkennen.

Die präteritale Form bezieht sich auf die Gegenwart, das Plusquamperfekt bezieht sich auf die Vergangenheit.

Im Wesentlichen kommen der Konjunktiv Prät. und der Konjunktiv Plusq. in zwei Satzformen vor: (1) im Wunschsatz und (2) in bestimmten Modalverbkonstruktionen.

(1) Der Wunschsatz

Der Wunschsatz entspricht völlig einem konjunktivischen konditionalen Nebensatz (eingeleitet mit *wenn*, uneingeleitet mit Erststellung des Verbs) mit einem zusätzlichen modalen Element, das die Aussage des Wunschsatzes signalisiert. Als solche signalisierenden Elemente fungieren in der Regel die Partikeln *doch* oder *nur*:

*Gegenwart* (Konjunktiv Prät., hypothetisch, nur in der Vorstellung erfüllbarer Wunsch):

Wenn ich dir nur / doch helfen könnte!
Könnte ich dir nur / doch helfen!

*Vergangenheit* (Konjunktiv Plusq., irreal, nicht erfüllter und nicht mehr erfüllbarer Wunsch):

Wenn ich nur / doch nichts gesagt hätte!
Hätte ich nur / doch nichts gesagt!

(2) Modalverbkonstruktionen

Die Modalverbkonstruktionen stehen häufiger im Konjunktiv Plusq. (für die Vergangenheit) als im Konjunktiv Prät. (für die Gegenwart). Solche Verbindungen sind nur mit den eine Aufforderung ausdrückenden Modalverben *müssen, sollen, dürfen* möglich. Die im Modalverb ausgedrückte Aufforderung ist wie die konjunktivische Bedingung irrealer Art und ergibt sich aus einer im Kontext vorhandenen negativen bzw. antonymischen Aussage im Indikativ:

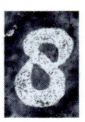

*Vergangenheit* (Konjunktiv, Plusq.):
Sie *haben* die Arbeit nicht vorbereitet. Sie *hätten* die Arbeit vorbereiten *müssen.*

### 7.2.2  IMPERATIV

Der Imperativ ist die Grundform der Aufforderung des Sprechers (1. Person) an die angesprochene Person (2. Person). Das Wesen der Aufforderung, die im allgemeinsten Sinne zu verstehen ist und auch Bitte und Wunsch umfasst, ergibt sich aus der Kontrastivität zur Aussage und zur Frage, die wie die Aufforderung in speziellen Satzarten verwirklicht sind; vgl. dazu „Satzarten".

# 8  REFLEXIVE VERBEN

## 8.1  FORMENBESTAND

1. Die reflexiven Verben verfügen nur in der 3. Person über ein spezielles morphologisches Kennzeichen, das Reflexivpronomen *sich*. Als kennzeichnendes Element in der 1. und 2. Person dient das Personalpronomen der 1. und 2. Person.

|  | | *Akkusativ* | *Dativ* |
|---|---|---|---|
| *Sing.* | 1. Pers. | ich schäme mich | ich schade mir |
|  | 2. Pers. | du schämst dich | du schadest dir |
|  | 3. Pers. | er schämt **sich** | er schadet **sich** |
| *Pl.* | 1. Pers. | wir schämen uns | wir schaden uns |
|  | 2. Pers. | ihr schämt euch | ihr schadet euch |
|  | 3. Pers. | sie schämen **sich** | sie schaden **sich** |

2. Die reflexiven Verben bilden Perfekt, Plusquamperfekt und Infinitiv II mit *haben* (auch die reflexiven Verben der Orts- und Zustandsveränderung):
Er hat sich genähert.
Sie hat sich erkältet.

3. Reflexive Verben können nicht im Passiv gebraucht werden:
Sie wäscht sich.
→ *Sie wird von sich gewaschen.

Aber möglich beim nichtreflexiven Verb:
Sie wäscht ihn.
→ Er wird von ihr gewaschen.

4. Alle reflexiven Verben können in der Form des Partizips I als Attribut erscheinen:

der sich verspätende Zug, der sich nähernde Zug

Die Attribuierung in der Form des Partizips II ist dagegen nur von den reflexiven Verben möglich, die auch ein Zustandsreflexiv (vgl. „Verb" 8.2.5) bilden können. Das attributive Partizip II steht ohne Reflexivpronomen:

der verspätete Zug, aber nicht: *der genäherte Zug

## 8.2 SYNTAKTISCH-SEMANTISCHE BESCHREIBUNG

Bei den reflexiven Verben (im weiteren Sinne) sind in syntaktischer und semantischer Hinsicht mehrere Gruppen zu unterscheiden:
— reflexive Konstruktionen
— reflexive Verben im engeren Sinne
— reflexive Formen
— reflexive Konstruktionen / Verben mit reziproker Bedeutung
— Zustandsreflexiv

### 8.2.1 REFLEXIVE KONSTRUKTIONEN

Bei den reflexiven Konstruktionen hat das Reflexivpronomen die Funktion eines Objekts, das mit dem Subjekt (referenziell) identisch ist. Das Verb kann auch in nichtreflexiver Form gebraucht werden, indem statt des Reflexivpronomens ein echtes, nicht mit dem Subjekt identisches Objekt erscheint. Das reflexive und das nichtreflexive Verb unterscheiden sich nicht in Valenz und Semantik. Beim reflexiven Verb ist die Pronominalisierung obligatorisch.

*Nichtidentität des Objekts mit dem Subjekt*:

Petra kämmt ihn / Franz.

*Identität des Objekts mit dem Subjekt*:

Petra kämmt sich / *Petra.

Die reflexiven Konstruktionen bilden keine einheitliche Gruppe, sondern sind weiter danach zu differenzieren,
— ob das Reflexivpronomen notwendig (valenzbedingt) oder frei (valenzunabhängig) ist,
— in welchem Kasus das Reflexivpronomen steht,
— ob Kasusvarianten vorhanden sind.

1. Valenzbedingtes Reflexivpronomen

(1) Reflexivpronomen im Akkusativ:

Er hat *sich* zur Zahlung der Mietschulden verpflichtet.

Ebenso: sich berichtigen, sich nennen, sich rasieren, sich verteidigen, sich waschen

(2) Reflexivpronomen im Dativ:

Du schadest *dir* mit dem Rauchen.

Ebenso: sich etwas abgewöhnen, sich etwas beibringen, sich etwas gönnen, sich widersprechen

(3) Reflexivpronomen im Präpositionalkasus:

Sie hat den Hund *an sich* gewöhnt.

Ebenso: auf sich achten, etwas über sich sagen, von sich sprechen, an sich zweifeln

2. Valenzunabhängiges Reflexivpronomen im Dativ

(1) dativus commodi (Dativ des Interesses):

Ich habe (*mir*) einen Bildband von Köln gekauft.

Dieser Dativ ist ersetzbar duch den Präpositionalkasus mit *für*:

Ich habe einen Bildband von Köln (*für mich*) gekauft.

(2) dativus possessivus:

Ich wasche (*mir*) die Hände.

Dieser Dativ wird oft ersetzt duch das Possessivpronomen als Proform für einen Genitiv (der allerdings nicht im nichtreflexiven Falle erscheinen kann):

Ich wasche *meine* Hände.

Ebenso: (sich) die Haare kämmen, (sich) den Magen erkälten, (sich) die Zähne putzen, (sich) die Hand verletzen

## 8.2.2 REFLEXIVE VERBEN IM ENGEREN SINNE

Bei den reflexiven Verben im engeren Sinne ist das Reflexivpronomen nicht ein mit dem Subjekt (referenziell) identisches Objekt, sondern ein formales Element, das als fester Bestandteil zum Verb als Worteinheit gehört (satz-gliedmäßig lexikalischer Prädikatsteil). Das Verb ist deshalb nur in reflexiver Form möglich:

Die Schwester schämt sich.
→ *Die Schwester schämt ihn / den Jungen.

Neben den Verben mit obligatorischem Reflexivpronomen (Reflexiva tantum) gibt es zahlreiche Verben, die sowohl mit als auch ohne Reflexiv-

pronomen gebraucht werden. Das sind einerseits Verben, bei denen das Reflexivpronomen ein unfester verbaler Bestandteil ist (a), und das sind andererseits Verben, bei denen die Verbform mit Reflexivpronomen eine Bedeutungsvariante zur Verbform ohne Reflexivpronomen darstellt (b):

(a) Ich dusche (*mich*) immer kalt.
(b) Er *stellt* ihr seinen Jugendfreund *vor.*   (*vorstellen* = bekannt machen)
    Er *stellt sich* die Fahrt anders *vor.*   (*sich vorstellen* = sich ein Bild machen)

1. Reflexiva tantum

(1) Reflexivpronomen im Akkusativ:

Ich kenne *mich* in moderner Musik nicht aus.

Ebenso: sich bedanken, sich beeilen, sich bewerben, sich entschließen, sich erholen

Verschiedene Verben kommen vorrangig mit einem Sachsubjekt in der 3. Person vor:

Am Bahnhof hat *sich* ein schwerer Unfall ereignet.

Ebenso: sich auswirken, sich bewahrheiten, sich bewölken, sich erstrecken, sich konstituieren

Verben mit unfestem Reflexivpronomen im Akkusativ sind u. a.:
(sich) ausruhen, (sich) davonschleichen, (sich) flüchten, (sich) irren, (sich) ver– bluten, (sich) verweilen.

Bei den Verben der Orts– und Zustandsveränderung ist der Gebrauch mit und ohne Reflexivpronomen in den zusammengesetzten Tempusformen mit einem Wechsel des Hilfsverbs (*haben / sein*) verbunden:

Er *hat sich* in den Wald geflüchtet.
Er *ist* in den Wald geflüchtet.

(2) Reflexivpronomen im Dativ:

Ich habe *mir* sein Fahrrad ausgebeten.

Ebenso: sich etwas aneignen, sich etwas anmaßen, sich etwas einbilden, sich etwas verbitten

2. Reflexive Verbvarianten

(1) Reflexivpronomen im Akkusativ:

Ich habe *mich* in ihm *getäuscht.*   (= *geirrt,* neben nichtreflexiv: Er hat mich *getäuscht. = betrogen*)

Der Bedeutungsunterschied zwischen den beiden Varianten kann unterschiedlich stark sein, wie das Beispiel *täuschen* im Vergleich mit dem oben unter (b) genannten Beispiel *vorstellen* zeigt. In manchen Fällen ist der Bedeutungsunterschied noch schwächer bzw. nur ein stilistischer oder grammatischer Unterschied erkennbar, wie etwas zwischen *Ich fürchte mich vor ihm* und *Ich fürchte ihn*.

Wie bestimmte Reflexiva tantum, so kommen auch manche reflexive Verbvarianten vorrangig mit einem Sachsubjekt in der 3. Person vor:

Das Gerät *setzt sich* aus vielen Einzelteilen *zusammen*. (= *besteht*, neben nichtreflexiv: Der Monteur *setzt* das Gerät aus vielen Einzelteilen *zusammen*. = *montiert*)

Ebenso: sich begründen, sich erhöhen, sich erweisen, sich gliedern, sich öffnen, sich verstärken

Zu den Verbvarianten mit unfestem Reflexivpronomen im Akkusativ gehören u. a.:
(sich) abkühlen, (sich) beschlagen, (sich) duschen, (sich) erbrechen, (sich) festfahren.
Handelt es sich bei den Verben dieser Gruppe um Verben der Orts- und Zustandsveränderung, so erfolgt in den zusammengesetzten Tempusformen ein Wechsel zwischen *haben* und *sein*:

Der Motor *hat sich* abgekühlt.
Der Motor *ist* abgekühlt.

(2) Reflexivpronomen im Dativ:

Ich habe *mir* die Jahreszahl *gemerkt*. (= *eingeprägt*, neben nichtreflexiv: Ich habe den Fehler *gemerkt*. = *festgestellt*)

(3) Reflexivpronomen im Präpositionalkasus:

Sie hat sein Geständnis *für sich behalten*. (= *verschwiegen*, neben nichtreflexiv: Sie hat seine Worte *behalten*. = *nicht vergessen*)

### 8.2.3 REFLEXIVE FORMEN

Die reflexiven Formen (ohne Infinitiv, nur in der 3. Person) unterscheiden sich von den reflexiven Konstruktionen und den reflexiven Verben im engeren Sinne dadurch, dass der Subjektsnominativ nicht das Subjekt (Agens) der Verbalhandlung, sondern entweder das Patiens der Handlung oder ein rein formales Subjekt (Pronominalform *es*) ist. Die reflexiven Formen sind ihrer Funktion nach Paraphrasen des Passivs (bzw. der man-Konstruktion). Die reflexiven Formen mit obligatorischen adverbialen Angaben haben zusätzlich eine modale Bedeutung (Potenzialität).

1. Reflexive Passiv–Paraphrase:

Der Fall wird *sich* aufklären.
← Der Fall wird (von der Polizei) aufgeklärt werden.

2. Reflexive Passiv–Paraphrase mit Modalangabe:

Der Apfel schält *sich* schlecht.
← Der Apfel kann schlecht geschält werden.
← Man kann den Apfel schlecht schälen.

Die modale Bedeutung kann durch *lassen* expliziert werden:

Der Apfel *lässt sich* schlecht schälen.

3. Reflexive Passiv–Paraphrase mit Modal– und Lokalangabe:

In der neuen Bibliothek arbeitet es *sich* gut.
← In der neuen Bibliothek kann gut gearbeitet werden.
← In der neuen Bibliothek kann man gut arbeiten.

Die modale Bedeutung kann durch *lassen* expliziert werden:

In der neuen Bibliothek *lässt* es *sich* gut arbeiten.

8.2.4 REFLEXIVE KONSTRUKTIONEN / VERBEN MIT REZIPROKER BEDEUTUNG

Das Reflexivpronomen kann auch ein reziprokes Verhältnis (ein Wechsel-verhältnis) ausdrücken. Dabei ist entsprechend der Unterscheidung in refle-xive Konstruktionen und reflexive Verben im engeren Sinne zwischen zwei Untergruppen zu unterscheiden:

1. Reflexive Konstruktionen mit reziproker Bedeutung
Reflexive Konstruktionen sind im Plural oft homonym: Abhängig vom Kontext kann es sich um ein reflexives Verhältnis mit referenzieller Identität zwischen Subjekt und Objekt *oder* um ein reziprokes Verhältnis handeln, bei dem ein wechselseitiger Bezug der Objekte auf die Subjekte und damit keine Identität zwischen Objekt und Subjekt, sondern ein echtes Subjekt–Objekt-Verhältnis vorliegt. Ein Ersatz des Reflexivpronomens durch das Pronomen *einander* macht den Satz eindeutig reziprok:

Karin und Petra kämmen *sich*.
← Karin kämmt sich, und Petra kämmt sich.     (reflexiv)
← Karin kämmt Petra, und Petra kämmt Karin.     (reziprok)
  → Karin und Petra kämmen einander.

2. Reflexive Verben im engeren Sinne mit reziproker Bedeutung
Die meisten reflexiven Verben im engeren Sinne können kein reziprokes Verhältnis ausdrücken, da dem Reflexivpronomen hier kein Objekt zugrun-

de liegt, das — wie bei den reflexiven Konstruktionen — im Plural homonym ist. Das zeigt sich bei der Auflösung der Pluralform in die entsprechenden Singularformen:

Karin und Petra erholen *sich.*
← Karin erholt sich, und Petra erholt sich.           (reflexiv)
← *Karin erholt Petra, und Petra erholt Karin.        (reziprok)

Es gibt aber einige reflexive Verben im engeren Sinne, die von ihrer lexikalischen Bedeutung her ein reziprokes Verhältnis bezeichnen, das im Plural durch zusätzliches *miteinander* verdeutlicht werden kann:

Hans und Peter haben *sich (miteinander)* angefreundet.

Im Singular wird das reziproke Verhältnis durch das reflexive Verb mit Nominativsubjekt und Präpositionalobjekt (Präposition *mit*) bezeichnet:

Hans hat *sich* mit Peter angefreundet.

Ebenso:
(Reziproka tantum): sich verbrüdern, sich verfeinden, sich verkrachen
(reziproke Verbvarianten): sich aussprechen, sich einigen, sich verloben, sich versöhnen; (mit unfestem Reflexivpronomen): (sich) beraten, (sich) streiten

8.2.5   ZUSTANDSREFLEXIV

Zahlreiche reflexive Verben können neben ihren regulären Tempusformen eine Form mit *sein* + Partizip II ohne Reflexivpronomen bilden. Diese Form drückt nicht die Handlung selbst, sondern einen Zustand als Resultat der Handlung aus und wird deshalb als *Zustands*reflexiv bezeichnet:

Der Patient *erholt sich* (in der Kur).
→ Der Patient *ist* (nach der Kur) *erholt.*

Das Zustandsreflexiv ist formal identisch mit dem Zustandspassiv. Bei reflexiven Konstruktionen kann es sich deshalb im konkreten Satz auch um das Zustandspassiv zum nichtreflexiven Verb handeln, d. h., die Form ist homonym:

Das Kind ist gewaschen.
← Das Kind hat sich (selbst) gewaschen.
← Das Kind ist (von der Mutter) gewaschen worden.

Die Tür ist geöffnet.
← Die Tür hat sich (selbst) geöffnet.
← Die Tür ist (von jemanden) geöffnet worden.

Die Zustandsform ist bei den reflexiven Konstruktionen nur dann eindeutig, und zwar Zustandspassiv, wenn die referenzielle Identität von Subjekt und Objekt durch die Subjektbedeutung ausgeschlossen wird:

Das Kleid ist gewaschen.
← *Das Kleid hat sich gewaschen.
← Das Kleid ist gewaschen worden.

Die Bildung des Zustandsreflexivs ist auf Verben mit Reflexivpronomen im Akkusativ beschränkt, die perfektiv-transformative Bedeutung haben und eine Handlung mit einem zeitweilig bleibenden Zustand ausdrücken:

Der Zug hat sich verspätet.
→ Der Zug ist verspätet.
Aber nicht:
Der Zug hat sich genähert.
→ *Der Zug ist genähert.

Mit folgenden Verben kann ein Zustandsreflexiv gebildet werden:
(reflexive Konstruktionen): sich rasieren, sich unterrichten, sich verpflichten, sich waschen
(Reflexiva tantum): sich betrinken, sich bewähren, sich erholen, sich erkälten, sich verlieben
(reflexive Verbvarianten): sich bemühen, sich entrüsten, sich entschließen

# 9 Verben mit trennbarem Erstteil

1. Im Gegensatz zu den Erstteilen abgeleiteter und zusammengesetzter Substantive und Adjektive / Adverbien sind zahlreiche Erstteile abgeleiteter und zusammengesetzter Verben trennbar. Der Erstteil (Präfix, Substantiv oder Adjektiv) wird vom Grundverb getrennt und diesem nachgestellt. Die Trennung und Nachstellung des Erstteiles ist nur bei den finiten Verbformen möglich und erfolgt nur, wenn diese in Zweit- oder Erststellung im Satz gebraucht werden:

Er *ruft* dich heute Abend *an*.
*Ruft* er dich heute Abend *an*?

Aber im Infinitiv und bei Letztstellung ungetrennt:

Er will dich heute Abend *anrufen*.
Er hat versprochen, dass er dich heute Abend *anruft*.

2. Formales Kennzeichen dafür, ob der Erstteil trennbar ist oder nicht, ist die Betonung. Als Grundregel kann gelten, dass betonter Erstteil trennbar ist, unbetonter Erstteil dagegen untrennbar ist.

(1) Betont und somit trennbar sind die Präfixe:
*ab-, an-, auf-, aus-, bei-, mit-* u. a.
*da(r)-, ein-, empor-, fort-, her-* u. a.

Beipiele:

abkürzen, ansehen, aufführen, ausarbeiten, beibringen, mitteilen
darstellen, einwenden, emportragen, fortsetzen, herstellen

(2) Unbetont und deshalb untrennbar sind die Präfixe:
*be-, ent-, er-, ver-, zer-, ge-, miss-*

sowie die Fremdpräfixe:
*de(s)-, dis-, in-, re-* u. a.

Beipiele:

beachten, entdecken, erbauen, verachten, zerbrechen, gefallen, misslingen
dezentralisieren, diskreditieren, infiltrieren, reduzieren

Anmerkungen:

(1) Gelegentlich verbinden sich trennbare Präfixe mit untrennbaren Präfixen. In
diesem Falle wird das trennbare Präfix nur getrennt, wenn es an erster Stelle steht:

ab–be–rufen: Man *beruft* den Botschafter *ab.*

Aber:

be–ab–sichtigen: Er *beabsichtigt* eine Seereise.

(2) Die trennbaren Präfixe treten auch miteinander kombiniert auf. In diesem Falle
werden sie als Einheit empfunden und gemeinsam abgetrennt:

her–vor–rufen: Seine Worte *riefen* einen Streit *hervor.*

3. Einige Präfixe als Ersteil kommen sowohl betont und trennbar als auch
unbetont und untrennbar vor. Dazu gehören:
*durch-, hinter-, über-, um-, unter-, wider-*

Entscheidend für die Betonung und Trennbarkeit ist die Semantik der
Verben:

(1) In zahlreichen Fällen haben die Verben mit betontem, trennbarem Erstteil konkrete Bedeutung (a), die Verben mit unbetontem, untrennbarem
Ersteil übertragene (idiomatisierte) Bedeutung (b):

(a) Wir stellten uns beim Regen
unter.

(b) Man unterstellte dem Verkäufer
eine böse Absicht.

Der Fährmann setzt die Leute
über.

Die Schülerin übersetzte den
Text in die Muttersprache.

(2) Von dem Bedeutungsgegensatz abstrakt / konkret gibt es vor allem bei
*durch-* Ausnahmen. Manchmal liegt der Unterschied allein in den syntaktischen oder semantischen Umgebungen:

Der Zug fährt bis Berlin durch.  —  Der Zug durchfährt die Stadt.

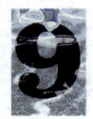 

(3) Für *um*- gilt ein anderer Bedeutungsgegensatz. Betontes, trennbares *um*-bezeichnet eine Veränderung des Objekts (a); unbetontes, untrennbares *um*-bezeichnet dagegen ein „um . . . herum" um ein Objekt, das unbewegt ist (b):

(a) Sie stellt oft die Möbel **u**m.
(b) Polizisten umst**e**llten das Haus.

Anmerkung:

Verschiedentlich ist die Grenze zwischen trennbarem Erstteil und selbstständigem Wort fließend.
Um Bedeutungsunterschiede, die sich in der Betonung und Schreibung und auch in der Wortstellung äußern, handelt es sich bei dem folgenden Satzpaar:

| *trennbarer Verbteil* | *selbstständiges Wort* |
| --- | --- |
| (Er hat das vorh**e**rgesagt. (= prophezeien) | Er hat das v**o**rher ges**a**gt. (= früher sagen) |
| | → Vorher hat er das gesagt. |

4. Erstteil eines Verbs kann auch ein Substantiv oder Adjektiv sein. Auch bei diesen Verben ist der betonte Erstteil zumeist trennbar:

Am Wochenende fährt die Studentin immer h**ei**m.
Der Lehrer legt die Wanderroute f**e**st.

Ebenso: st**a**ndhalten, t**ei**lnehmen; fr**ei**sprechen, kr**a**nkschreiben

Daneben gibt es einige Verben mit betontem, aber untrennbarem substanti-vischem bzw. adjektivischem Erstteil:

Die beiden Kollegen f**a**chsimpelten den ganzen Abend.
Seine Frau l**a**ngweilte sich sehr bei dem Gespräch.

Ebenso: h**a**ndhaben, m**a**ßregeln, schl**u**ssfolgern; l**ie**bäugeln, (unbetont:) voll**e**nden

# SUBSTANTIVWÖRTER

## 1 SYNTAKTISCHE BESCHREIBUNG

Die Substantivwörter werden in zwei Gruppen eingeteilt: in Substantive und substantivische Pronomina.
Die Substantive können normalerweise ein Artikelwort und ein Adjektiv vor sich und ein weiteres Substantiv (als Attribut im Genitiv oder im Präpositionalkasus) nach sich haben:

der neue *Mantel* des Vaters

Diese Merkmale fehlen gewöhnlich den substantivischen Pronomina, die zwar in der gleichen Position auftreten können, aber bei einer Substitution nicht nur das Substantiv, sondern auch das davor stehende Artikelwort (und Adjektiv) sowie das nachstehende substantivische Attribut − d. h. die gesamte Substantivgruppe − ersetzen:

Sie sprechen über *den neuen Roman* der Autorin.
→ Sie sprechen über *ihn.*

Wenn bei substantivischen Pronomina substantivische Attribute auftreten, so ist das nicht unbeschränkt möglich, sondern von den einzelnen Pronomina und von der Form der Attribute her begrenzt.

Weitere Untergruppen innerhalb dieser beiden Hauptgruppen ergeben sich teils aus morphologischen, teils aus syntaktischen Beschränkungen für einzelne Wörter. So sind bestimmte Substantive und substantivische Pronomina nicht pluralfähig (viele Stoffnamen; die Pronomina *wer, man, etwas*), andere nicht singularfähig (bestimmte Kollektiva; die Pronomina *einige, mehrere*). Manche Substantivwörter haben keine Kasusformen (Substantive auf -*ismus*; die Pronomina *etwas, nichts*); die Pronomina *wer* und *was* sind an die Satzart der Ergänzungsfrage gebunden, die Relativpronomina an die Nebensatzform usw.

## 2 SEMANTISCHE BESCHREIBUNG

Unter semantischem Aspekt ergibt sich die gleiche Einteilung der Substantivwörter in „Substantive" und „substantivische Pronomina" wie unter syntaktischem Aspekt. Substantive sind Wörter, die über eine ausgeprägte

lexikalische Bedeutung verfügen und unabhängig von Kontextbedingungen stehen können (Autosemantika). Substantivische Pronomina sind Wörter, die nicht über eine ausgeprägte lexikalische Bedeutung verfügen und nur eine Hilfsfunktion ausüben (Synsemantika). Unter den Bedingungen der Vorerwähntheit, einer eindeutigen Situation u. Ä. treten sie für Substantive ein und ersetzen sie im konkreten Satz. Deshalb werden die substantivischen Pronomina auch als Prowörter des Substantivs bezeichnet.

## 2.1 SUBSTANTIV

Bei den Substantiven ist in semantischer Hinsicht zwischen Gattungsnamen und Eigennamen zu unterscheiden. Die *Gattungsnamen* sind Bezeichnungen für eine Gattung (Klasse) gleichartiger Erscheinungen und zugleich Bezeichnungen für die einzelnen Glieder dieser Gattung (Klasse), während mit den *Eigennamen* nur die einzelnen Glieder einer Gattung (Klasse) bezeichnet werden (Vor- und Familiennamen, Buch- und Filmtitel, geographische Bezeichnungen).

Bei den Gattungsnamen ist weiter nach Abstrakta und Konkreta zu differenzieren. *Abstrakta* bezeichnen sinnlich nicht wahrnehmbare Erscheinungen wie Vorgänge, Eigenschaften und Beziehungen, *Konkreta* sind Bezeichnungen für sinnlich wahrnehmbare Erscheinungen, bei denen nach ihrer Beschaffenheit zwischen zählbaren *Individuativa* (z. B. *Mensch, Pflanze, Maschine*), *Stoffnamen* (z. B. *Sand, Milch, Trümmer*) und *Kollektiva* (z. B. *Familie, Gliedmaßen, Gepäck*) zu unterscheiden ist.

## 2.2 SUBSTANTIVISCHE PRONOMINA

Den substantivischen Pronomina fehlen zwar die ausgeprägten lexikalischen Bedeutungen, wie sie die Substantive besitzen, trotzdem haben auch sie bestimmte allgemeine Grundbedeutungen. Diese Grundbedeutungen werden durch verschiedene grammatisch-semantische Merkmale wie Person, Zahl, Verneinung, Frage usw. bestimmt, von denen jeweils eines für ein Pronomen besonders charakteristisch ist. Aufgrund solcher charakteristischer Merkmale kann jedes substantivische Pronomen einer bestimmten Gruppe zugeordnet werden. Gewöhnlich unterscheidet man sechs Gruppen substantivischer Pronomina, deren Bezeichnungen − mit Ausnahme der ersten Gruppe − nach dem charakteristischen Gruppenmerkmal gewählt sind:

1. Personalpronomen
2. Interrogativpronomen
3. Demonstrativpronomen
4. Indefinitpronomen
5. Possessivpronomen
6. Relativpronomen

Eine siebente Gruppe ergibt sich aus morphologisch–syntaktischen Gründen. Es handelt sich um die Verbindungen *da- / wo-* + Präposition (z. B. *damit, womit . . .*), die gewöhnlich unter der Bezeichnung „Pronominaladverbien" zusammengefasst werden und für verschiedene substantivische Pronomina als Ersatzformen eintreten.

# 3 FORMENBESTAND

## 3.1 SUBSTANTIV

### 3.1.1 DEKLINATION IM SINGULAR

|   | Typ 1 | Typ 2 | Typ 3 |
|---|---|---|---|
| N | der Lehrer | das Fenster | der Kunde | die Frau |
| A | den Lehrer | das Fenster | den Kunde**n** | die Frau |
| D | dem Lehrer | dem Fenster | dem Kunde**n** | der Frau |
| G | des Lehrer**s** | des Fenster**s** | des Kunde**n** | der Frau |

Die Mehrzahl der Maskulina und alle Neutra (außer: *das Herz*) folgen dem **Typ 1**, der im Genitiv auf *-(e)s* endet und sonst endungslos ist (sog. starke Deklination). Eine Reihe von Maskulina zur Bezeichnung von Lebewesen folgt dem **Typ 2**, der in allen obliquen Kasus auf *-(e)n* endet (sog. schwache Deklination). Alle Feminina folgen dem **Typ 3**, der keine Deklinationsendungen hat.

1. *-es* oder *-s* im Genitiv bei Maskulina und Neutra (Typ 1)

(1) Die volle Form *-es*

steht bei Substantiven auf *-s* (*-nis* wird zu *-nisses*), *-ß*, *-x*, *-tsch*, *-z*:

der Beweis – des Beweises, das Zeugnis – des Zeugnisses, der Fuß – des Fußes, das Suffix – des Suffixes, der Kitsch – des Kitsches, das Gewürz – des Gewürzes

haben viele einsilbige Substantive:

das Buch – des Buches, der Freund – des Freundes, der Kampf – des Kampfes, das Kleid – des Kleides, der Mann – des Mannes

wird bevorzugt bei Substantiven auf *-sch* und *-st*:

der Fisch – des Fisches, der Dienst – des Dienstes

(2) Die verkürzte Form -s

steht bei mehrsilbigen Substantiven, die auf eine unbetonte Silbe enden:

der Sessel – des Sessels, der Lehrer – des Lehrers

haben Substantive, die auf Vokal oder auf Vokal +*h* enden:

der Schnee – des Schnees, der Schuh – des Schuhs

steht bei Substantivierungen:

das Grün – des Grüns, das Sein – des Seins

(3) Schwankend ist der Gebrauch

bei mehrsilbigen Substantiven, die auf eine betonte Silbe ausgehen:

der Erfolg – des Erfolg(e)s, das Getränk – des Getränk(e)s

bei Zusammensetzungen:

das Fremdwort – des Fremdwort(e)s, das Bergwerk – des Bergwerk(e)s

bei Substantiven, die auf Diphthong ausgehen:

das Ei – des Ei(e)s, der Bau – des Bau(e)s

2. *-en* oder *-n* in dem obliquen Kasus bei Maskulina (Typ 2)

(1) Substantive auf *-e*, die Lebewesen bezeichnen, erhalten *-n*. Dazu gehören:

Bote, Erbe, Gatte, Franzose, Pole, Biologe; Hase, Löwe, Rabe

(2) Substantive mit konsonantischem Auslaut erhalten *-en*. Diese Substanti‐
ve bezeichnen in der Mehrzahl ebenfalls Lebewesen. Dazu gehören

einige Einsilber:

Bär, Christ, Fürst, Held, Mensch

und Fremdwörter auf *-ant*, *-ent*, *-ist* u. Ä.:

Demonstrant, Absolvent, Artist, Bürokrat, Astronom, Athlet

3. Einige maskuline Substantive auf *-e* werden nach einem Mischtypus aus
Typ 1 und 2 flektiert. Sie erhalten in den obliquen Kasus die Endung *-n*, im
Genitiv zusätzlich noch *-s*:

der Name, den Name**n**, dem Name**n**, des Name**ns**

Ebenso: Buchstabe, Funke, Gedanke, Wille; Herz (*Neutrum*)

4. Die Fremdwörter auf *-us* (bzw. *-ismus*) und *-os* haben im Singular keine
Deklinationsendung:

Spiritus, Antagonismus, Kosmos

3.1.2 DEKLINATION IM PLURAL

Wie die Konjugation die Formenbildung des Verbs ist, so ist die Deklination
die Formenbildung des Substantivs. Sie umfasst neben der Deklination im
engeren Sinne (= Kasusbildung) die Pluralbildung. Die Kasusbildung bereitet im Plural keine Schwierigkeiten, da nur der Dativ das Flexionskennzei-
chen -*n* erhält, das an den Nominativ des Plurals angefügt wird und darüber
hinaus dann entfällt, wenn der Nominativ Pl. auf -*n* oder -*s* ausgeht. Entscheidend für die Deklination im Plural ist deshalb die Pluralbildung, d. h.
die Bildung des Nominativs Plural. Danach kann man folgende Typen unterscheiden:

|   | Typ 1 | Typ 2 | Typ 3 | Typ 4 | Typ 5 |
|---|---|---|---|---|---|
| N | die Tage | die Boten | die Koffer | die Kinder | die Parks |
| A | die Tage | die Boten | die Koffer | die Kinder | die Parks |
| D | den Tagen | den Boten | den Koffern | den Kindern | den Parks |
| G | der Tage | der Boten | der Koffer | der Kinder | der Parks |
| N | die Bälle |  | die Vögel | die Häuser |  |
| A | die Bälle |  | die Vögel | die Häuser |  |
| D | den Bällen |  | den Vögeln | den Häusern |  |
| G | der Bälle |  | der Vögel | der Häuser |  |

**Typ 1:** -*e* (bei umlautfähigem Stammvokal mit und ohne Umlaut)

1. Einsilbige Maskulina und Maskulina mit Präfix (mit / ohne Umlaut)
mit umlautfähigem Stammvokal:

*mit Umlaut:*
Arzt, Ball, Gast, Platz, Antrag, Einwand; Knopf, Korb, Sohn, Verstoß; Fluss,
Fuß, Grund, Gruß, Ausdruck; Baum, Lauf, Traum

*ohne Umlaut:*
Grad, Tag, Monat; Mord, Stoff, Erfolg; Punkt, Ruf, Schuh, Versuch

mit nicht umlautfähigem Stammvokal:

Weg, Fisch, Käfig, Brief, Stein, Vergleich, Freund

2. Einsilbige Neutra und Neutra mit Präfix (ohne Umlaut):

Boot, Fest, Haar, Jahr, Maß, Meer, Schiff, Stück, Tor, Geschäft, Gesetz, Verbot,
Verdienst

3. Einsilbige Feminina (mit Umlaut):

Hand, Kraft, Macht, Nacht; Frucht, Nuss, Schnur, Wurst; Faust, Haut, Maus

4. Maskulina auf -*ling* und Neutra auf -*nis* (mit Verdoppelung des -*s*):

Lehrling, Sperling; Ergebnis, Verhältnis

5. Mask. und neutr. Fremdwörter auf -*ar*, -*at*, -*ent* usw.:

Formular, Zitat, Dirigent, Ballett, Ventil, Signal, Stativ

**Typ 2:** -*en* / -*n*[1] (immer ohne Umlaut)

1. Die meisten Feminina mit Ausnahme einer Gruppe einsilbiger Feminina (vgl. Pluraltyp 1 unter (3)).

2. Die Maskulina des Singulartyps 2 und des Singular–Mischtyps; außerdem einige Maskulina des Singulartyps 1:

(Singulartyp 2) Kunde, Löwe; Held; Absolvent, Artist
(Singular–Mischtyp) Name, Gedanke
(Singulartyp 1) Nerv, Staat; Typ; Muskel, Stachel

**Typ 3:** *ohne Endung* (bei umlautfähigem Stammvokal mit und ohne Umlaut)

1. Die meisten Maskulina auf -*el*, -*en*, -*er*

mit umlautfähigem Stammvokal:

*ohne Umlaut:*

Tadel, Tunnel; Balken, Verfahren, Wagen, Knochen, Posten, Kuchen; Bagger, Dampfer, Koffer

*mit Umlaut:*

Mantel, Nagel, Vogel; Faden, Garten, Graben, Hafen, Ofen; Acker, Bruder

mit nicht umlautfähigem Stammvokal:

Ärmel, Bügel; Felsen, Streifen; Fehler, Körper, Techniker, Schwimmer; Engländer

2. Neutra auf -*el*, -*en*, -*er*; -*chen*, -*lein* (ohne Umlaut):

Kabel, Becken, Fenster; Teilchen, Bächlein

---

1 Der Plural endet auf -*n*, wenn das Wort auf einen Vokal (außer -*ei*, -*au*) oder auf die Suffixe -*el*, -*er* ausgeht.

**Typ 4:** *-er* (bei umlautfähigem Stammvokal immer mit Umlaut)

1. Einsilbige Neutra:

Bild, Blatt, Buch, Dorf, Ei, Glas, Glied, Haus, Kind, Kleid, Korn, Land, Lied, Loch, Rad, Volk

2. Einige Maskulina:

Gott, Irrtum, Mann, Wald, Wurm

**Typ 5:** *-s* (immer ohne Umlaut)

1. Viele Fremdwörter, besonders aus dem Englischen und Französischen:

Cocktail, Musical, Review; Detail, Hotel, Trikot

2. Substantive, die auf Vokal enden (außer *-e*):

Echo, Sofa, Uhu; Vati, Oma

3. Kurzwörter und Initialwörter:

Akku, Lok, Pulli, Trafo; LKW

### 3.1.3   BESONDERHEITEN DER PLURALBILDUNG

Einige homonyme Substantive folgen im Plural verschiedenen Deklinationstypen:

die Bank – die Bänke (Sitzmöbel) / die Banken (Geldinstitut); die Mutter – die Mütter (Verwandschaftsgrad) / die Muttern (Schraubenteil); das Tuch – die Tücher (Gewebestücke) / die Tuche (Wollgewebe)

Ebenso eine Anzahl Homonyme mit verschiedenem Genus:

der Band – die Bände (Buch) / das Band – die Bänder (etwas zum Binden); der Kiefer – die Kiefer (Schädelknochen) / die Kiefer – die Kiefern (Nadelbaum); der Leiter – die Leiter (Vorgesetzter) / die Leiter – die Leitern (zum Steigen bestimmt); die Steuer – die Steuern (Abgabe an Institutionen) / das Steuer – die Steuer (Lenkvorrichtung)

### 3.1.4   DEKLINATION DER EIGENNAMEN (IM SINGULAR)

Die Eigennamen werden gewöhnlich nur im Singular gebraucht. Der Akkusativ und Dativ sind endungslos. Die Endung des Genitivs ist *-s*. Folgende Besonderheiten sind beim Gebrauch des Genitivs zu beachten:

## 1. Personennamen

(1) Personennamen stehen zumeist mit Nullartikel. Dabei ist die Kennzeichnung des Genitivs durch die Endung -*s* die Regel (in Vorder- und Nachstellung). Bei dem Gebrauch mit einem anderen Artikelwort fällt das Deklinationszeichen weg (gewöhnlich nur in Nachstellung):

die Gedichte Goethes (oder: Goethes Gedichte) – die Gedichte des jungen Goethe

(2) Bei Namen auf -*s*, -*ss*, -*ß*, -*tz*, -*z*, -*x* kann der Genitiv wie folgt gebildet werden:

bei Vorderstellung durch Apostroph (vor allem in der Schriftsprache):

Rubens' Gemälde, Fritz' Vorschlag, Marx' Philosophie

bei Nachstellung durch Umschreibung mit *von* + Dativ:

die Sinfonien von Brahms, der Brief von Hans

## 2. Geographische Namen

(1) Bei geographischen Namen mit Nullartikel (nur Neutra: Ortsnamen, viele Ländernamen, Namen der Kontinente) ist das Genitiv-*s* obligatorisch:

der Wiederaufbau Dresden**s**, die Geschichte Polen**s**, die Größe Australien**s**

Anmerkungen:

Steht vor dem Namen ein attributives Adjektiv (mit bestimmtem Artikel), ist das Genitiv-*s* fakultativ:

der Wiederaufbau des zerstörten Dresden(s)

Bei Namen auf -*s*, -*ss*, -*ß*, -*tz*, -*z*, -*x* wird der Genitiv mit *von* + Dativ umschrieben:

die Parks von Paris, die Museen von Florenz

(2) Bei geographischen Namen mit bestimmtem Artikel (Gestirne, Gewässer, Gebirge und Berge, verschiedene Länder) ist der Gebrauch des Deklinationszeichens unterschiedlich: Bei deutschen und häufig gebrauchten mask. und neutr. Namen steht in der Regel das Genitiv-*s*. Bei fremden und weniger gebrauchten mask. und neutr. Namen ist das Deklinationszeichen fakultativ. Bei Feminina steht kein Deklinationszeichen, ebenfalls gewöhnlich nicht bei Maskulina und Neutra auf -*s*, -*ss*, -*ß*, -*tz*, -*z*, -*x*:

die Erforschung des Mondes, die Überquerung des Atlantiks, die Wassermassen des Nil(s), der Erzreichtum des Ural(s), die Entfernung der Sonne, die Höhe des Elbrus

3.1.5  DEKLINATION DER SUBSTANTIVISCH GEBRAUCHTEN ADJEKTIVE
UND PARTIZIPIEN

Die substantivisch gebrauchten Adjektive und Partizipien nehmen eine Zwischenstellung zwischen der Wortklasse des Substantivs und des Adjektivs ein. Syntaktisch verhalten sie sich völlig wie Substantive (das spiegelt sich auch in der Großschreibung): Sie können Subjekt, Objekt usw. sein, sind artikelfähig, können Attribute aufnehmen usw. Morphologisch bleiben sie jedoch Adjektive und folgen den adjektivischen Deklinationstypen (Deklination abhängig vom Artikelwort):[1]

*der* neu**e** Schüler in der Klasse
→ *der* Neu**e** in der Klasse
*ein* neu**er** Schüler in der Klasse
→ *ein* Neu**er** in der Klasse
die Hilfe für *die* krank**e** Frau
→ die Hilfe für *die* Krank**e**
die Achtung vor *der* krank**en** Frau
→ die Achtung vor *der* Krank**en**

Verschiedene substantivisch gebrauchte Adjektive und Partizipien sind zu festen Bezeichnungen geworden. Dazu gehören (1) eine Anzahl von Personenbezeichnungen (Maskulina / Feminina), (2) einige Sachbezeichnungen (Feminina) und (3) verschiedene Abstrakta (Neutra).

(1) Maskulina und Feminina (Personen):

Der Bekannte / Die Bekannte (oder: Ein Bekannter / Eine Bekannte) hat mich zum Sonnabend eingeladen.

Ebenso: der / die Einheimische, der / die Freiwillige, der / die Kranke, der / die Tote, der / die Verwandte; der / die Reisende, der / die Vorsitzende; der / die Abgeordnete, der / die Angestellte, der / die Vorgesetzte

Zu einigen mask. Personenbezeichnungen sind keine fem. Formen üblich:

der Geistliche, der Gelehrte, der Gesandte, der Industrielle

(2) Feminina (Sachbezeichnungen):

Sie kaufte am Zeitungskiosk verschiedene Illustrierte (aber: die verschiedenen Illustrierten).

Ebenso: die Richtige (= Gewinnzahl), die Linke (= Boxschlag)

---

1 Das betrifft nicht die *substantivierten Adjektive*, d. h. die mit Hilfe von Wortbildungsmitteln von Adjektiven abgeleiteten Substantive wie *die Größe, die Schönheit, das Gut, der Stolz*. Diese folgen der Deklination der Substantive.

(3) Neutra (nicht pluralfähige Abstrakta):

Er liebt Schönes / das Schöne.

Vereinzelt bezeichnet ein Neutrum auch ein Lebewesen oder eine Sache:

das Junge, das Kleine; das Halbgefrorene, das Helle

3.2     SUBSTANTIVISCHE PRONOMINA

3.2.1     PERSONALPRONOMEN

1. Personalpronomina der 1. und 2. Person
Die Personalpronomina der 1. und 2. Person sind das einzige adäquate Bezeichnungsmittel für die sprechende und angesprochene Person (bzw. Personengruppe) als den obligatorischen Partnern jeder sprachlichen Kommunikation. Sie unterscheiden nach dem Numerus (Singular / Plural), aber nicht nach dem Genus. Das Personalpronomen der 2. Person unterscheidet außerdem zwischen einer vertraulichen und einer höflichen Form. Die Höflichkeitsform ist für beide Numeri gleich. Sie wird mit den – immer großgeschriebenen – Formen des Plurals der 3. Person des Personalpronomens gebildet.

|  | 1. Person | 2. Person |  |
|---|---|---|---|
|  |  | *vertrauliche Form* | *höfliche Form* |
| *Sing.* |  |  |  |
| N | ich | du | Sie |
| A | mich | dich | Sie |
| D | mir | dir | Ihnen |
| G | meiner | deiner | Ihrer |
| *Pl.* |  |  |  |
| N | wir | ihr | Sie |
| A | uns | euch | Sie |
| D | uns | euch | Ihnen |
| G | unser | euer | Ihrer |

Die vertrauliche Anredeform gebraucht man im Deutschen vor allem im persönlichen Bereich (in der Familie, unter Freunden und guten Bekannten), daneben aber auch im gesellschaftlichen Bereich (in gesellschaftlichen Organisationen, im Beruf besonders unter Kollegen eines Betriebes, gegenüber Kindern).

2. Personalpronomen der 3. Person

Das Personalpronomen der 3. Person ist das wichtigste allgemeine Bezeichnungsmittel für das von den Partnern der sprachlichen Kommunikation Besprochene, das nicht durch Substantive direkt benannt wird. Bei diesem Besprochenen handelt es sich sowohl um Personen als auch um Nicht-Personen im weitesten Sinne (Gegenstände, abstrakte Begriffe, verbale Aussagen usw.):

(Der Lehrer hat das *Kind* gelobt.) *Es* ist stolz auf das Lob.
(Die Mutter hat dem Sohn *Geld* gegeben.) Er hat *es* verloren.
(Er ist *gekommen*.) Ich habe *es* erwartet.

Wie die Personalpronomina der 1. und 2. Person hat das Personalpronomen der 3. Person verschiedene Formen für Singular und Plural. Im Unterschied zu diesen unterscheidet es im Singular auch nach dem Genus (Maskulinum / Femininum / Neutrum).

|   | *Mask.* | Singular *Neutr.* | *Fem.* | Plural |
|---|---------|---------|--------|--------|
| N | er | es | sie | sie |
| A | ihn | es | sie | sie |
| D | ihm | ihm | ihr | ihnen |
| G | seiner | seiner | ihrer | ihrer |

### 3.2.2 INTERROGATIVPRONOMEN

Die Interrogativpronomina dienen dazu, unbekannte Sachverhaltskomponenten zu erfragen. In dieser Funktion sind sie die wichtigsten Bildungsmittel der Ergänzungsfrage und eng an diese Satzart gebunden. Jedes Interrogativpronomen erfragt eine bestimmte Sachverhaltskomponente:
*wer* erfragt Personen, *was* erfragt Nicht-Personen. Durch *welcher* und *was für einer / was für welche* werden Eigenschaften von Personen und Nicht-Personen erfragt, und zwar durch *welcher* stärker im quantitativen und durch *was für einer / was für welche* mehr im qualitativen Sinne:

*Wer* hat ihm die Anregung zu dem Bild gegeben? – Sein Freund.
*Was* hat ihm die Anregung zu dem Bild gegeben? – Eine Reise.
*Welchen* liest du jetzt? – Den zweiten Band.
*Was für eines* liest du jetzt? – Ein Fachbuch.

*wer* und *was* (außer der genitivischen Form *wessen*) kommen nur als substantivische Pronomina vor, *welcher* und *was für einer / was für welche* außerdem (und häufiger) als interrogative Artikelwörter. Mit diesem verschiedenen Vorkommen hängt auch der unterschiedliche Formenbestand der Interrogativpronomina zusammen: *wer* und *was* verfügen nicht über Pluralformen und unterscheiden im Singular nicht nach dem Genus; bei *was* sind außerdem die Kasusformen unvollständig ausgebildet. *was für einer / was für welche* und *welcher* besitzen dagegen ein vollständig ausgebildetes Deklinationssystem. Wie die gleich lautenden Artikelwörter unterscheiden sie nach Kasus und Numerus, im Singular außerdem nach dem Genus. Es fehlt ihnen aber das besondere Unterscheidungsmerkmal von *wer* und *was*, die Unterscheidung zwischen Person und Nicht-Person.

1. Deklination von *wer* und *was*

|  | Person | Nicht-Person |
|---|---|---|
| *Sing.* | | |
| N | wer | was |
| A | wen | was |
| D | wem | – |
| G | wessen | wessen |

Anmerkung:

In einigen Fällen kongruiert das finite Verb des Fragesatzes nicht mit dem nominativischen *wer* und *was*:
im Satztyp *wer* + *sein* + Substantiv (Person)

Wer *sind* diese Leute? – Das sind unsere Gäste.

im Satztyp *was* + *sein / werden / bleiben* + Substantiv (Person)

Was *werden* die Jungen? – Sie werden Schlosser.

im Satztyp *was* + *sein* + Substantiv (Nicht-Person)

Was *sind* Automaten? – Automaten sind Maschinen mit selbsttätig ablaufenden Arbeitsgängen.

2. Deklination von *welcher* und *was für einer / was für welche*
Das substantivische Pronomen *welcher* stimmt in der Deklination völlig mit dem gleich lautenden Artikelwort überein (vgl. „Artikelwörter" unter 2.1: Muster *dieser*). Das substantivische *was für einer* hat im Allgemeinen die gleichen Endungen wie der unbestimmte Artikel (vgl. „Artikelwörter" unter 2.2 (3): Muster *mein*), im Nom. Mask. und im Nom. / Akk. Neutr. jedoch die vollen Endungen *-er* und *-(e)s*:

Das ist *ein* neuer Wagen. – Was für *einer* ist es?
Er hat *ein* Auto. – Was für *ein(e)s* hat er?

Bei *was für einer* erscheinen im Plural außerdem statt *ein-* die Formen von *welch-* (der Genitiv ist ungebräuchlich):

Ich möchte mir ein Buch kaufen. – Was für *ein(e)s?* – Ein Fachbuch.
Ich möchte mir Bücher kaufen. – Was für *welche?* – Fachbücher.

3.2.3   DEMONSTRATIVPRONOMEN

Die Demonstrativpronomina dienen wie das Personalpronomen der
3. Person zur allgemeinen Bezeichnung des Besprochenen. Sie unterscheiden sich vom Personalpronomen jedoch durch ihren Hinweischarakter.
Innerhalb der Demonstrativpronomina ist noch zwischen solchen mit
reinem Hinweischarakter (*der, derjenige*) und solchen mit einer konkretisie-
renden Nebenbedeutung (*dieser, jener, ein solcher / solche*) zu unterscheiden.
In der Deklination verhalten sich die substantivischen Demonstrativpronomina wie die gleich lautenden Artikelwörter (vgl. „Artikelwörter" 2). Eine
Ausnahme bildet lediglich das Pronomen *der*, das sich sowohl durch eine
stärkere Betonung als auch durch einige besondere Deklinationsformen
vom bestimmten Artikel unterscheidet.

|   | Singular | | | Plural |
|---|---|---|---|---|
|   | *Mask.* | *Neutr.* | *Fem.* |  |
| N | der | das | die | die |
| A | den | das | die | die |
| D | dem | dem | der | *denen* |
| G | *dessen* | *dessen* | *derer*[1] | *derer*[1] |

Die Unterschiede zwischen den demonstrativen Artikelwörtern und den
substantivischen Demonstrativpronomina sind vor allem syntaktischer Art
und durch die verschiedene Stellung des Substantivs bedingt, auf das das
Pronomen hinweist. Während im ersten Falle das Substantiv unmittelbar
oder – bei vorhandenem Attribut – mittelbar auf das Hinweiswort folgt, ist
das Substantiv im zweiten Falle weggelassen.

1. Zurückweisendes Demonstrativpronomen
Das Demonstrativpronomen steht für eine vorerwähnte Person oder Nicht-
Person:

Kennst du seine *Freundin?* – Nein, *die* kenne ich nicht.
Ihre *Schuhe* gefallen mir. Ich möchte auch *solche* haben.

Öfters ist dem Demonstrativpronomen ein substantivisches Attribut angeschlossen:

Der Vorschlag des Vorsitzenden und der *seines Vertreters* wurden diskutiert.

---

1 Zurückweisend auch *deren*:
   Weißt du eine Lösung? Es gibt *deren* viele.

Neben dieser Grundfunktion haben die zurückweisenden Demonstrativpronomina noch einige besondere Verwendungsweisen.

(1) Die neutralen Formen *das* und *dies* (verkürzt aus: *dieses*) beziehen sich oft nicht auf vorerwähnte Substantive, sondern fassen verbale Aussagen zusammen:

Er wollte kommen. *Das* (dies) hat er versprochen.

(2) *dieser* und *jener* werden vor allem paarweise zur Unterscheidung zweier vorerwähnter Substantive verwendet (lit.):

Er hat zwei Söhne, Holger und Karsten. *Dieser* (= Karsten) arbeitet als Schlosser, *jener* (= Holger) studiert Medizin.

(3) Um ein Demonstrativpronomen handelt es sich auch bei der festen Verbindung *derselbe*. Mit diesem Pronomen wird eine Übereinstimmung ausgedrückt:

Sie hat von einem Unfall gesprochen. Er hat *dasselbe* gesagt.

(4) *derjenige* ist ein nachdrücklicherer Hinweis als *der* und steht als zurückweisendes Demonstrativpronomen nur vor einem Genitivattribut:

Aus dem Verhalten des Gases als solches kann man auch *dasjenige* des komprimierten Gases ableiten.

2. Vorausweisendes Demonstrativpronomen
Das Demonstrativpronomen steht für eine nicht genannte Person, die durch einen Relativsatz bestimmt ist:

Wir gedenken *derer*, die ihr Leben für die Befreiung vom Faschismus gaben.
Wir grüßen alle Sportler und *solche*, die es werden wollen.
Ich spreche nicht von *jenen*, die wegen Krankheit gefehlt haben.
Wir müssen *diejenigen* herausfinden, welche die größte musikalische Begabung haben.

Nach dem Demonstrativpronomen *derjenige* steht der Relativsatz oft als Zwischensatz:

Diejenigen, die mit der Übersetzung fertig sind, können nach Hause gehen.

Wenn in dieser Stellung Demonstrativ- und Relativpronomen im Kasus übereinstimmen, kann an ihre Stelle eine entsprechende Form des Interrogativpronomens *wer* treten:

Denjenigen, den ich zuerst treffe, frage ich.
→ Wen ich zuerst treffe, frage ich.

## 3.2.4 INDEFINITPRONOMEN

Mit den Indefinitpronomina werden Personen und / oder Nicht-Personen als unbestimmt, d. h. nicht genau auf ihre Identität hin bestimmt, bezeichnet. Sie haben somit gewisse Berührungspunkte mit dem Personalpronomen der 3. Person und den Demonstrativpronomina, durch die Personen und Nicht-Personen ebenfalls nicht direkt benannt, sondern nur allgemein bezeichnet werden. Sowohl die Allgemeinheit als auch die Unbestimmtheit der Bezeichnung ist dadurch ermöglicht, dass die Person bzw. Nicht-Person im Kontext vorerwähnt ist.

Die substantivischen Indefinitpronomina bilden eine umfangreiche Gruppe. Je nachdem, ob sie auch als Artikelwörter vorkommen oder nicht, lassen sich zwei Hauptgruppen unterscheiden:

1. Zu den substantivischen Indefinitpronomina, die auch als Artikelwörter verwendet werden, gehören:

*alle(s)*, *einige*, *irgendeiner* (Pl.: *irgendwelche*), *jeder*, *keiner*, *mancher*, *mehrere*

Die Pronomina dieser Gruppe haben ein voll ausgebildetes Deklinationssystem, das nach Genus und Kasus unterscheidet. Nur hinsichtlich des Numerus gibt es bei einigen Pronomina entsprechend ihrer Bedeutung Beschränkungen: *jeder* wird nur im Singular verwendet, *alle*, *einige* und *mehrere* werden — mit Ausnahme des Neutr. Sing. zum Ausdruck einer unbestimmten Menge — nur im Plural gebraucht:

*Jeder* von uns wollte helfen.
*Alle* haben mitgemacht, *einige / mehrere* waren besonders aktiv.
*Alles / Einiges / Mehreres* war dort zu sehen.

Im Allgemeinen stimmen die Deklinationsformen der substantivischen Indefinitpronomina mit den Deklinationsformen der Artikelwörter überein; vgl. „Artikelwörter" unter 2. Eine Ausnahme machen die Pronomina *irgendeiner* und *keiner* im Nom. Mask. und Nom. / Akk. Neutr. Sing., wo diese Pronomina im Unterschied zu den entsprechenden Artikelwörtern die sog. vollen Endungen haben:

Irgendein / Kein Kollege hat es mir gesagt.
Irgendein**er** / Kein**er** hat es mir gesagt.

Ich habe irgendein / kein Auto gesehen.
Ich habe irgendein**(e)s** / kein**(e)s** gesehen.

Bedeutungsmäßig stimmen die substantivischen Indefinitpronomina mit den gleich lautenden Artikelwörtern überein; vgl. dazu „Artikelwörter" unter 3.

2. Zu den nur substantivisch gebrauchten Indefinitpronomina gehören:
*(irgend)etwas*, *(irgend)jemand*, *irgendwer*, *man*, *niemand*, *nichts*

---

115

Die Indefinitpronomina dieser Gruppe besitzen ein wenig ausgebildetes Formensystem. Sie sind der Form nach Maskulina (*jemand*, *irgendwer*, *man*,
*niemand*) oder Neutra (*etwas*, *nichts*) im Singular und bezeichnen mit diesen
Formen sowohl einzelne als auch mehrere Personen bzw. Nicht–Personen
mit verschiedenem Genus. Unvollständig sind auch die Kasusformen.
Besonders ausgebildet ist dagegen die Unterscheidung zwischen Person (1)
und Nicht–Person (2).

(1) Pronomina, die nur Personen bezeichnen

**man**

*man* hat nur eine Nominativform. Für den Akkusativ und Dativ gebraucht
man die Formen von *ein-*, der Genitiv fehlt:

| | |
|---|---|
| N | man |
| A | einen |
| D | einem |
| G | – |

*man* ist die gebräuchlichste Form der unbestimmt–persönlichen Ausdrucksweise. Das Pronomen hat verallgemeinernde Bedeutung und meint einen
beliebigen einzelnen Menschen oder – häufiger – mehrere beliebige Menschen:

*Man* erzählt sich, dass er bald heiraten wird. (= die Nachbarn, die Bekannten)
*Was man* gern tut, das fällt *einem* nicht schwer. (= der Mensch)

**jemand**

Das Indefinitpronomen *jemand* hat zum Teil doppelte Deklinationsformen:

| | |
|---|---|
| N | jemand |
| A | jemand**en** / jemand |
| D | jemand**em** / jemand |
| G | jemand**es** |

*jemand* dient wie *man* der unbestimmt–persönlichen Ausdrucksweise, meint
aber häufiger einen beliebigen einzelnen Menschen als mehrere beliebige
Menschen. Durch vorangestelltes *irgend-* wird die Bedeutung des unbestimmt einzelnen Menschen verstärkt:

Hast du *jemand(en)* im Betrieb angetroffen?
*Irgendjemand* hat gesagt, dass du krank bist.

## irgendwer

*irgendwer* wird wie das Interrogativpronomen *wer* flektiert, jedoch ist der Genitiv nicht gebräuchlich:

| | |
|---|---|
| N | irgendwer |
| A | irgendwen |
| D | irgendwem |
| G | – |

*irgendwer* wird wie *irgendjemand* verwendet:

*Irgendwer* hat gesagt, dass du krank bist.

## niemand

Das Indefinitpronomen *niemand* ist durch Zusatz eines Negationselements aus dem Indefinitpronomen *jemand* gebildet und wird wie dieses flektiert:

| | |
|---|---|
| N | niemand |
| A | niemand**en** / niemand |
| D | niemand**em** / niemand |
| G | niemand**es** |

*niemand* ist die verneinte Entsprechungsform zu den unbestimmt–persönlichen Pronomina *man*, *(irgend)jemand* und *irgendwer*. Das Pronomen konkurriert in dieser Funktion mit *kein(er)* und *nicht ein(er)*, wenn sie auf Personen bezogen sind. Man vgl.:

Ich habe niemanden / keinen / nicht einen getroffen.

(2) Pronomina, die nur Nicht–Personen bezeichnen

## etwas

Das substantivische Indefinitpronomen *etwas* hat keine Flexionsformen. Der Genitiv und der reine Dativ sind ungebräuchlich, im Akkusativ und im präpositionalen Dativ wird die nominativische Form verwendet. *etwas* bezeichnet ganz allgemein ein nicht näher Bestimmtes (Nicht–Person im weitesten Sinne: Tier, Gegenstand, abstrakter Begriff usw.), das ein Einzelnes oder ein Mehrfaches sein kann. Durch vorangestelltes *irgend-* wird die Bedeutung des unbestimmt Einzelnen verstärkt:

*Etwas* hat auf dem Tisch gelegen.   (z. B. ein oder mehrere Gegenstände)
Sie müssen sich mit *etwas* beschäftigen.   (z. B. mit einer Aufgabe)
Bring mir *irgendetwas* von der Reise mit!   (z. B. einen einzelnen Gegenstand)

**nichts**

Dieses Pronomen verhält sich morphologisch und syntaktisch wie das Indefinitpronomen *etwas*, als dessen Verneinung es auftritt:

*Nichts* hat auf dem Tisch gelegen.
Hast du *nichts* von ihm gehört?

3.2.5 POSSESSIVPRONOMEN

Die Possessivpronomina bezeichnen den Besitz im engeren und im weiteren Sinne (Zugehörigkeit, Interesse usw.). Man unterscheidet bei ihnen analog zu den Personalpronomina zwischen der 1. und 2. Person einerseits und der 3. Person andererseits. Die 1. und 2. Person bezeichnen den Besitz der sprechenden und der angesprochenen Person (bzw. Personengruppe), die 3. Person bezeichnet den Besitz der besprochenen Person (bzw. Personengruppe) und – in seltenen Fällen – den Besitz der Nicht-Person.
Die Possessivpronomina sind aus dem Genitiv der Personalpronomina abgeleitet:

| | |
|---|---|
| ich – mein; wir – unser | (1. Person) |
| du – dein, ihr – euer; Sie – Ihr | (2. Person) |
| er – sein; sie – ihr, es – sein; sie – ihr | (3. Person) |

Die Possessivpronomina werden zumeist als Artikelwörter verwendet und kommen nur gelegentlich als substantivische Pronomina vor. Im Allgemeinen stimmen die Formen der substantivischen Pronomina mit denen der Artikelwörter überein (vgl. „Artikelwörter" 2 unter (3)). Dabei gilt folgende Grundregel: Im Wortstamm richtet sich das Pronomen nach Person, Genus und Numerus des *Besitzers*, in den Endungen nach Kasus, Genus und Numerus des *Besitztums*:

Ich brauche keinen **Koffer**. *Ich* nehme *mein*-**en**.
Er braucht keine **Tasche**. *Er* nimmt *sein*-**e**.

Man beachte auch folgenden Unterschied:

Er holt *seinen* (Koffer) ab.   (*Er* besitzt den Koffer.)
Er holt *ihren* (Koffer) ab.   (*Sie* besitzt den Koffer.)

Im Nom. Mask. und im Nom. / Akk. Neutr. hat das substantivische Possessivpronomen gewöhnlich nicht die Endungen des entsprechenden Artikelwortes, sondern die vollen Endungen -*er* und -*es*. Zu beachten ist, dass beim Possessivpronomen diese Formen in allen Personen auftreten. Man vgl.:

| | |
|---|---|
| Wessen Wagen ist das? | – Das ist mein Wagen. Das ist mein**er**. |
| | Das ist ihr Wagen. Das ist ihr**er**. |
| Wessen Haus ist das? | – Das ist mein Haus. Das ist mein**es**. |
| | Das ist unser Haus. Das ist unser**es**. |

### 3.2.6 RELATIVPRONOMEN

Die Relativpronomina sind an den Attributsatz und an den weiterführenden Nebensatz gebunden. Sie bilden keine eigene Gruppe von Wörtern. Als Relativpronomen dienen das Demonstrativpronomen *der* und die Interrogativpronomen *welcher*, *wer* und *was*. Zum Gebrauch der Relativpronomina vgl. „Nebensätze" 2.2.5 und 2.4.3.

### 3.2.7 PRONOMINALADVERBIEN

### 3.2.7.1 FORMENBESTAND

Unter dem Begriff „Pronominaladverbien" werden zahlreiche Verbindungen zusammengefasst, die bestimmte Präpositionen mit den Adverbien *da*- und *wo*- (bei vokalisch anlautender Präposition *dar*- und *wor*-) eingehen.[1]

1. Präpositionen mit Akkusativ:
*dadurch — wodurch, dafür — wofür, dagegen — wogegen, darum — worum*

2. Präpositionen mit Dativ:
*daraus — woraus, dabei — wobei, damit — womit, danach — wonach, davon — wovon, dazu — wozu*

3. Präpositionen mit Akkusativ und Dativ (die Verbindungen einiger lokaler Präpositionen mit *wo*- sind nicht möglich):
*daran — woran, darauf — worauf, dahinter, darin — worin, daneben, darüber — worüber, darunter — worunter, davor — wovor, dazwischen*

### 3.2.7.2 GEBRAUCH DER PRONOMINALADVERBIEN

Die Pronominaladverbien stehen als Prowörter anstelle von substantivischen Pronomina mit Präposition für solche Substantive, die Nicht–Lebewesen bezeichnen.[2] Dabei gibt es eine Funktionsteilung zwischen den Verbindungen mit *da(r)*- und *wo(r)*-: Die Verbindungen mit *da(r)*- ersetzen Personal– und Demonstrativpronomina mit Präposition, die Verbindungen mit *wo(r)*- ersetzen Interrogativ– und Relativpronomina mit Präposition. Der Ersatz ist teils obligatorisch, teils fakultativ. Im Einzelnen gelten folgende Regeln:

1. Pronominaladverb für Personalpronomen der 3. Person / Demonstrativpronomen *der*

---

1 Statt *da*- / *dar*- steht manchmal auch *hier*-. Dabei sind jedoch — wie zum Teil auch bei *wo*- — die Verbindungen mit verschiedenen Präpositionen ausgeschlossen: *hiergegen, *hierum ...

2 Für Personen ist der Ersatz nur möglich, wenn es sich um eine Personengruppe handelt:
In der Klasse sind 24 Kinder, unter ihnen / *darunter* 10 Mädchen.

---

(1) Das Pronominaladverb **darf nicht** stehen, wenn ein Lebewesen gemeint ist:

Erinnerst du dich *an den Mann?*
→ Ich erinnere mich *an ihn (den)* / *\*daran.*

(2) Das Pronominaladverb **muss** stehen, wenn (a) ein Nicht–Lebewesen gemeint ist und dieses ein Neutrum im Akkusativ ist, (b) ein Bezug auf das Prädikat des vorangehenden Satzes vorliegt und (c) auf einen Nebensatz vorausgewiesen wird. Bei (b) und (c) erscheint das Pronominaladverb sowohl im Akkusativ als auch im Dativ:

(a) Erinnerst du dich *an das Ereignis?*
   → Ich erinnere mich *daran* / *\*an es (das).*
(b) Er hat ihr gratuliert. Sie freut sich *über das Gratulieren.*
   → Er hat ihr gratuliert. Sie freut sich *darüber* / *\*über es (das).*
   Er hat ihr gratuliert. Sie zweifelte *an dem Gratulieren.*
   → Er hat ihr gratuliert. Sie zweifelte *daran* / *\*an ihm (dem).*
(c) Ich erinnere mich *an sein häufiges Zuspätkommen.*
   → Ich erinnere mich *daran* / *\*an es (das),* dass er häufig zu spät kommt.
   Ich zweifle *an seinem pünktlichen Kommen.*
   → Ich zweifle *daran* / *\*an ihm (dem),* dass er pünktlich kommt.

Bei (c) handelt es sich um den Gebrauch der Pronominaladverbien als Korrelate.

(3) Das Pronominaladverb **kann** stehen, wenn ein Nicht–Lebewesen gemeint ist und dieses ein Neutrum im Dativ oder ein Maskulinum bzw. Femininum im Dativ oder Akkusativ ist:

Zweifelst du *an dem Ergebnis?*
→ Ich zweifle nicht *an ihm (dem)* / *daran.*
Erinnerst du dich *an den Vorfall?*
→ Ich erinnere mich *an ihn (den)* / *daran.*

2. Pronominaladverb für Interrogativpronomen

(1) Das Pronominaladverb **darf nicht** stehen, wenn ein Lebewesen gemeint ist:

Er erinnert sich *an seinen Lehrer.*
→ *An wen* / *\*Woran* erinnert er sich?

(2) Das Pronominaladverb **muss** stehen, wenn ein Nicht–Lebewesen gemeint ist (unabhängig von Genus und Kasus):

Er erinnert sich *an den Vorfall.*
→ *Woran* / *\*An was* erinnert er sich?
Er erinnert sich *an das Ereignis.*
→ *Woran* / *\*An was* erinnert er sich?

Er zweifelt *an dem Ergebnis.*
→ *Woran / *An was* zweifelt er?

3. Pronominaladverb für Relativpronomen

(1) Das Pronominaladverb **darf nicht** stehen, wenn ein Lebewesen gemeint ist:

Der Freund antwortet nicht. Ich habe an den Freund geschrieben.
→ Der Freund, *an den / *woran* ich geschrieben habe, antwortet nicht.

Das Pronominaladverb wird auch als unkorrekt empfunden, wenn ein Nicht–Lebewesen gemeint ist, das durch ein Substantiv repräsentiert ist (unabhängig von Genus und Kasus):

Der Kupferstich ist schon verkauft. Ich interessiere mich *für den Kupferstich.*
→ Der Kupferstich, *für den / (*wofür)* ich mich interessiere, ist schon verkauft.
Das Projekt ist gescheitert. Er hat sich lange *mit dem Projekt* befasst.
→ Das Projekt, *mit dem / (*womit)* er sich lange befasst hat, ist gescheitert.

(2) Das Pronominaladverb **muss** stehen, wenn ein Nicht–Lebewesen gemeint ist, das durch ein neutrales substantivisches Pronomen oder substantivisch gebrauchtes Adjektiv *im Akkusativ* repräsentiert ist:

Manches ist für mich heute wichtig. Früher habe ich *auf manches* nicht geachtet.
→ Manches, *worauf / *auf was* ich früher nicht geachtet habe, ist für mich heute wichtig.
Das Schönste war der Flug. Ich erinnere mich *an das Schönste.*
→ Das Schönste, *woran / *an was* ich mich erinnere, war der Flug.

(3) Das Pronominaladverb **kann** stehen, wenn ein Nicht–Lebewesen gemeint ist, das durch ein neutrales substantivisches Pronomen oder substantivisch gebrauchtes Adjektiv *im Dativ* repräsentiert ist:

Manches will er aufgeben. Er befasst sich zurzeit *mit manchem.*
→ Manches, *womit / mit dem* er sich zurzeit befasst, will er aufgeben.
Das Einzige ist die Altersangabe. Ich zweifle *an dem Einzigen.*
→ Das Einzige, *woran / an dem* ich zweifle, ist die Altersangabe.

Anmerkung:

Das Pronominaladverb *wo(r)-* + Präposition **muss** auch stehen, wenn in einem weiterführenden Nebensatz ein Bezug auf das Prädikat im Hauptsatz vorliegt (analog zum Bezug auf das Prädikat im vorangehenden Satz mit dem Pronominaladverb *da(r)-* + Präposition, vgl. oben unter 1. (2b)):

Er hat ihr gratuliert, *worüber / *über was* sie sich freut.     (Akkusativ)
Er hat ihr gratuliert, *woran / *an was* sie zweifelte.     (Dativ)

# 4 Kategorien des Substantivs

Die Substantive und substantivischen Pronomina sind durch drei Kategorien charakterisiert: 1. Genus, 2. Numerus, 3. Kasus. Diese Kategorien, die teils formal–grammatischer Natur sind (Genus), teils syntaktisch (Kasus) oder semantisch (Numerus) abzuleiten sind, kommen in komplexer Weise in den Deklinationsformen und in den Artikelwörtern formal zum Ausdruck. Diese formalen Mittel sind beim Substantiv und bei den substantivischen Pronomina in unterschiedlicher Weise ausgebildet: Während sie beim Substantiv Systemcharakter tragen, sind sie bei den substantivischen Pronomina zum Teil unvollständig entwickelt und durch zahlreiche Besonderheiten ausgezeichnet. Aus diesem Grund werden im Folgenden die einzelnen Kategorien nur beim Substantiv dargestellt, die Besonderheiten bei den Pronomina dagegen im Zusammenhang mit dem Formenbestand dieser Wörter beschrieben (vgl. „Substantivwörter" 3.2.1–3.2.5).

## 4.1 Genus

### 4.1.1 Natürliches Geschlecht und grammatisches Genus

Beim Genus des Substantivs ist zwischen dem natürlichen Geschlecht (= Sexus) und dem grammatischen Genus zu unterscheiden. Das natürliche Geschlecht hat zwei Formen (Maskulinum und Femininum), das grammatische Genus drei Formen (Maskulinum, Femininum und Neutrum). Beide Genusarten kommen im Deutschen vor allem am bestimmten Artikel zum Ausdruck.

Das **natürliche Geschlecht** der Substantive spielt im Deutschen gegenüber dem grammatischen Genus nur eine geringe Rolle. Lediglich bei einigen Gruppen von Lebewesen ist das natürliche Geschlecht für die Genusform bestimmend. Das betrifft

1. Personenbezeichnungen:

der Vater – die Mutter, der Lehrer – die Lehrerin

2. Tiernamen:

der Löwe – die Löwin

Bei der Mehrzahl der Substantive wird die Genusform durch das **grammatische Genus** bestimmt, wofür es jedoch nur zum Teil Regeln gibt. In vielen Fällen ist es notwendig, zusammen mit dem Substantiv als (einziges) Genusmerkmal den bestimmten Artikel zu lernen:

der Kopf – die Hand – das Kinn
der Löffel – die Schüssel – das Pendel

Bei zahlreichen anderen Substantiven ist jedoch auch in der Gegenwartssprache eine teils semantisch, teils formal motivierte Gruppenbildung festzustellen. Im Folgenden werden für einige solcher Gruppen von Substantiven Regeln gegeben, die nicht durch eine zu große Zahl von Ausnahmen entwertet sind.

Aufgrund der **Semantik** sind

1. Maskulina

(1) die Namen der Jahreszeiten, Monate und Wochentage:

der Sommer; der Januar; der Mittwoch

(2) die Namen der Himmelsrichtungen, Winde und Niederschläge:

der Osten; der Monsun; der Schnee, der Nebel, der Reif

(3) die Namen der Spirituosen:

der Wein, der Sekt, der Kognak, der Wodka

(4) Automarken und Namen von Expresszügen:

der Mercedes, der Opel; der Bavaria

(5) die Namen der Mineralien und Gesteine:

der Feldspat, der Glimmer, der Quarz; der Granit, der Basalt

(6) die Bergnamen:

der Brocken, der Elbrus, der Vesuv, der Mt. Everest

Anmerkung:

Gebirgsnamen sind nur zum Teil Maskulina (*der Harz, der Kaukasus*). Viele Gebirgsnamen sind Pluraliatantum (*die Kordilleren, die Karpaten*), andere sind Verbindungen mit dem Neutrum *Gebirge* (*das Erzgebirge, das Kantabrische Gebirge*).

2. Feminina

(1) die Namen der Bäume und vieler Blumen:

die Kiefer, die Birke, die Zypresse; die Rose, die Orchidee

(2) die Schiffs- und Flugzeugnamen:

die Rostock, die Trelleborg; die Boeing

(3) die Namen der Zigarettensorten:

die Kent, die Club, die Astor

(4) die substantivierten und substantivischen Kardinalzahlen:

die Eins, die Tausend; die Million, die Milliarde

Anmerkung:

Die Mengenbezeichnungen sind Neutra: *das Hundert, das Tausend; das Dutzend, das Schock.*
Neutra sind auch die Bruchzahlen (außer: *die Hälfte*): *das Drittel, das Tausendstel.*
Um Maskulina handelt es sich bei den Zahlwörtern auf *-er: der Einer, der Zehner.*

(5) die meisten deutschen Flussnamen und die ausländischen Flussnamen auf *-a* und *-e*:

die Elbe, die Spree; die Wolga, die Themse

Anmerkung:

Die übrigen ausländischen Flussnamen und einige deutsche Flussnamen sind Maskulina:

der Ganges, der Amazonas, der Nil; der Rhein, der Main

## 3. Neutra

(1) die Namen von Hotels, Cafés und Kinos:

das (Hotel) Intercontinental, das (Café) Sacher, das (Filmtheater) Capitol

(2) die Namen der meisten chemischen Elemente:

das Kupfer, das Aluminium, das Chlor, das Radium

(3) die Namen von physikalischen Einheiten, von Buchstaben, Noten, Farben und Sprachen:

das Kilowatt; das Ypsilon; das Cis; das Grün; das Russisch(e)

(4) die Namen von Wasch– und Reinigungsmitteln:

das Persil, das Fit

(5) die Namen der Kontinente, Länder, Inseln und Orte (soweit sie ohne Attribut Nullartikel haben):

(das südliche) Afrika, (das neutrale) Schweden, (das reizvolle) Ungarn, (das nördliche) Rügen, (das übervölkerte) Tokio

Anmerkung:

Die Namen der Kontinente, Länder usw., die ohne Attribut den bestimmten Artikel haben, sind in der Regel Maskulina oder Feminina:

der Irak, die Antarktis, die Türkei, die Krim

Ebenso die Landschaftsnamen:

der Balkan, der Darß, die Lausitz, die Normandie

Aufgrund der **Form** sind

1. Maskulina

(1) Deverbativa mit Nullsuffix:

der Gang, der Sprung, der Betrieb

(2) Substantive auf *-er, -ig, -ling, -s*:

der Lehrer, der Pfennig, der Zwilling, der Fuchs

(3) Fremdwörter (vor allem Personenbezeichnungen) auf *-ant, -är, -ent, -et, -eur, -ist, -loge, -or, -us*:

der Demonstrant, der Aktionär, der Absolvent, der Athlet, der Ingenieur, der Artist, der Biologe, der Doktor, der Zyklus

2. Feminina

(1) die meisten Deverbativa auf *-t*:

die Fahrt, die Schlacht, die Last

(2) die meisten Substantive auf *-e* (vor allem Zweisilber):

die Liebe, die Lampe, die Straße, die Rose, die Schlange

(3) Substantive mit den Suffixen *-ei, -heit, -keit, -schaft, -ung*:

die Bücherei, die Gelegenheit, die Fähigkeit, die Freundschaft, die Heizung

(4) Fremdwörter auf *-age, -ät, -anz, -enz, -ie, -ik, -ion, -ur*:

die Etage, die Qualität, die Ambulanz, die Differenz, die Kopie, die Klinik, die Deklination, die Dressur

3. Neutra

(1) Diminutiva auf *-chen* und *-lein*:

das Häuschen, das Büchlein

(2) Kollektiva und Deverbativa mit *Ge-*:

das Gebirge, das Gebüsch; das Gerede, das Gebrüll

(3) substantivierte Infinitive (auf *-en*):

das Sprechen, das Turnen

(4) Fremdwörter auf *-ett, -il, -ma, -o, -um*:

das Kabinett, das Ventil, das Drama, das Konto, das Zentrum

### 4.1.2 Doppeltes Genus

Das Deutsche besitzt eine Reihe von Substantiven, die mit doppeltem Genus gebraucht werden. Dabei sind zwei Hauptgruppen zu unterscheiden:

1. Substantive mit gleicher Form, gleicher Bedeutung und verschiedenem Genus (schwankendes Genus):

der / das Bonbon, der / das Filter, der / das Gulasch, der / das Keks, der / das Liter, der / das Meter, der / das Silo, der / das Teil, der / das Zubehör u. a.

2. Substantive mit gleicher Form, verschiedener Bedeutung und verschiedenem Genus (Homonyme):

der Band (= Buch) – das Band (= etwas zum Binden), der Gehalt (= Wert) – das Gehalt (= Lohn), der Junge (= männliches Kind) – das Junge (= junges Tier), der Kiefer (= Schädelknochen) – die Kiefer (= Nadelbaum), der Leiter (= Vorgesetzter) – die Leiter (= zum Steigen bestimmt), der Moment (= Augenblick) – das Moment (= Faktor), der See (= stehendes Binnengewässer) – die See (= Meer), die Steuer (= Abgabe an Institutionen) – das Steuer (= Lenkvorrichtung), der Verdienst (= Lohn) – das Verdienst (= Leistung)

### 4.2 Numerus

Das Deutsche verfügt über zwei Numeri:
1. Singular (Ungegliedertheit, Unzählbarkeit, Einheit)
2. Plural (Gegliedertheit, Zählbarkeit, Vielheit).
Die Kategorie des Numerus kommt vor allem in den pluralischen Deklinationstypen der Substantive zum Ausdruck. Während die Mehrzahl der deutschen Substantive – die Gattungsnamen – den Singular und Plural völlig regelmäßig bilden, gibt es verschiedene Substantivgruppen, die bestimmten Numerusbeschränkungen unterworfen sind.

### 4.2.1 Singulariatantum

1. Stoffnamen
Nur im Singular stehen Stoffnamen, wenn sie ganz allgemein gebraucht werden:

*Kupfer* zeichnet sich durch seine Leitfähigkeit aus.
Ich esse gern *Schwarzbrot.*

Will man einzelne Stoffarten unterscheiden, ist bei manchen Stoffnamen der Plural möglich (vor allem fachsprachlich):

Die afrikanischen Länder exportieren wertvolle *Harthölzer.*

Dieser Plural kann auch mit lexikalischen Mitteln – durch Zusammensetzung mit verschiedenen Grundwörtern – gebildet werden:

Das Werk verarbeitet ausländische Holz*arten*.

2. Sammelnamen (Kollektiva)
Nur im Singular stehen Sammelnamen, wenn sie Bezeichnungen einer einheitlichen, umfassenden Klasse sind, die als ungegliedert aufgefasst wird:

Die *Bevölkerung* wurde zu einer Spende aufgerufen.
Am Abend brachten wir das *Gepäck* zum Bahnhof.

Will man innerhalb der durch die Sammelnamen bezeichneten einheitlichen Klassen verschiedene Gruppen unterscheiden, ist ein Plural mit lexikalischen Mitteln möglich:

Die Abteilung für Schmuck*waren* befindet sich im ersten Stock des Kaufhauses.

Von den nicht pluralfähigen Sammelnamen als Bezeichnungen einer einheitlichen Klasse sind die Sammelnamen zu unterscheiden, die eine Gruppe anderen Gruppen der gleichen Klasse gliedernd gegenüberstellen und deshalb sowohl im Singular als auch im Plural stehen können:

*Eine Mannschaft* ist in die Bundesliga aufgestiegen.
*Zwei Mannschaften* haben ihre Heimspiele verloren.

Ebenso: Armee, Familie, Volk; Gewässer, Gebirge, Besteck

3. Eigennamen
Nur im Singular stehen Eigennamen, wenn sie ein bestimmtes Einzelnes (Individuum) bezeichnen. Zu solchen Eigennamen gehören die Personennamen (Vor- und Familiennamen), die Individualnamen (Rufnamen) der Haustiere, die Namen verschiedener Produkte der menschlichen Kultur und Technik (Büchertitel, Schiffsnamen usw.) und lokale Bezeichnungen (Fluss-, Länder- und Ortsnamen, Bezeichnungen von Betrieben u. Ä.):

Thomas Mann; das Rennpferd Ajax; Goethes „Faust"; das Segelschulschiff „Gorch Fock"; die Oder; Finnland; Potsdam; Langenscheidt-Verlag Berlin / München

Der Plural wird verwendet, wenn es sich um mehrere Vertreter des gleichen Namens handelt:

Im Fernsprechbuch stehen mehrere *Fritz Müller*.
*Müllers*, unsere Nachbarn, sind verreist.
In Deutschland gibt es viele *Neustadt(s)*.

Nicht zu den Eigennamen im individualisierenden Sinne gehören unter anderem die Zeitangaben und die Bezeichnungen für viele Produkte der menschlichen Gesellschaft (Automarken, Flugzeugnamen u. Ä.). Diese Eigennamen bilden einen regelmäßigen Plural:

An schönen *Sonntagen* fahren wir ins Grüne.
Die *DC 10* werden vor allem auf Kurzstrecken eingesetzt.

4. Abstrakta
Nur im Singular stehen Abstrakta, wenn sie ungegliederte Allgemeinbegriffe darstellen:

Er arbeitet mit viel *Fleiß*.
Am Freitagnachmittag ist der *Verkehr* in der Stadt am größten.

Zur Bezeichnung der verschiedenen Erscheinungsformen des Allgemeinbegriffs ist bei einzelnen Abstrakta ein Plural mit lexikalischen Mitteln möglich:

Das Kinderbuch ist für alle Alters*stufen* geeignet.

Neben den nicht pluralfähigen Abstrakta gibt es zahlreiche Abstrakta, bei denen die Vorstellung der Gegliedertheit möglich ist und die deshalb sowohl im Singular als auch im Plural stehen können:

Er nannte *die Ursache* des Fehlers.
Er nannte *die Ursachen* des Fehlers.

4.2.2  PLURALIATANTUM

Bei einigen Substantiven wird die Gegliedertheit als semantischer Grundzug empfunden. Solche Substantive verfügen nur über die Pluralform. Dazu gehören unter anderem:

(1) Geographische Bezeichnungen (Gebirge, Inselgruppen, Länder):

Alpen, Anden; Kurilen, Azoren; Niederlande, USA

(2) Personengruppen:

Eltern, Geschwister, Gebrüder, Leute

(3) Zeitbegriffe:

Ferien, Flitterwochen

(4) Krankheiten:

Masern, Pocken, Röteln, Blattern

(5) Sammelbegriffe im Handel und in der Wirtschaft:

Chemikalien, Kurzwaren, Lebensmittel, Spirituosen, Textilien

(6) Finanz- und Rechtsbegriffe:

Alimente, Einkünfte, Finanzen, Unkosten, Personalien, Spesen, Zinsen

## 4.3 KASUS

### 4.3.1 WESEN DER KASUS

Die Kasus dienen dazu, die Beziehungen des Substantivs zu anderen Elementen im Satz mit Hilfe morphologischer Mittel zum Ausdruck zu bringen. Diese Aufgabe erfüllen jedoch nicht nur die Kasus, sondern auch andere Mittel (Präpositionen, Intonation, Wortstellung). Im Deutschen spielen die Kasus und die Präpositionen eine dominierende Rolle. Da die gleichen Beziehungen im Deutschen einmal durch Kasusendungen, das andere Mal durch selbstständige Wörter (Präpositionen) ausgedrückt werden, ist ein syntaktischer und semantischer Unterschied zwischen den reinen Kasus (ohne Präpositionen) und den präpositionalen Kasus kaum festzustellen:

(1) Er schreibt *seinem Vater* einen Brief.
(2) Er schreibt *an seinen Vater* einen Brief.

Bei den reinen Kasus (1) besteht ein unmittelbarer Kontakt zwischen dem in einem bestimmten Kasus stehenden Substantiv und dem übergeordneten Wort (Verb, Adjektiv, Substantiv):

| übergeordn. Wort | ⟶ | Substantiv (mit Kasus) |
|---|---|---|

Bei den präpositionalen Kasus (2) besteht ein durch die Präposition vermittelter, ein mittelbarer Kontakt zwischen dem in einem bestimmten Kasus stehenden Substantiv und dem übergeordneten Wort (Verb, Adjektiv, Substantiv):

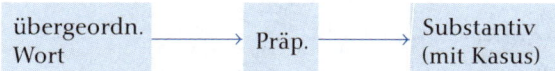

Während beim unmittelbaren Kontakt die reinen Kasus direkt vom übergeordneten Wort abhängen, werden beim mittelbaren Kontakt die Kasus des Substantivs nicht direkt vom übergeordneten Wort, sondern von der vermittelnden Präposition festgelegt. Deshalb werden in der folgenden Darstellung die reinen Kasus von den präpositionalen Kasus getrennt, obwohl sie die gleichen Sachverhalte der Realität ausdrücken.

### 4.3.2 SATZGLIEDFUNKTIONEN DER REINEN KASUS

Die reinen Kasus erfüllen bestimmte Funktionen als syntaktische Glieder im Satz:

1. Der *Nominativ* kann folgende Satzgliedfunktionen ausüben:

(1) als Subjekt:

*Das Kind* liest ein Buch.

(2) als Prädikativ (= Subjektsprädikativ):

Er bleibt *der beste Student* in unserem Seminar.

(3) als außerhalb des Satzverbandes stehendes Glied, das dienen kann der bloßen Benennung („Nennfall"):

*ein schöner Morgen*

dem Anruf („Vokativ"):

Komm, *Vater!*

2. Der *Akkusativ* kann folgende Satzgliedfunktionen ausüben:

(1) als Objekt zum Verb:

Der Autor korrigiert *das Manuskript.*

(2) als Objekt zum Prädikativ (Adjektiv):

Die Ware ist *ihr Geld* wert.

(3) als Objektsprädikativ:

Die Lehrerin nennt ihn *einen begabten Schüler.*

(4) als lexikalischer Prädikatsteil
in Gestalt eines Umstandsobjekts:

Die Sekretärin schreibt *Maschine.*

in Gestalt eines inneren Objekts (Akkusativ des Inhalts):

Sie stirbt *einen schweren Tod.*

(5) als Adverbialbestimmung:

Er arbeitet *jeden Tag.*
Der Graben ist *einen Meter* tief.

3. Der *Dativ* kann folgende Satzgliedfunktionen ausüben:

(1) als Objekt zum Verb:

Die Versicherung hilft *dem Geschädigten.*

(2) als Objekt zum Prädikativ (Adjektiv):

Er ist *seiner Frau* treu.

(3) als sekundäres Satzglied in verschiedenen Arten:
(a) als Dativus commodi:

Er trägt *seiner Mutter* die Tasche.

(b)  als possessiver Dativ
mit Beziehung auf das Subjekt:

*Meinem Vater* schmerzt der Kopf.

mit Beziehung auf das Objekt:

Der Arzt reinigt *dem Patienten* die Wunde.

mit Beziehung auf die Adverbialbestimmung:

Er sieht *seiner Tochter* in die Augen.

(c)  als ethischer Dativ (der emotionalen Anteilnahme) – nur bei Pronomina
der 1. und 2. Person:

Falle *mir* nicht!

4.  Der *Genitiv* kann folgende Satzgliedfunktionen ausüben:

(1)  als Objekt zum Verb:

Er erinnert sich *seines Hochzeitstages.*

(2)  als Objekt zum Prädikativ (Adjektiv):

Er ist *des Weges* kundig.

(3)  als Prädikativ:

Der Patient ist *frohen Mutes.*

(4)  als Adverbialbestimmung:

Er besuchte uns *eines Abends.*

(5)  als attributiver Gliedteil:

Das Haus *seines Vaters* wurde verkauft.

5.  Nicht an *einen* Kasus gebunden sind folgende Verwendungsweisen, die in
*allen* vier reinen Kasus vorkommen:

(1)  als Apposition (= Gliedteil):

Herr Müller, *der Leiter* der Forschungsabteilung, hat eine neue Konzeption
für die Versuchsreihe vorgelegt.
Die neue Konzeption wurde von Herrn Müller, *dem Leiter* der Forschungsabteilung, vorgelegt.

(2)  als Adverbialbestimmung (nach den Fügewörtern *als* und *wie*):

Er arbeitet als *stellvertretender Geschäftsführer.*
Wir begrüßen ihn als *stellvertretenden Geschäftsführer.*

### 4.3.3 PRÄPOSITIONALE KASUS

1. Die Satzgliedfunktionen der präpositionalen Kasus
Die präpositionalen Kasus erfüllen dieselben Funktionen wie die reinen (obliquen) Kasus:

(1) als Subjektsprädikativ:

Das Problem ist *von großer Bedeutung.*
Er wird als *ein Held* bezeichnet.

(2) als Objektsprädikativ:

Die Kritiker bezeichnen das neue Theaterstück *als einen unbestreitbaren Erfolg.*

(3) als Objekt:

Wir warten *auf die Bestätigung* des Briefes.

(4) als Objekt zum Prädikativ (Adjektiv):

Er ist wütend *über die Ablehnung* seiner Bitte.

(5) als Adverbialbestimmung:

Der Schriftsteller wohnt *in Rostock.*
Er fährt *am Wochenende* zum Angeln.

(6) als sekundäres Satzglied zum Satz:

Er trägt *für seine Mutter* das Gepäck.

(7) als prädikatives Attribut:

Er traf ihn *im dunklen Anzug.*

(8) als attributiver Gliedteil:

Die Hoffnung *auf Vertragsabschluss* hat sich erfüllt.

2. Die präpositionalen Kasus bei Substantiven (Rektion)
Das Vorkommen als attributiver Gliedteil bei Substantiven teilen die präpositionalen Kasus mit dem Genitiv, unterscheidet sie aber von Nominativ, Akkusativ und Dativ. Folgt auf die Substantive eine (attributive) Präpositionalgruppe, so spricht man von *Rektion* der Substantive, wenn die folgende Präposition syntaktisch vom Substantiv gefordert wird. Wir vergleichen:

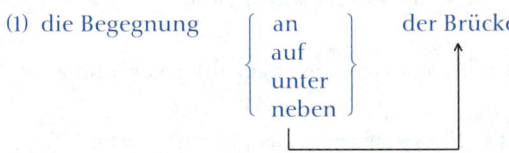

(1) die Begegnung { an / auf / unter / neben } der Brücke

(2) die Hoffnung        auf      baldige Genesung

Im Falle (1) ist die Präpositionalgruppe nicht vom übergeordneten Substantiv regiert, wohl aber im Falle (2); denn das regierende Substantiv fordert immer nur bestimmte Präpositionen (in den meisten Fällen: eine einzige Präposition) und schließt alle anderen aus. Die Präposition trägt dabei keine erkennbare Bedeutung – im Unterschied zum Falle (1).

Wenn das Substantiv einen Präpositionalkasus regiert, sind folgende Gruppen unterscheidbar:

(1)  Das Substantiv regiert die gleiche Präposition wie das entsprechende Verb und das entsprechende Adjektiv (bzw. Partizip):

Die Mode *hängt von* internationalen Trends *ab*.
→ Die Mode ist *von* internationalen Trends *abhängig*.
→ die *Abhängigkeit* der Mode *von* internationalen Trends

Ebenso: ähneln – ähnlich – Ähnlichkeit *in*; ärgern – ärgerlich – Ärger *über*; befähigen – fähig – Fähigkeit *zu*; befreien – frei – Befreiung (Freiheit) *von*; danken – dankbar – Dankbarkeit *für*; sich freuen – erfreut – Freude *über*; helfen – behilflich – Hilfe *bei*; sich sorgen – besorgt – Sorge *um*; staunen – erstaunt – Staunen (Erstaunen) *über*

(2)  Das Substantiv regiert die gleiche Präposition wie das entsprechende Verb, ein entsprechendes Adjektiv ist nicht vorhanden:

Wir *glauben an* den Fortschritt der Menschheit.
→ unser *Glaube an* den Fortschritt der Menschheit

Ebenso: sich ängstigen – Angst *um / vor*; anknüpfen – Anknüpfung *an*; anspielen – Anspielung *auf*; antworten – Antwort *auf*; appellieren – Appell *an*; arbeiten – Arbeit *an / für*; sich aufregen – Aufregung *über*; beginnen – Beginn *mit*; beitragen – Beitrag *zu*; sich bemühen – Bemühung *um*; berichten – Bericht *von / über*; beschränken – Beschränkung *auf*; bitten – Bitte *um*; denken – Gedanke *an*; sich drängen – Drang *nach*; duften – Duft *nach*; dürsten – Durst *nach*; sich ekeln – Ekel *vor*; sich entscheiden – Entscheidung *für*; fahnden – Fahndung *nach*; kämpfen – Kampf *für / gegen*; sich kümmern – Kummer *um*; polemisieren – Polemik *gegen*; protestieren – Protest *gegen*; raten – Rat *zu*; riechen – Geruch *nach*; sich scheuen – Scheu *vor*; spielen – Spiel *mit*; streiten – Streit *mit / um*; teilnehmen – Teilnahme *an*; unterrichten – Unterricht *in*; unterweisen – Unterweisung *in*; vertrauen – Vertrauen *auf*; verzichten – Verzicht *auf*; wissen – Wissen *um / von*; zweifeln – Zweifel *an*

(3)  Das Substantiv regiert eine Präposition, während das entsprechende Verb den Akkusativ regiert und ein entsprechendes Adjektiv nicht vorhanden ist:

Er besucht *unseren Freund.*
→ sein Besuch *bei unserem Freund*

Ebenso: achten − Achtung *vor*; erlauben − Erlaubnis *zu / für*; fordern − Forderung *nach*; fragen − Frage *an*; lieben − Liebe *zu*; überblicken − Überblick *über*; unterrichten − Unterricht *an*; vorschlagen − Vorschlag *auf*; wünschen − Wunsch *nach*

(4) Das Substantiv regiert eine Präposition, während das entsprechende Verb den Dativ regiert und ein entsprechendes Adjektiv nicht vorhanden ist:

Wir antworten *dem Bürgermeister.*
→ unsere Antwort *an den Bürgermeister*

Ebenso: begegnen − Begegnung *mit*; berichten − Bericht *an*; helfen − Hilfe *für*; mitteilen − Mitteilung *an*; nützen − Nutzen *für*; schaden − Schaden *für*; schenken − Geschenk *für*; vertrauen − Vertrauen *zu*; zustimmen − Zustimmung *zu*

(5) Das Substantiv regiert die gleiche Präposition wie das entsprechende Adjektiv, ein entsprechendes Verb ist nicht vorhanden:

Der Schüler ist *stolz auf* sein gutes Zeugnis.
→ der *Stolz* des Schülers *auf* sein gutes Zeugnis

Ebenso: arm − Armut *an*; bekannt − Bekanntschaft *mit*; eifersüchtig − Eifersucht *auf*; gut − Güte *zu*; hart − Härte *in*; reich − Reichtum *an*; sorgfältig − Sorgfalt *in*; überlegen − Überlegenheit *an / in*; verwandt − Verwandtschaft *mit*; zornig − Zorn *auf*

(6) Das Substantiv regiert eine Präposition, während das entsprechende Adjektiv den Dativ regiert und ein entsprechendes Verb nicht vorhanden ist:

Der Wissenschaftler ist *seinen Prinzipien* treu.
→ die Treue des Wissenschaftlers *zu seinen Prinzipien*

Ebenso: nahe − Nähe *zu*; überlegen − Überlegenheit *gegenüber*

(7) Das Substantiv regiert eine Präposition, obwohl weder ein entsprechendes Verb noch ein entsprechendes Adjektiv vorhanden ist:

Er hat keinen Appetit *auf* Obst.
Sie hat keine Lust *zum* Schwimmen.

Ebenso: Ehrgeiz *nach*, Kontakt *mit / zu*, Voraussetzung *zu / für*

# ADJEKTIV

Zur Wortklasse *Adjektiv* gehören alle Wörter, die in einen der beiden folgenden Rahmen oder in beide eingesetzt werden können:

(1) der ... Vortrag    → der interessante Vortrag
(2) Der Vortrag ist ... → Der Vortrag ist interessant.

Beim Rahmen (1) spricht man vom attributiven Gebrauch des Adjektivs, beim Rahmen (2) vom prädikativen Gebrauch des Adjektivs.

Mit den Adjektiven übereinstimmende Wörter, die adverbial gebraucht sind, werden hier nicht der Wortklasse „Adjektiv", sondern (als „Adjektivadverbien") der Wortklasse „Adverb" zugeordnet:

Er kann sehr *interessant* erzählen.

Vgl. „Adverb" 1 und 4.3.

# 1    FORMENBESTAND

## 1.1    DEKLINATION

Nur die attributiven Adjektive haben verschiedene Deklinationsformen. In prädikativer Stellung werden die Adjektive in ihrer endungslosen Grundform verwendet:

der *interessante* Vortrag – ein *interessanter* Vortrag     (attributiv)
Der Vortrag ist *interessant*. – Ein Vortrag ist *interessant*.    (prädikativ)

Die Deklination des attributiven Adjektivs ist abhängig vom (folgenden) Substantiv, und zwar besteht grammatische *Kongruenz* in Genus, Numerus und Kasus mit dem Substantiv. Im Unterschied zur festen Deklination des Substantivs ist jedoch die Deklination des Adjektivs variabel, und zwar abhängig vom (vorausgehenden) Artikelwort beim Substantiv. Diese Abhängigkeit besteht darin, dass die vollen Endungen, die die grammatischen Kategorien des Genus, Numerus und Kasus ausdrücken, stets nur einmal – entweder beim Artikelwort oder beim Adjektiv – erscheinen. Dieses für das Deutsche charakteristische Prinzip der *Monoflexion* äußert sich beim Adjektiv wie folgt:

1. Wenn das Artikelwort die Merkmale für Genus, Numerus und Kasus enthält, hat das Adjektiv folgende Endungen:

| Sing. Nom. aller Genera Sing. Akk. Neutr. / Fem. | -e |
| alle anderen Kasus | -en |

Dieser Deklinationstyp des Adjektivs wird als nominale, determinierte oder schwache Deklination bezeichnet. Wir sprechen von der *Adjektivdeklination nach bestimmtem Artikel.*

|        |   | *Maskulinum* | *Neutrum* | *Femininum* |
|--------|---|---|---|---|
| *Sing.* | N | der große Erfolg | das große Geheimnis | die große Sorge |
|        | A | den großen Erfolg | das große Gemeimnis | die große Sorge |
|        | D | dem großen Erfolg | dem großen Geheimnis | der großen Sorge |
|        | G | des großen Erfolgs | des großen Geheimnisses | der großen Sorge |
| *Pl.*  | N | die großen Erfolge / Geheimnisse / Sorgen | | |
|        | A | die großen Erfolge / Geheimnisse / Sorgen | | |
|        | D | den großen Erfolgen / Geheimnissen / Sorgen | | |
|        | G | der großen Erfolge / Geheimnisse / Sorgen | | |

Adjektive nach den Artikelwörtern *derjenige, derselbe, dieser, jener* und *jeder* (nur im Sing. möglich) folgen ebenfalls diesem Deklinationstyp. Ebenso, aber mit bestimmten Einschränkungen, werden die Adjektive flektiert nach den Artikelwörtern *mancher* (Plural überwiegend wie nach Nullartikel), *irgend-welcher* (durchgehend auch wie nach Nullartikel möglich), *solcher* (gelegent-lich wie nach Nullartikel, aber nicht im Sing. Nom. / Akk. aller Genera u. Sing. Gen. Mask. / Neutr.), *welcher* und *aller* (selten auch wie nach Nullartikel).

2. Wenn das Artikelwort nicht die Merkmale für Genus, Numerus und Kasus enthält oder kein Artikelwort vorhanden ist (sog. Nullartikel), übernimmt das Adjektiv die grammatische Kennzeichnung mit folgenden Endungen:

| Sing. Nom. / Akk. Fem. Pl. Nom. / Akk. aller Genera | -e |
| Sing. Akk. / Gen. Mask. Sing. Gen. Neutr. Pl. Dat. aller Genera | -en |
| Sing. Nom. Mask. Sing. Dat. / Gen. Fem. Pl. Gen. aller Genera | -er |
| Sing. Nom. / Akk. Neutr. | -es |
| Sing. Dat. Mask. / Neutr. | -em |

Dieser Deklinationstyp des Adjektivs wird als pronominale, determinieren-
de oder starke Deklination bezeichnet. Wir sprechen von der *Adjektivdeklination nach Nullartikel.*

|        |   | Maskulinum | Neutrum | Femininum |
|--------|---|------------|---------|-----------|
| *Sing.* | N | – groß**er** Erfolg | – groß**es** Geheimnis | – groß**e** Sorge |
|        | A | – groß**en** Erfolg | – groß**es** Geheimnis | – groß**e** Sorge |
|        | D | – groß**em** Erfolg | – groß**em** Geheimnis | – groß**er** Sorge |
|        | G | – groß**en** Erfolgs | – groß**en** Geheimnisses | – groß**er** Sorge |
| *Pl.*  | N | – groß**e** Erfolge / Geheimnisse / Sorgen | | |
|        | A | – groß**e** Erfolge / Geheimnisse / Sorgen | | |
|        | D | – groß**en** Erfolgen / Geheimnissen / Sorgen | | |
|        | G | – groß**er** Erfolge / Geheimnisse / Sorgen | | |

Adjektive nach den Artikelwörtern *dessen, deren, wessen, manch, solch* und
*welch* folgen ebenfalls diesem Deklinationstyp. Ebenso, aber mit bestimmten
Einschränkungen, werden die Adjektive flektiert nach den Artikelwörtern
*einige* (Sing. Gen. u. Dativ Mask. u. Neutr. sowie Nom. u. Akk. Neutr. weitgehend wie nach bestimmtem Artikel, Plural Gen. gelegentlich wie nach
bestimmtem Artikel), *etliche* (selten auch wie nach bestimmtem Artikel) und
*mehrere* (nur im Plural möglich, dabei Gen. gelegentlich auch wie nach
bestimmtem Artikel möglich).

3. Einige Artikelwörter verhalten sich unterschiedlich: Die meisten Formen
der Artikelwörter enthalten die Merkmale für Genus, Numerus und Kasus,
einige Formen aber – Sing. Nom. aller Genera und Sing. Akk. Neutr. / Fem. –
sind endungslos. Im letzteren Falle übernimmt das Adjektiv die grammatische Kennzeichnung. Dadurch ergeben sich beim Adjektiv folgende
Endungen:

| Sing. Nom. Mask. | *-er* |
|------------------|-------|
| Sing. Nom. / Akk. Neutr. | *-es* |
| Sing. Nom. / Akk. Fem. | *-e* |
| alle anderen Kasus | *-en* |

Dieser Deklinationstyp des Adjektivs wird gewöhnlich als gemischte Deklination bezeichnet. Wir sprechen von der *Adjektivdeklination nach den Artikelwörtern ein (Sing.), kein, mein.*

|  | | Maskulinum | Neutrum | Femininum |
|---|---|---|---|---|
| **Sing.** | N | sein groß**er** Erfolg | sein groß**es** Geheimnis | seine groß**e** Sorge |
| | A | seinen groß**en** Erfolg | sein groß**es** Geheimnis | seine groß**e** Sorge |
| | D | seinem groß**en** Erfolg | seinem groß**en** Geheimnis | seiner groß**en** Sorge |
| | G | seines groß**en** Erfolgs | seines groß**en** Geheimnisses | seiner groß**en** Sorge |
| **Pl.** | N | seine groß**en** Erfolge / Geheimnisse / Sorgen | | |
| | A | seine groß**en** Erfolge / Geheimnisse / Sorgen | | |
| | D | seinen groß**en** Erfolgen / Geheimnissen / Sorgen | | |
| | G | seiner groß**en** Erfolge / Geheimnisse / Sorgen | | |

Dem unbestimmten Artikel *ein* entspricht im Plural der Nullartikel. Dement-
sprechend werden die Adjektive im Plural wie nach Nullartikel flektiert.
Wie nach *ein* werden im Singular auch die Adjektive nach *manch / solch /
welch ein* und nach *ein mancher / solcher* flektiert (zur Flexion der Adjektive
nach diesen Artikelwörtern ohne *ein* vgl. oben unter 1. und 2.).
Wie nach der possessiven Artikelform *sein* werden die Adjektive auch nach
den anderen possessiven Artikelformen (*mein, dein, ihr; unser, euer, ihr; Ihr*)
flektiert.

Anmerkungen:

1. Adjektive auf -*el* verlieren bei der Deklination das *e*:

dunkel – ein dunkles Zimmer

2. Zwei oder mehr aufeinander folgende Adjektive haben die gleichen Deklinationsendungen:

der große, wichtige Erfolg – ein großer, wichtiger Erfolg

Von dieser Regel gibt es bei Nullartikel folgende Abweichungen:

(1) Nach *sämtlich*, *beide* und (im Singular) *folgend* wird das zweite Adjektiv zumeist wie
nach bestimmtem Artikel flektiert (a), nach *ander-*, *verschieden*, *viel-* und *wenig-* nur in
bestimmten Formen (b):

(a) sämtlich**es** alt**e** Material, beid**e** jung**en** Leute, folgend**es** neu**e** Gesetz
(b) mit ander**em** fest**en** Material, verschieden**er** blühend**en** Pflanzen, viel**es** kalt**e**
    Wasser, mit wenig**em** gut**en** Willen

(2) Wenn das zweite Adjektiv mit dem Substantiv eine engere Einheit bildet (z. B. *unga-
rischer Wein*), das erste Adjektiv also dieser Gruppe untergeordnet ist, wird das zweite
Adjektiv im Dat. Sing. Mask. / Neutr. überwiegend wie nach bestimmtem Artikel flektiert:

mit gut**em** ungarisch**en** Wein

1.2    KOMPARATION

Der *Positiv* bezeichnet die Grundstufe des Adjektivs. Im Vergleich zweier Größen dient er zum Ausdruck der Gleichheit. Als Vergleichswörter werden verwendet: *so* (verstärkt: *ebenso / genauso*) *. . . wie*:

Der Lehrer ist (genau)so alt wie mein Vater.

Der *Komparativ* (1. Steigerungsstufe) wird mit Suffix *-er* gebildet und dient zum Ausdruck der Ungleichheit zweier miteinander verglichener Größen. Er wird in attributiver Stellung des Adjektivs flektiert, in prädikativer Stellung nicht flektiert. Vergleichswort ist *als*:

Der Lehrer ist älter als mein Vater.

Der *Superlativ* (2. Steigerungsstufe) gibt beim Vergleich mindestens dreier miteinander verglichener Größen einer den ersten Platz. Er wird mit *-est* (bei einsilbigen und endbetonten mehrsilbigen Adjektiven auf *-d, -t, -s, -ss, -ß, -x, -z* sowie auf *-los* und *-haft*) oder *-st* gebildet:

der älteste Lehrer, die gesündeste Lebensweise
das jüngste Kind, die geeignetsten Beispiele

In attributiver Stellung des Adjektivs wird der Superlativ flektiert und mit dem bestimmten Artikel verwendet. In prädikativer Stellung können sowohl die flektierten Formen als auch die feste Verbindung *am + -(e)sten* gebraucht werden (erstere dann, wenn ein Bezugssubstantiv mitgedacht wird und hinzugefügt werden kann):

Der heißeste Monat ist der Juli.
Der Monat Juli ist am heißesten.
Der Monat Juli ist der heißeste (Monat).

**Besonderheiten der Komparation**

(1)  Im Allgemeinen werden die Adjektive mit umlautfähigem Vokal in Komparativ und Superlativ ohne Umlaut gebraucht. Nur wenige einsilbige Adjektive haben Umlaut:

alt – älter – älteste

Ebenso:  arg, arm, hart, kalt, krank, lang, scharf, schwach, schwarz, stark, warm; grob, groß; dumm, jung, klug, kurz

Einige Adjektive lassen Formen mit und ohne Umlaut zu:

gesund – gesünder / gesunder – gesündeste / gesundeste

Ebenso:  blass, glatt, karg, nass, schmal; fromm, rot

Die Adjektive *hoch* und *nahe* verändern außer dem Vokal auch den Auslautkonsonanten:

hoch – hö**h**er – höchste
nahe – näher – nä**ch**ste

(2) Bei Adjektiven auf -*el* fällt im Komparativ das *e* aus:

dunkel – das dunklere Zimmer (aber im Superlativ regelmäßig: das dunkels-
te Zimmer)

(3) Bei zusammengesetzten Adjektiven wird gewöhnlich das zweite Glied
gesteigert:

die altmodischsten Hüte

(4) Der Komparativ einiger Adjektive (*jung, alt, lang, kurz, groß, klein*) kann
auch ohne tatsächlichen Vergleich stehen. Er drückt dann keine Steigerung,
sondern eine Abschwächung des Positivs aus:

ein junger Mann      (etwa:  15–30 Jahre)
ein jüngerer Mann    (etwa:  30–45 Jahre)
ein älterer Mann     (etwa:  50–65 Jahre)
ein alter Mann       (etwa:  über 70 Jahre)

Gelegentlich steht auch der Superlativ nicht im Vergleich. In diesem Falle
bezeichnet er einen sehr hohen Grad. Dieser sog. absolute Superlativ (oder:
Elativ) ist auch mit Nullartikel möglich:

Gestern war das herrlichste Wetter.
Er ging in höchster Eile.

(5) Die Adjektive *gut* und *viel* werden mittels zusätzlicher Wortformen gesteigert:

gut – besser – beste
viel – mehr – meiste

In attributiver Stellung wird *mehr* (und *weniger*) nur mit Nullartikel und
unflektiert gebraucht:

mit mehr Fleiß, bei weniger Fehlern

(6) Mit Partikeln wie (*ganz*) *besonders, höchst, sehr, überaus* wird der sog.
absolute Superlativ gebildet. Er ist auch mit unbestimmtem Artikel und
Nullartikel möglich:

das *sehr* schöne Mädchen, eine *überaus* fleißige Studentin, *besonders* schnelle
Fahrzeuge

Die Partikel (*all*)*zu* drückt einen über das Normalmaß hinausgehenden Grad
aus:

Das Wetter war *zu* kalt.

(7) Der Komparativ und der Superlativ können verstärkt werden durch Wörter wie *weitaus*, *bei weitem*:

Sein Arbeitsweg ist bei weitem länger / der längste.

Eine Verstärkung des Superlativs kann auch durch Zusammensetzung mit *aller-* vorgenommen werden:

die allerneuesten Nachrichten

# 2 SYNTAKTISCHE SUBKLASSEN

Adjektive können entweder attributiv und prädikativ, nur attributiv oder nur prädikativ verwendet werden.

### Gruppe A
Die Adjektive der Gruppe A sind attributiv und prädikativ verwendbar. Je nach ihrer Flektierbarkeit und Komparierbarkeit werden sie in drei Untergruppen eingeteilt.

Die **Gruppe A₁** enthält Adjektive, die attributiv und prädikativ verwendbar und flektierbar und komparierbar sind:

der wichtige Rohstoff    — der Rohstoff ist wichtig
der wichtigste Rohstoff  — der Rohstoff ist am wichtigsten

Zu dieser Gruppe gehört eine große Zahl qualitativer Adjektive wie *klein*, *fest*, *billig*, *gesund*, *allgemein*, *konkret* usw.

Manche Adjektive der Gruppe A₁ haben Ergänzungen bei sich:

(1) Adjektive mit adverbialem Akkusativ (Maßangabe):

Der Wagen ist *vier Meter* lang.

Die Antonyme dieser Adjektive (*jung*, *schmal*, *dünn* . . .) können nur dann eine Maßangabe bei sich haben, wenn diese (mittels Komparativ oder *zu*) graduiert sind:

*Der Wagen ist fünfzig Zentimeter kurz.
→ Der Wagen ist fünfzig Zentimeter kürzer (als der alte Typ).
→ Der Wagen ist fünfzig Zentimeter zu kurz.

Vereinzelt kommen auch Adjektive mit Akkusativobjekt vor:

Ich bin *das Streiten* überdrüssig.

(2) Adjektive mit Dativobjekt (zumeist Personenangabe):

Er ist *seiner Mutter* ähnlich.
Die Redewendung war *den Studenten* nicht geläufig.

(3) Adjektive mit Genitivobjekt (selten, zumeist gehoben):

Er ist *großer Leistungen* fähig.
Sie ist *keines Trostes* bedürftig.

(4) Adjektive mit Präpositionalobjekt:

Der Lehrer ist *mit den Leistungen der Schüler* zufrieden.
Kanada ist reich *an Bodenschätzen.*

Die **Gruppe $A_2$** enthält Adjektive, die attributiv und prädikativ verwendbar und flektierbar, aber nicht komparierbar sind:

die gegenseitige Hilfe   —   die Hilfe ist gegenseitig

Zu dieser Gruppe gehören zahlreiche qualitative Adjektive, die aufgrund ihrer Semantik keine Komparierung erlauben, z. B. *fertig, gemeinsam, ledig, stimmhaft, tödlich.*

Manche Adjektive dieser Gruppe haben Ergänzungen bei sich:

(1) Adjektive mit Dativobjekt (zumeist Personenangabe):

Die leichte Auffassungsgabe ist *beiden Brüdern* gemeinsam.

(2) Adjektive mit Genitivobjekt (zumeist gehoben):

Er ist *des Deutschen* nicht mächtig.

(3) Adjektive mit Präpositionalobjekt:

Ich bin *mit deinem Vorschlag* einverstanden.
Der Kranke ist *auf fremde Hilfe* angewiesen.

(4) Adjektive mit obligatorischer Adverbialbestimmung:

Der Schriftsteller ist *aus Dresden* gebürtig.

Die **Gruppe $A_3$** besteht aus Adjektiven, die sowohl attributiv als auch prädikativ verwendbar, aber weder flektierbar noch komparierbar sind.

Dazu gehören
(1) einige Farbadjektive wie *lila, rosa, beige, orange*:

das lila Tuch   —   das Tuch ist lila

(2) die Kardinal- und Bruchzahlen von *zwei* an aufwärts sowie einige unbestimmte Zahladjektive; vgl. „Adjektiv" 4.1, 4.3 und 4.4.

### Gruppe B
Zur Gruppe B gehören die Adjektive, die nur  attributiv verwendbar sind. Je nach Flektierbarkeit und Komparierbarkeit gliedern sie sich in drei Untergruppen.

Die **Gruppe B₁** enthält Adjektive, die flektierbar und komparierbar sind. Es handelt sich um einige Adjektive mit lokaler Bedeutung, denen im prädikativen Gebrauch besondere Adverbformen (die auch attributiv-nachgestellt möglich sind) entsprechen. Die Komparierbarkeit dieser Lokaladjektive ist beschränkt. Sie bilden keinen Komparativ, sondern nur einen Superlativ:

die *obere* Wohnung    — die Wohnung (ist) *oben*
die *oberste* Wohnung    — -

| | Adjektiv | | Adverb |
|---|---|---|---|
| *Positiv* | *Komparativ* | *Superlativ* | |
| äußer– | — | äußerst– | außen |
| inner– | — | innerst– | innen |
| ober– | — | oberst– | oben |
| unter– | — | unterst– | unten |
| vorder– | — | vorderst– | vorn |
| hinter– | — | hinterst– | hinten |

Die **Gruppe B₂** besteht aus Adjektiven, die flektiert, aber nicht kompariert werden:

der spanische Wein   — ein spanischer Wein

Zu dieser Gruppe gehören

(1) Bezugsadjektive:

die private Arztpraxis, die nervösen Störungen

In übertragener Bedeutung (als qualitative Adjektive) sind manche Bezugsadjektive prädikativ möglich und komparierbar:

Mein Freund ist sehr nervös.   (= reizbar, empfindlich)

(2) Herkunftsbezeichnungen:

die deutsche Sprache, die südamerikanischen Indianer

(3) Stoffadjektive:

der eiserne Zaun, die goldene Uhr

(4) Temporal– und Lokaladjektive
Einigen Adjektiven mit temporaler oder lokaler Bedeutung entsprechen im prädikativen Gebrauch besondere Adverbformen (die auch attributiv-nachgestellt möglich sind). Im Unterschied zu den Lokaladjektiven der Gruppe B₁ sind diese Adjektive nicht komparierbar:

das *rechte* Gebäude   — das Gebäude (ist) *rechts*

Temporale Adjektive (*Adverbformen*): damalig (*damals*), ehemalig (*ehemals*), gestrig (*gestern*), heutig (*heute*), morgig (*morgen*), jetzig (*jetzt*), sofortig (*sofort*)

Lokale Adjektive (*Adverbformen*): hiesig (*hier*), dortig (*dort*), recht– (*rechts*), link– (*links*), diesseitig (*diesseits*), jenseitig (*jenseits*), auswärtig (*auswärts*)

(5) Ordinalia

Zur Gruppe B$_2$ gehören auch die Ordinalia, die nicht prädikativ gebraucht werden können und nur der Form nach Superlative sind:

der zehnte Jahrestag, das hundertste Experiment

Eine ***Gruppe B$_3$*** (nur attributiv, nicht flektierbar, nicht komparierbar) bilden die von Ortsnamen und anderen geographischen Namen abgeleiteten Herkunftsbezeichnungen auf *-er*:

die Leipziger Buchmesse, das Lausitzer Bergland, eine Schweizer Uhr

## Gruppe C

Die Gruppe C enthält Adjektive, die nur prädikativ gebraucht werden und weder flektierbar noch komparierbar sind. Es handelt sich um einige, zumeist aus Substantiven gebildete Adjektive wie *angst, einerlei, eingedenk, egal, entzwei, feind, gewahr, gram, schade, schuld*:

Dass er nicht kommt, ist *schade*.
Ob er kommt oder nicht, ist (mir) *egal / einerlei* (ugs.).
Er ist mir *gram* (lit.).
Sie sind ihm *feind* (lit.).
Mir ist (es) *angst und bange*.
Ich bin seiner Worte immer *eingedenk* (lit.).
Der Autofahrer war (an dem Unfall) *schuld*.

# 3    REKTION DER ADJEKTIVE

### 3.1    ADJEKTIVE MIT EINEM KASUS

1. Reine Kasus
(A) alt, breit, groß, hoch, lang, wert
(D) ähnlich, angeboren, behilflich, bekannt, geläufig, gemeinsam, gewachsen, recht, treu, überlegen, zugetan
(G) eingedenk, gewiss, ledig, schuldig, sicher, verdächtig, würdig

2. Präpositionalkasus
*an* (A) gebunden, gewöhnt; (D) arm, interessiert, reich, schuld
*auf* (A) angewiesen, begierig, eifersüchtig, gespannt, neidisch, stolz, wütend;
    (D) blind, taub
*aus* gebürtig
*bei* behilflich, beliebt, verhasst

*für*   bezeichnend, charakteristisch, empfänglich, geeignet, notwendig, vorteilhaft, zuständig
außerdem Adjektive mit alternativ: Präposition *für* / reiner Dativ:
angenehm, heilsam, interessant, klar, möglich, nützlich, peinlich, unbegreiflich, unentbehrlich, verständlich, wichtig

*gegen*  empfindlich, gefühllos, gleichgültig, misstrauisch
*in*   (A) verliebt; (D) bewandert, erfahren, geschickt, geübt, wohnhaft
*mit*   befreundet, einverstanden, fertig, vergleichbar, verheiratet, zufrieden
*nach*  ehrgeizig, gierig
*über*  ärgerlich, beschämt, entrüstet, erfreut, erstaunt, froh, glücklich, traurig
*um*   besorgt
*von*   abhängig, frei, krank, müde, überzeugt, verschieden, voll
*vor*   blass, sicher, starr, stumm
*zu*   berechtigt, entschlossen, geeignet, gewillt, imstande

## 3.2  ADJEKTIVE MIT VERSCHIEDENEN KASUS

1. Bei manchen Adjektiven ist der Kasusgebrauch schwankend. Zwischen den verschiedenen Formen gibt es keine Bedeutungsunterschiede:

Ich bin *den Streit / des Streits* überdrüssig.
Der Ausländer ist *das europäische Klima / an das europäische Klima* nicht gewöhnt.
Er ist *großer Leistungen / zu großen Leistungen* fähig.

2. Mit dem schwankenden Kasusgebrauch sind nicht die Fälle zu verwechseln, in denen der verschiedene Kasusgebrauch mit Bedeutungsunterschieden verbunden ist:

Seine Adresse ist *mir* nicht bekannt. – Ich bin *mit seinem Sohn* gut bekannt.
Er ist taub *gegen alle Ermahnungen.* – Er ist *auf einem Ohr* taub.

3. Bei einigen Adjektiven sind zwei Ergänzungen üblich:

Das Mädchen ist *ihren Mitschülern in Mathematik* weit überlegen.
(Dativ- und Präpositionalobjekt)
Ich war mir *mit meinem Freund über den Termin* nicht einig.
(zwei Präpositionalobjekte)

# 4  ZAHLADJEKTIV

Die Zahladjektive als Teilklasse der Adjektive sind keine einheitliche Klasse. Folgende Gruppen sind zu unterscheiden:
Kardinalia (Grundzahlen): *eins, zwei, drei,* . . .

Ordinalia (Ordnungszahlen): *erster, zweiter, dritter, ...*
Bruchzahlen; *viertel, achtel, halb, ...*
unbestimmte Zahladjektive: *einzeln, paar, andere, ...*
Weitere spezielle Gruppen, die im Folgenden nicht näher beschrieben werden, sind:
bestimmte und unbestimmte Gattungszahlen: *zweierlei* Geschlecht, *siebenerlei* Gewürze; *mancherlei* Gründe, *tausenderlei* Fragen
Wiederholungszahlen: der *dreimalige* Olympiasieger, ein *mehrmaliger* Versuch
Vervielfältigungszahlen: der *dreifache* Olympiasieger, der *doppelte* Boden
Darüber hinaus gibt es Zahlwörter, die zu anderen Wortklassen gehören:
Substantive: die *Million*, ein *Drittel*, die *Einer* und *Zehner*
Adverbien: *zweimal, anders*

## 4.1 KARDINALIA

Die Kardinalia geben eine bestimmte Menge oder Anzahl von Personen oder Nicht-Personen an (Frage: *Wie viel Geld? Wie viel Kinder?*). Sie werden attributiv und prädikativ gebraucht; sie sind in der Regel nicht flektierbar und nicht komparierbar.
Die niedrigen Kardinalia sind der Bildung nach einfache Wörter. Höhere Zahlen werden durch Zusammensetzung oder Verbindung – im Falle der Zehner auch durch Ableitung – der einfachen Wörter gebildet:

| 0–9 | 10–19 | 20–29 | 30–90 |
|---|---|---|---|
| null | zehn | zwanzig | |
| eins | elf | einundzwanzig | |
| zwei | zwölf | zweiundzwanzig | |
| drei | dreizehn | dreiundzwanzig | dreißig |
| vier | vierzehn | vierundzwanzig | vierzig |
| fünf | fünfzehn | fünfundzwanzig | fünfzig |
| sechs | sechzehn | sechsundzwanzig | sechzig |
| sieben | siebzehn | siebenundzwanzig | siebzig |
| acht | achtzehn | achtundzwanzig | achtzig |
| neun | neunzehn | neunundzwanzig | neunzig |

| 100 | (ein)hundert | 1000 | (ein)tausend |
|---|---|---|---|
| 101 | (ein)hundert(und)eins | 1002 | (ein)tausend(und)zwei |
| 102 | (ein)hundert(und)zwei | 1100 | (ein)tausendeinhundert |
| 200 | zweihundert | 1200 | (ein)tausendzweihundert |
| 300 | dreihundert | 2000 | zweitausend |
| | | 10000 | zehntausend |
| | | 100000 | (ein)hunderttausend |
| | | 200000 | zweihunderttausend usw. |

## Besonderheiten der Kardinalia

1. Aufgrund ihrer Bedeutung („Menge" oder „Anzahl") verlangen die Kardinalia gewöhnlich den Plural des Substantivs:

zwei Räume, tausend Kinder, eine Million Frauen

In folgenden Fällen steht das Substantiv im Singular:

(1) Die Kardinalzahl ist die Zahl *ein-*:

ein Raum, ein Kind, eine Frau

(2) Die Kardinalzahl steht nach dem Substantiv (= Ordinalzahl):

Lektion drei (Lektion 3 = 3. Lektion)

(3) Das Substantiv ist eine Maß- und Mengenangabe (mit Stoffbezeichnung im merkmallosen Kasus):

drei Stück Zucker, fünf Glas Bier

2. Beim Sprechen und beim Schreiben in Buchstaben werden bei den Zahlen 13−19 und 21−99 die Einer vor die Zehner gestellt. Bei den Zahlen 21−99 steht als Verbindungselement *und*:

13   dreizehn
22   zwei*und*zwanzig

3. Die Zahlen bis 999 999 bilden im Deutschen Zusammensetzungen und werden in einem Wort zusammengeschrieben:

256 310   zweihundertsechsundfünfzigtausenddreihundertzehn

Die Substantive *Million, Milliarde, Billion* usw. bilden mit den niedrigeren Ziffern eine Wortverbindung (mit Getrenntschreibung):

17 052 000   siebzehn Millionen zweiundfünfzigtausend

4. Von den Kardinalia wird nur die Zahl 1 vollständig flektiert (im Sing.): *adjektivisch-attributiv* nach Nullartikel wie der unbestimmte Artikel, nach bestimmtem Artikel wie ein Adjektiv in gleicher Stellung, *substantivisch* im Allgemeinen ebenso, aber nach Nullartikel im Nom. Mask. und im Nom. / Akk. Neutr. mit den vollen Endungen *-er* und *-(e)s*:

*Ein* Schüler hat gefehlt. Der *eine* Schüler hat gefehlt.
*Einer* hat gefehlt. Der *eine* hat gefehlt.

Anmerkung:

In bestimmten Verbindungen erscheint die Zahl 1 in der Form *eins*: als allein stehendes Wort, als letztes Glied einer nicht attributiv gebrauchten Zusammensetzung, bei Zeitangaben ohne den Zusatz *Uhr*:

*eins*, zwei, drei, vier . . .
zweihundert(und)*eins*
heute gegen halb *eins*

5. Neben der Kardinalzahl *ein-* haben gelegentlich auch die anderen einfachen Zahlen im Genitiv und Dativ Flexionsformen.

(1) *zwei* und *drei* flektiert man im Genitiv, wenn sie mit Nullartikel stehen:

die Aussagen *zweier* Zeugen (aber: der *zwei* Zeugen)

(2) Die Zahlen von *zwei* bis *zwölf* werden häufig im Dativ flektiert, wenn sie substantivisch gebraucht sind. Es handelt sich dabei entweder um Personenbezeichnungen oder um bestimmte feste präpositionale Verbindungen:

Ich habe gestern mit *zweien* aus dem Proseminar gesprochen.
Das Kind ist *auf allen vieren* gekrochen.

6. Vom substantivischen Gebrauch mancher Kardinalia (vgl. 5. (2)) ist die Substantivierung zu unterscheiden. Während Kardinalia beim substantivischen Gebrauch ihre adjektivischen Flexionsmerkmale beibehalten, verlieren sie bei der Substantivierung diese Merkmale und nehmen die Flexionsmerkmale des Substantivs an.

(1) Feminina
Die Kardinalia können eine feminine substantivische Form bilden, die im Singular dem substantivischen Deklinationstyp 3 (endungslos), im Plural dem Deklinationstyp 2 (Nominativ auf *-en* / *-n*) folgt:

Der kleine Uhrzeiger steht auf der Zehn.
Er hat in seinem Zeugnis sechs Einsen.

(2) Maskulina
Aus Kardinalia kann man auch maskuline substantivische Formen mit Hilfe des Suffixes *-er* bilden. Diese Maskulina flektiert man nach dem substantivischen Singulartyp 1 (Genitiv mit *-s*) und Pluraltyp 3 (im Nominativ endungslos). Sie geben eine bestimmte Anzahl vor allem von Nicht–Personen an, die eine Reihe bilden:

Im Deutschen spricht man die Einer vor den Zehnern.
Er ist schon hoch in den Achtzigern.

(3) Neutra
Die Kardinalia *hundert* und (*zehn* / *hundert*)*tausend* können eine neutrale substantivische Form bilden, die nach dem substantivischen Singulartyp 1 (Genitiv mit *-s*) und Pluraltyp 1 (Nominativ auf *-e*) flektiert wird. Bei diesen

Wörtern handelt es sich um substantivische Mengenbezeichnungen, mit denen man eine Anzahl von Personen oder Nicht-Personen zusammenfasst:

*Hunderte* von Fans umjubelten den Sänger.
Die Kosten für die Reparatur gehen in die *Tausende*.

7. Beim Sprechen und beim Schreiben in Buchstaben werden bei den Jahreszahlen 1100 bis 1999 statt des Tausenders die entsprechenden Hunderter verwendet:

1848 acht*zehnhundert*achtundvierzig

Zur Angabe der Jahreszahl gebraucht man im Deutschen die Jahreszahl allein oder in der Verbindung mit *im Jahr(e)* (neuerdings auch *in* + Jahreszahl):

Friedrich Schiller wurde *1759* / im Jahr(e) 1759 / in 1759 geboren.

8. Bei der Angabe der Uhrzeit ist zwischen (1) Stundenangaben (mit dem Wort *Uhr* im Singular) und (2) Minutenangaben (mit dem Wort *Minute* im Singular und Plural) zu unterschieden.

(1) Stundenangaben

(a) Für die erste Tageshälfte (0–12 Uhr) sind die Stundenangaben einheitlich. Umgangssprachlich kann das Wort *Uhr* fehlen:

Es ist vier (Uhr).

(b) Die Uhrzeit der zweiten Tageshälfte (12–24 Uhr) wird umgangssprachlich und offiziell verschieden gesprochen.
Offiziell zählt man den Tag mit 24 Stunden; umgangssprachlich wiederholt man die Zahlen der ersten Tageshälfte. Im ersten Falle darf das Wort *Uhr* nicht fehlen:

Es ist fünfzehn Uhr.  —  Es ist drei (Uhr).

(2) Minutenangaben
Bei den Minutenangaben ist gleichfalls zwischen einer offiziellen und einer umgangssprachlichen Lesart zu unterscheiden.

(a) Offiziell werden die Minuten *nach* den Stunden gezählt. Das Wort *Minute(n)* ist fakultativ:

9.15 Uhr  —  neun Uhr fünfzehn (Minuten)

(b) Umgangssprachlich werden die Minuten vor den Stunden gezählt. Die Stunde wird in Teile von 15 Minuten geteilt, die in Bruchzahlen ausgedrückt werden: *(ein) viertel, halb, dreiviertel.* Diese Angaben dienen neben den Angaben der vollen Stunde als Messwert für die Einzelminuten. In Bezie-

hung gesetzt wird mit den Präpositionen *nach* und *vor*, wobei meistens der kürzeste Zeitabstand entscheidend ist. Die Wörter *Uhr* und *Minute(n)* werden oft weggelassen. Vgl. folgendes Beispiel:

9.05 Uhr   fünf nach neun
9.15 Uhr   viertel zehn / viertel nach neun
9.25 Uhr   fünf vor halb zehn
9.30 Uhr   halb zehn
9.45 Uhr   dreiviertel zehn / viertel vor zehn

4.2   ORDINALIA

Die Ordinalia, mit denen eine bestimmte Stelle in einer Reihe von Personen oder Nicht–Personen angegeben wird (Frage: *Der wie vielte Besucher? Die wie vielte Woche?*), kommen vor allem im Singular mit dem bestimmten Artikel vor. Sie werden nur attributiv, nicht prädikativ verwendet und sind flektierbar, aber nicht komparierbar.
Die Ordinalia werden aus den Kardinalia mit Suffix *-t* oder *-st* gebildet. Die Ordinalia ab 2 bis 19 haben das Suffix *-t* (a), die Ordinalia ab 20 das Suffix *-st* (b). Bei zusammengesetzten Zahlen wird nur das letzte Glied zur Ordinalzahl:

(a) der zwei**te** Feiertag, der sechzehn**te** Januar
(b) der zwanzig**ste** Patient, der neunhundertneunundneunzig**ste** Kunde

Unregelmäßig gebildet sind:

der *erste* Preis, die *dritte* Auflage, das *achte* Weltwunder

In der Flexion stimmen die Ordinalia mit den anderen Adjektiven überein. Bei zusammengesetzten Ordinalia wird nur das letzte Glied (das Suffix) flektiert:

den einunddreißigst**en** Dezember

**Besonderheiten der Ordinalia**

1. Wenn man in Ziffern schreibt, drückt man die Ordinalzahl durch einen Punkt hinter der Kardinalzahl aus:

der 31. Dezember = der einunddreißigste Dezember

2. Die Ordinalia können auch substantivisch gebraucht werden. In dieser Form nehmen sie auch die prädikative Stellung ein:

Er ist der Erste in der Klasse.
Er war beim Wettkampf Dritter.

3. Datumsangaben sind komplexe Angaben über Tag, Monat und Jahr. Die Angabe des *Jahres* erfolgt durch Kardinalia (vgl. oben 4.1 unter 7.). Der *Tag* wird in der Regel durch die Ordinalzahl für den betreffenden Tag im Monat ausgedrückt (beim Schreiben in Ziffern). Zur Angabe des *Monats* dient die Ordinalzahl oder der Name:

der 1. 10. *oder* der 1. Oktober (nicht geschrieben: der erste Zehnte)

Für die Wiedergabe des Tages und Monats durch Ordinalzahlen ist zu beachten, dass die Wörter *Tag* und *Monat* obligatorisch ausfallen. Sie bestimmen jedoch das Genus der Ordinalzahl:

Berlin, *den* 1. 5. 1971
Ich, Gerhard Schwarz, wurde *am* 26. 12. 1940 geboren.

4.3    BRUCHZAHLEN

1. Bruchzahlen bezeichnen den Teil eines Ganzen. Es sind Zahlenverbindungen aus zwei Zahlen: dem Zähler und dem Nenner. Der Zähler ist eine Kardinalzahl. Der Nenner wird aus einer Ordinalzahl mit dem Suffix *-el* gebildet:

ein viertel Zentner, drei achtel Liter, fünf millionstel Gramm

Besondere Formen haben die Zahlen 1 und 2 als einfache Nenner: Die Zahl 1 als Nenner heißt *ganz*, die Zahl 2 als Nenner heißt *halb*.

2. Bruchzahlen werden nur attributiv, nicht prädikativ verwendet. Auch in attributiver Stellung werden sie nicht flektiert; eine Ausnahme machen nur *ein-* (in beschränktem Maße auch *zwei*) als Zähler und *ganz* und *halb* als Nenner (1). Zumeist stehen die Bruchzahlen vor Maß- und Mengenangaben mit Nullartikel. Abhängig davon, ob der Zähler 1 oder eine höhere Zahl als 1 ist, werden die Maß- und Mengenangaben im Singular oder im Plural gebraucht. Verschiedene Maß- und Mengenangaben – vor allem Neutra – stehen immer im Singular (2):

(1)  in *vier hundertstel* Sekunden – in *einer* fünftel Sekunde – in einer *halben* Sekunde

(2)  ein drittel *Jahr* Arbeit – zwei drittel *Jahre* Arbeit; ein achtel *Kilo* Kaffee – drei achtel *Kilo* Kaffee

3. Bruchzahlen, die nach ganzen Zahlen stehen, werden ebenfalls als Zusammensetzungen geschrieben:

3 1/4 Stunden = drei einviertel Stunden

4. Die Bruchzahl kann auch mit einer Maß- und Mengenangabe eine neue allgemein gebräuchliche, feste Maßbezeichnung bilden. Der Nenner der Bruchzahl wird dann zum Bestimmungswort eines zusammengesetzten Wortes und wird mit der Maß- und Mengenangabe zusammengeschrieben:

drei Achtelliter Milch, eine Viertelstunde Wartezeit, vier Zehntelgramm Radium

5. Bruchzahlen können wie alle Adjektive substantiviert werden. In der substantivischen Form erscheint der Nenner der Zahlenverbindung. Er ist ein Neutrum: *das Viertel, das Zehntel* (für den Nenner 2 zumeist: *die Hälfte*). Substantivische Bruchzahlen stehen nicht nur vor Maß- und Mengenangaben, sondern auch vor anderen Substantiven. Diese Substantive werden in der Regel als Genitivattribute angeschlossen:

Er verfehlte den Rekord um zwei Zehntel einer Sekunde.
Die Leistungen eines Drittels der Klasse sind unbefriedigend.

Anmerkung:

Dezimalbrüche werden aus Kardinalia gebildet. Man liest sie wie folgt:

| | |
|---|---|
| 2,4 l | = zwei Komma vier Liter |
| 2,4(0) m | = zwei Komma vier Meter *und* zwei Meter vierzig (Zentimeter) |
| 2,40 Euro | = zwei Euro vierzig (genauso mit anderen Währungseinheiten) |

## 4.4 UNBESTIMMTE ZAHLADJEKTIVE

Die unbestimmten Zahladjektive stehen zwischen den indefiniten Pronomina / Artikelwörtern und den Zahladjektiven. In semantischer Hinsicht entsprechen sie den indefiniten Wörtern. In syntaktischer und morphologischer Hinsicht verhalten sie sich weitgehend wie Adjektive:
wie Adjektive der Gruppe $A_2$ (attributiv und prädikativ möglich; flektierbar, aber nicht komparierbar): *einzeln*
wie Adjektive der Gruppe $B_2$ (nur attributiv möglich; flektierbar, aber nicht komparierbar): *andere, folgend*

Die meisten unbestimmten Zahladjektive haben zusätzlich spezielle syntaktisch-morphologische Merkmale.

(1) Die flektierbaren Zahladjektive *viel* und *wenig* können nach Nullartikel auch in unflektierter Form erscheinen:

Sie fuhren mit viel(em) / wenig(em) Gepäck.

Aber nur:

Er klagte über das viele / wenige Gepäck.

(2) Das stets unflektierte *etwas* ist auf den Singular beschränkt und nur mit Nullartikel möglich:

Kannst du mir etwas Geld leihen?
Mit etwas Geduld kann man die Aufgabe lösen.

Ebenfalls unflektiert und nur im Singular gebräuchlich ist das umgangssprachliche *bisschen* (zumeist mit unbestimmtem Artikel):

Gib mir ein bisschen Geld!

(3) Auf den Plural beschränkt ist das unflektierbare *paar* (zumeist mit unbestimmtem Artikel):

Ich habe ihm gestern ein paar Zeilen geschrieben.

Ebenfalls vor allem im Plural gebräuchlich sind die flektierbaren unbestimmten Zahladjektive *übrig-* (nicht mit Nullartikel) und *sämtlich-* (zumeist mit Nullartikel):

Die übrigen / Sämtliche Gäste reisten am nächsten Morgen ab.

# ADVERB

Adverbien sind unflektierbar (weder konjugierbar noch deklinierbar) – im Unterschied zu Verben, Substantiven und Adjektiven –; sie haben aber wie diese Satzgliedwert, d. h., sie können Satzglieder repräsentieren – im Unterschied zu Artikelwörtern, Präpositionen, Konjunktionen, Subjunktionen u. a. Funktionswörtern. Semantisch bezeichnen sie die Umstände des Geschehens und dienen der Situierung in Raum und Zeit sowie der Angabe modaler und kausaler Beziehungen.

Zur Wortklasse des Adverbs gehören alle Wörter, die in den Rahmen (1) und eventuell auch in die Rahmen (2) und / oder (3) eingesetzt werden können:

*adverbiale Verwendung*

(1) Der Mann arbeitet . . .  –  Der Mann arbeitet dort.

*prädikative Verwendung*

(2) Der Mann ist . . .  –  Der Mann ist dort.

*attributive Verwendung, nachgestellt – unflektiert*[1]

(3) Der Mann  . . . arbeitet den ganzen Tag.  –  Der Mann dort arbeitet den ganzen Tag.

## 1  FORMENBESTAND

Adverbien sind nicht flektierbar und nur beschränkt komparierbar (*Komparativ* mit *-er*, *Superlativ* mit *am* + *-sten*).

Anmerkungen:

1. Adverbien, die der Form nach mit den Adjektiven übereinstimmen („*Adjektivadverbien*"), haben alle Möglichkeiten der Komparation:

Er arbeitet fleißiger. Er lernt am besten. Die Maschine funktioniert sehr gut.

Die Komparation kann auch verstärkt werden:

Der liebliche Weißwein schmeckt mir am allerbesten.

---

1 In dieser Position deckt sich das Adverb scheinbar mit dem nachgestellten attributiven Adjektiv:
   Der Mann *dort* arbeitet den ganzen Tag. (Adverb)
   Der Mann, *alt und krank*, arbeitet den ganzen Tag. (Adjektiv)
   Im Unterschied zum Adverb kann das Adjektiv immer – unter Hinzufügung der Flexionsendung – vor das substantivische Beziehungswort gestellt werden. Außerdem ist es bei Nachstellung von seinem Beziehungswort durch Komma abgetrennt.

2. Die Adverbien *bald, gern, oft, viel* werden mit Hilfe anderer Wortformen gesteigert:

| | | | |
|---|---|---|---|
| bald | — eher | — am ehesten |
| gern | — lieber | — am liebsten |
| oft | — öfter / häufiger | — am häufigsten |
| viel | — mehr | — am meisten |

3. Einige Adjektivadverbien bilden zusätzlich Superlativformen mit *aufs* + *-ste*, mit *-st* und mit *-stens*, die zumeist ohne eigentlichen Vergleich stehen und einen sehr hohen Grad ausdrücken (absoluter Superlativ, Elativ):

aufs Schönste, aufs Beste, aufs Herzlichste
baldigst, höflichst, freundlichst
bestens, längstens, wenigstens

# 2 BESONDERE GRUPPEN DER ADVERBIEN

## 2.1 KONJUNKTIONALADVERBIEN

Zu den Adverbien werden bestimmte Wörter gerechnet, die die Stelle vor dem finiten Verb allein einnehmen können (also Satzglieder sind) und auch innerhalb des Satzes stehen können, aber vielfach — am Satzanfang — die Rolle einer Konjunktion übernehmen. Sie werden auch „Konjunktional-adverbien" genannt: *deshalb, daher, trotzdem, folglich, nämlich, insofern, deswegen, mithin, demnach, sonst, außerdem, allerdings*:

Er war krank, *deshalb* kam er nicht zur Arbeit.
Er war krank, er kam *deshalb* nicht zur Arbeit.

Wir vergleichen:

Er war krank, *deshalb* kam er nicht zur Arbeit.  (Konjunktionaladverb)
Er kam nicht zur Arbeit, *denn* er war krank.  (echte Konjunktion)

Im Unterschied zu den Konjunktionaladverbien können die echten (koordi-nierenden) Konjunktionen nicht innerhalb des Satzes stehen und die Stelle vor dem finiten Verb nicht allein besetzen.

## 2.2 FRAGEADVERBIEN

Zu den Adverbien gehören auch die *Frageadverbien* (Interrogativadverbien), die die gleiche Position (am Anfang des Satzes) einnehmen wie die anderen Adverbien:

*Dort* arbeitet er. — *Wo* arbeitet er?

Zu den Frageadverbien gehören: *wo, wann, wie, warum, wie viel*. Sie unterscheiden sich von den übrigen Adverbien durch zwei Besonderheiten:

1. Sie stehen in der Regel am Satzanfang.
2. Sie signalisieren die Satzart der Ergänzungsfrage (vgl. „Satzarten" 2.2).

### 2.3 PRONOMINALADVERBIEN

Manchmal werden auch die Pronominaladverbien (z. B. *dafür, woran, hiervon*) zu den Adverbien gerechnet, weil sie – wie die Adverbien generell und im Unterschied zu den Pronomina – unflektierbar sind. Da sie jedoch immer *für* die Verbindung von Präposition + Substantiv stehen und eine solche Verbindung (unter bestimmten Bedingungen) syntaktisch *ersetzen*, werden sie dem Kapitel „Substantivwörter" zugeordnet (vgl. dort 3.2.7).

### 2.4 PRO-ADVERBIEN

Nach der semantischen Autonomie im Kommunikationsprozess werden unterschieden

– autonome Adverbien, d. h. Adverbien, die in ihrer Bedeutung relativ autonom sind, deren Bedeutung sich nicht erst aus einem vorerwähnten Kontext oder aus der gegebenen Situation ergibt:
*gern, bald, oft, nirgends, selten*

– Pro-Adverbien, d. h. Adverbien, die in ihrer Bedeutung nicht autonom sind, deren Bedeutung sich vielmehr erst aus einem vorerwähnten Kontext oder aus der gegebenen Situation ergibt:
*danach, dabei, dort, dann, trotzdem, deshalb*

In beiden Gruppen finden sich Elemente aus verschiedenen semantischen Subklassen. Zu den Pro-Adverbien gehören:
1. die Konjunktionaladverbien,
2. die Frageadverbien,
3. die Pronominaladverbien (in adverbialer Funktion),
4. einige Adverbien, die nicht Konjunktional-, Frage- oder Pronominaladverbien sind (z. B. *da, damals, dann, dort, dorther, hier, nachher, vorher*).

Die Pro-Adverbien ordnen sich ihrerseits ein in die noch umfassendere Klasse der „Prowörter", zu denen Wörter aus unterschiedlichen Wortklassen gehören (ihren Kern stellen die Pronomina dar). Gemeinsam ist ihnen,
– dass sie syntaktisch für vollständigere Formen stehen können (deren Substitute sie sind),
– dass sie semantisch mit diesen vollständigeren Formen referenzidentisch sind,

— dass sie sich jedoch von diesen vollständigeren Formen durch weniger semantische Merkmale unterscheiden (also einen höheren Grad semantischer Verallgemeinerung aufweisen),

— dass sie im Text vorher erwähnte (oder situativ vorausgesetzte) Elemente sprachlich wieder aufnehmen (und zwar diejenigen, für die sie Substitute sind und mit denen sie referenzidentisch sind).

# 3 Syntaktische Subklassen

### Gruppe A
Adverbien der Gruppe A sind adverbial, prädikativ und attributiv (nachgestellt–unflektiert) verwendbar; sie können weder flektiert noch kompariert werden:

Der Praktikant arbeitet dort.
Der Praktikant ist dort.
Der Praktikant dort arbeitet bei uns.

Ebenso: hier, da, draußen, drinnen, drüben, damals, gestern, morgen, heute

### Gruppe B
Adverbien der Gruppe B sind nur adverbial und attributiv (nachgestellt-unflektiert) verwendbar; sie können weder flektiert noch kompariert werden:

Der Weg führt dorthin. – Der Weg dorthin ist eine Strapaze.

### Gruppe C
Adverbien der Gruppe C sind nur adverbial und prädikativ verwendbar.

Adverbien der *Gruppe $C_1$* sind nur adverbial und prädikativ verwendbar; sie sind weder flektierbar noch komparierbar:

Der heutige Mensch arbeitet anders.
Der heutige Mensch ist anders.

Ebenso: ebenso

Adverbien der *Gruppe $C_2$* können nur adverbial und prädikativ verwendet werden; sie sind nicht flektierbar, aber komparierbar:

Der Mechaniker arbeitet fleißig. – Der Mechaniker ist fleißig.

### Gruppe D
Adverbien der Gruppe D können nur adverbial verwendet werden.

Adverbien der *Gruppe D₁* sind nur adverbial verwendbar; sie sind weder flektierbar noch komparierbar:

Der Tag kommt dann.

Ebenso: ebenfalls, einst, einmal, endlich, nach wie vor, nach und nach

Adverbien der *Gruppe D₂* können nur adverbial verwendet werden; sie sind nicht flektierbar, aber komparierbar:

Der Student liest gern Fachbücher.
Der Student liest lieber Fachbücher als Romane.

Ebenso: bald, gern, oft, viel, wenig, wohl

# 4    SEMANTISCHE SUBKLASSEN

Nach der Bedeutung können folgende Arten der Adverbien unterschieden werden:

## 4.1    LOKALADVERBIEN

1. zur Bezeichnung des Ortes oder der Ruhelage:
hier, da, dort, draußen, drinnen, drüben, innen, außen, rechts, links, oben, unten; überall; irgendwo, anderswo; nirgendwo, nirgends; wo

2. zur Bezeichnung der Richtung

(1) des Ausgangspunktes einer Bewegung (sprecherzugewandte Richtung, ausgedrückt mit -*her*):
hierher, daher, dorther; überallher; irgendwoher, anderswoher; nirgendwoher; woher

(2) des Endpunktes oder des Ziels einer Bewegung (z. T. sprecherabgewandte Richtung, ausgedrückt mit -*hin*):
hierhin, dahin, dorthin; aufwärts, abwärts, seitwärts, vorwärts, rückwärts, heimwärts; fort, weg, heim; bergauf, bergab, querfeldein; überallhin; irgendwohin, anderswohin; nirgendwohin; wohin

Anmerkungen:

1. Aus den meisten Ortsadverbien können Richtungsadverbien durch die Präpositionen *von* und *nach* gebildet werden:

Er sitzt draußen.      (Ort)
Er kommt *von* draußen.      (Ausgangspunkt)
Er geht *nach* draußen.      (Ziel)

Ebenso: drinnen, drüben, innen, außen, rechts, links, unten, oben

Bei einigen Adverbien ist zusätzlich ein nachgestelltes *her* und *hin* möglich:

Er geht nach rechts (hin).

2. Die mit *-hin* und *-her* zusammengesetzten Lokaladverbien können im Satz getrennt werden, ohne dass sich dabei die Bedeutung ändert:

Wohin geht er?
→ Wo geht er hin?

## 4.2 TEMPORALADVERBIEN

1. zur Bezeichnung eines Zeitpunktes:
jetzt, bald, damals, neulich, eben, nun, soeben, dann, seinerzeit, vorhin, zugleich; wann

2. zur Bezeichnung einer Zeitdauer:
stets, immer, zeitlebens, lange, niemals, nie, allezeit, seither, bisher, noch; wie lange

3. zur Bezeichnung der Wiederholung:
oft, zeitweise, manchmal, bisweilen, selten, häufig, nochmals, mehrmals, vielmals, täglich, wöchentlich, monatlich; wie oft

4. zur Bezeichnung einer Zeit, die sich auf einen anderen Zeitpunkt bezieht (relative Zeit):
vorher, nachher, seitdem, seither, unterdessen, indessen

Anmerkung:

Es stehen nebeneinander:

Er hat ihn *vorhin* gesehen.    (Bezugspunkt ist die Gegenwart des Sprechers)
Er hat ihn *vorher* gesehen.    (Bezugspunkt ist ein bestimmter Punkt in der Vergangenheit)

## 4.3 MODALADVERBIEN

zur Bezeichnung der Art und Weise

1. „reine" Adverbien:
gern, so, anders, vergebens, umsonst, derart, ebenfalls; wie

2. fast alle Adjektivadverbien:
gut, schlecht, fleißig, tüchtig, schnell, langsam

## 4.4 KAUSALADVERBIEN

zur Bezeichnung von Grund, Ursache, Bedingung, Folge und Zweck:
deshalb, daher, seinetwegen, folglich, demnach, mithin, infolgedessen, andernfalls, sonst, trotzdem, jedenfalls, gleichwohl; warum, weshalb

# 5 Syntaktische Verbindbarkeit mit dem Verb (Valenz)

Die syntaktische Bindung mancher Adverbien an die Verben ist so eng, dass bei einigen Verben ohne das Vorhandensein des Adverbs (bzw. ohne das Vorhandensein einer Präpositionalgruppe mit dem entsprechenden adverbialen Inhalt) keine vollgrammatischen Sätze entstehen können.

1. Lokaladverbien sind notwendig bei *wohnen, sich befinden, sich aufhalten, übernachten, sitzen, stehen, liegen*:

Er wohnt dort (in der neuen Stadt).

2. Richtungsadverbien sind notwendig bei *setzen, stellen, legen*:

Er legt das Buch dorthin (auf den Tisch).

3. Modaladverbien sind notwendig bei *sich benehmen, sich verhalten, auftreten, sich anstellen, wirken*:

Er verhielt sich ruhig (wie ein guter Freund).

4. Manche Verben fordern ein Adverb, das einer unterschiedlichen semantischen Klasse angehören kann. Dazu gehören die Verben *sich abspielen, sich ereignen, stattfinden, entstehen*:

Das Unglück ereignete sich gestern (an diesem Tag).
Das Unglück ereignete sich dort (auf der Hauptstraße).
Das Unglück ereignete sich deshalb (aus Unvorsichtigkeit).

# ARTIKELWÖRTER

## 1  WESEN UND SYNTAKTISCHE BESCHREIBUNG

1. Abgrenzung als Wortklasse
Die Artikelwörter sind durch folgende Merkmale charakterisiert:

(1) Die Artikelwörter stehen immer vor einem Substantiv:

*Der* Mann angelt.

Anmerkungen:

1. Zwischen das Artikelwort und das Substantiv können andere Wörter (vor allem: Adjektive, Partikeln) treten, weil das Artikelwort die substantivische Gruppe eröffnet und mit dem zugehörigen Substantiv einen Rahmen bildet:

*der* ihm vertraute und jederzeit hilfsbereite *Freund*

2. Das Artikelwort ist – im Unterschied zu einem in ähnlicher Position stehenden Adjektiv – keine potenzielle Prädikation zu dem dazugehörigen Substantiv:

*Freund ist *der*.

(2) Mit einem Artikelwort kann kein anderes Artikelwort koordinativ verbunden werden:

**Der* *mein* Freund.

Anmerkungen:

Wenn vereinzelt im konkreten Satz zwei Artikelwörter nebeneinander stehen, so handelt es sich

1. um subordinative Beziehungen:

*diese meine* Frage
*alle diese* Fragen

2. nicht um zwei Artikelwörter, sondern um ein Artikelwort, um eine Variante ohne wesentlichen Bedeutungsunterschied:

Er hat *manch ein* Buch darüber gelesen.
Er hat *manches* Buch darüber gelesen.

Ebenso: welch ein, solch ein

(3) Das Artikelwort kann seine Position im Satz niemals allein, sondern immer nur zusammen mit dem dazugehörigen Substantiv ändern:

*Der Freund* kommt heute zu mir.
Heute kommt *der Freund* zu mir.
*\*Freund der* kommt heute zu mir.

(4) Die Artikelwörter kongruieren mit dem dazugehörigen Substantiv (und einem dazwischenstehenden Adjektiv) im Genus, Kasus und Numerus:

*Der* (neue) *Freund* / *Die* (neue) *Freundin* kommt heute zu mir.
*Der* (neue) *Freund* kommt. Ich rufe *den* (neuen) *Freund.*

(5) Die Artikelwörter nehmen nicht die Position des Adjektivs ein, sondern determinieren – wie die Artikel im engeren Sinne – den Deklinationstyp des folgenden Adjektivs:

*der / dieser* fleißig**e** Schüler — *ein / mein / kein* fleißiger Schüler

(6) Das Auftreten eines Artikelwortes ist im Allgemeinen obligatorisch:

*Der* Baum steht vor dem Haus.
*\*Baum steht vor dem Haus.

2. Liste der Artikelwörter
Entsprechend den genannten Merkmalen gehören folgende Wörter zu den Artikelwörtern:[1]

| Maskulinum | Neutrum | Femininum | Plural |
|---|---|---|---|
| der | das | die | die |
| ein | ein | eine | – |
| Nullartikel | Nullartikel | Nullartikel | Nullartikel |
| derjenige | dasjenige | diejenige | diejenigen |
| dieser | dieses (dies)[1] | diese | diese |
| jener | jenes | jene | jene |
| derselbe | dasselbe | dieselbe | dieselben |
| ein solcher / | ein solches / | eine solche / | solche |
| solch ein | solch ein | solch eine | |
| jeder | jedes | jede | – |
| (aller) | (alles) | (alle) | alle |
| (einiger) | (einiges) | (einige) | einige |
| (etlicher) | (etliches) | (etliche) | etliche |
| – | – | – | mehrere |
| mancher | manches | manche | manche |

1 Einige Artikelwörter verfügen über Varianten, die deren Bedeutung modifizieren und / oder nur in bestimmten Umgebungen möglich sind. Diese Varianten stehen neben dem betreffenden Artikelwort. Die in ( ) stehenden Artikelwörter bzw. Varianten können nur vor bestimmten Substantiven im Singular stehen.

| Maskulinum | Neutrum | Femininum | Plural |
|---|---|---|---|
| irgendein | irgendeines | irgendeine | – |
| (irgendwelcher) | (irgendwelches) | (irgendwelche) | irgendwelche |
| kein | kein | keine | keine |
| welcher | welches | welche | welche |
| mein | mein | meine | meine |
| dessen / deren | dessen / deren | dessen / deren | dessen / deren |
| wessen | wessen | wessen | wessen |

Zu den Artikelwörtern werden also gerechnet:

(1) der bestimmte Artikel (*der*), der unbestimmte Artikel (*ein*) und der Null-artikel;

(2) das herkömmliche „adjektivische" Demonstrativpronomen (*dieser, jener, derjenige, derselbe, ein solcher*);

(3) das herkömmliche „adjektivische" Possessivpronomen (*mein, dessen, deren, wessen*);

(4) das herkömmliche „adjektivische" Interrogativpronomen (*welcher*);

(5) das herkömmliche „adjektivische" Indefinitpronomen (*jeder, mancher, aller, einiger, etlicher, mehrere, irgendwelcher, kein, irgendein*).

# 2 FORMENBESTAND

1. Die meisten Artikelwörter werden – ausgenommen Gen. Mask. / Neutr. – wie Adjektive mit Nullartikel dekliniert:

| | Maskulinum | Neutrum | Femininum | Plural |
|---|---|---|---|---|
| N | dies–er | dies–es | dies–e | dies–e |
| A | dies–en | dies–es | dies–e | dies–e |
| D | dies–em | dies–em | dies–er | dies–en |
| G | dies–es | dies–es | dies–er | dies–er |

2. Von diesem normalen Deklinationstyp weichen folgende Artikelwörter ab:

(1) der bestimmte Artikel (*der*)

| | Maskulinum | Neutrum | Femininum | Plural |
|---|---|---|---|---|
| N | d–er | d–**as** | d–**ie** | d–**ie** |
| A | d–en | d–**as** | d–**ie** | d–**ie** |
| D | d–em | d–em | d–er | d–en |
| G | d–es | d–es | d–er | d–er |

(2) die Demonstrativpronomina *derjenige* und *derselbe*

|   | Maskulinum | Neutrum | Femininum | Plural |
|---|---|---|---|---|
| N | derjenig-*e* | dasjenig-*e* | diejenig-e | diejenig-*en* |
| A | denjenig-en | dasjenig-*e* | diejenig-e | diejenig-*en* |
| D | demjenig-*en* | demjenig-*en* | derjenig-*en* | demjenig-en |
| G | desjenig-*en* | desjenig-*en* | derjenig-*en* | derjenig-*en* |

(3) der unbestimmte Artikel (*ein*), die Indefinitpronomina *irgendein* und *kein* sowie die Possessivpronomina *mein, dein* usw.

|   | Maskulinum | Neutrum | Femininum | Plural |
|---|---|---|---|---|
| N | mein — | mein — | mein-e | mein-e |
| A | mein-en | mein — | mein-e | mein-e |
| D | mein-em | mein-em | mein-er | mein-en |
| G | mein-es | mein-es | mein-er | mein-er |

Anmerkungen:

1. Die Artikelwörter *ein(e)* und *irgendein(e)* haben keinen Plural. Sie werden im Plural durch den Nullartikel oder *irgendwelche* ersetzt:

Er hat *einen* Freund. — Er hat Freunde.
Gib mir bitte *ein / irgendein* Buch! — Gib mir bitte *irgendwelche* Bücher!

Das Artikelwort *solcher* lautet im Singular gewöhnlich *ein solcher*:

Sie wünscht *eine solche* Kette.

Im Plural verhält sich *solche* wie andere pluralfähige Artikelwörter:

Sie wünscht sich *solche* (diese, jene . . .) Ohrringe.

2. Die Artikelwörter *dessen* und *deren* können nicht dekliniert werden:

Er hat einen Freund. *Dessen* Bruder ist krank.

Die Wahl der Formen *dessen* oder *deren* richtet sich nach Genus und Numerus des Bezugswortes im übergeordneten oder vorangehenden Satz (Sing. Mask. und Neutr. *dessen*, Sing. Fem. und Pl. *deren*):

*Peter* hat eine Freundin. — Ich kenne *dessen* Freundin nicht.
*Monika* hat eine Freundin. — Ich kenne *deren* Freundin nicht.
*Monika* hat einen Freund. — Ich kenne *deren* Freund nicht.

3. Bei den Artikelwörtern *welch ein, solch ein* und *manch ein* — auf den Singular beschränkt — wird der erste Teil niemals dekliniert:

*Welch ein* Wetter ist heute!
Er hat uns schon wieder *solch eine* Überraschung bereitet.

4. Das Artikelwort *mehrere* kann nur im Plural verwendet werden:

*Mehrere* Kongressteilnehmer haben schon einen Vortrag gehalten.

Man beachte:

*Mehrere* ist nicht mit *mehr* (= Komparativ zu *viel*) zu verwechseln:

Ich habe mir *mehrere* (= einige) Bücher gekauft.
Er besitzt *mehr* Bücher als ich.

5. Die Artikelwörter *einige, etliche* und *alle* können im Singular nur stehen bei Stoffbezeichnungen und bei Abstrakta:

Er hat schon *einiges (etliches, alles)* Geld verbraucht.
Für diese Arbeit muss er *einige (etliche, alle)* Zeit verwenden.

6. Das Artikelwort *jeder* wird im Plural durch *alle* ersetzt:

*Jeder* Teilnehmer wird einen Vortrag halten.
*Alle* Teilnehmer werden einen Vortrag halten.

# 3 SEMANTISCHE BESCHREIBUNG DER ARTIKELWÖRTER

(außer dem bestimmten Artikel, dem unbestimmten Artikel und dem Nullartikel)
Alle Artikelwörter (außer dem bestimmten, dem unbestimmten und dem Nullartikel) haben eine klar abgrenzbare Bedeutung, z. B.:

**derjenige**
verstärkend für *der* vor folgendem Relativsatz:

Wir treffen uns heute mit *denjenigen* Freunden, die an der Reise nach Spanien teilnehmen werden.

**dieser**
Naheliegendes oder unmittelbar vorher Erwähntes:

Er wohnt in *diesem* Haus hier.

**jener**
Entferntes oder nicht unmittelbar vorher Erwähntes:

Siehst du *jenes* Haus dort drüben?

**derselbe**
tatsächliche Übereinstimmung mit vorher Erwähntem:

Peter kauft immer in dem Geschäft am Bahnhof. Inge kauft auch in *demselben* Geschäft (wie Peter).

**ein solcher / solch ein** (Sing.) / **solche** (Plural)
qualitative Übereinstimmung mit vorher Erwähntem:

Sie wünscht sich auch *ein solches* Kleid wie du.

**jeder**
Gesamtheit einer Gruppe, Exemplare einzeln gesehen (nur im Sing.):

*Jeder* Student hat einen Vortrag vorbereitet (d. h. 10 Studenten = 10 Vorträge).

**alle**
Gesamtheit einer Gruppe, Exemplare gemeinsam gesehen (gewöhnlich nur im Plural; bei ungegliederten Begriffen auch im Sing.):

*Alle* Studenten haben einen Vortrag vorbereitet (d. h. 10 Studenten = 10 Vorträge oder 10 Studenten = 1 Vortrag).
Er hat *allen* Mut verloren.

**einige**
geringe Zahl von Exemplaren einer Gruppe (gewöhnlich nur im Plural; bei ungegliederten Begriffen auch im Sing.):

Sie hat *einige* Freundinnen eingeladen.
Er hat schon *einiges* Geld vom Gehalt verbraucht.

**mehrere**
wie *einige* (aber nur im Plural)

**mancher**
Anzahl vereinzelter Exemplare einer Gruppe, unter vielen der eine und der andere:

In *manchen* Schreibwarengeschäften kann man auch Fahrkarten kaufen.

**irgendein** (Sing.) / **irgendwelche** (Plural)
unbestimmtes Einzelexemplar einer Gruppe:

Ich werde ihm *irgendein* Buch schenken.

**kein**
Verneinung (Gegensatz zu: *jeder, alle*):

*Kein* Student wird heute einen Vortrag halten.

**welcher**
Frage nach einem Exemplar einer Gruppe:

In *welchem* Geschäft kauft Herr Müller?

**mein**
Zugehörigkeit:

Ich treffe mich heute mit *meinem* Freund.

**dessen / deren**
Zugehörigkeit nur zum Vorhergenannten:

Kennst du Peters Freund? – Nein, *dessen* Freund kenne ich nicht.

# 4 REGELN FÜR DEN GEBRAUCH DES BESTIMMTEN, DES UNBESTIMMTEN UND DES NULLARTIKELS

Im Unterschied zu den anderen Artikelwörtern haben der bestimmte, der unbestimmte und der Nullartikel keine klar abgrenzbare Bedeutung. Ihr Gebrauch ist von verschiedenen semantischen, syntaktischen und kommunikativen Bedingungen (des Textes und der Situation) abhängig.

## 4.1 BESTIMMTER ARTIKEL

Der bestimmte Artikel signalisiert vor allem die *Identifizierung* (= die Eindeutigmachung) von Objekten der außersprachlichen Realität. Diese Identifizierung ist auf verschiedendem Weg möglich: Die Objekte der Realität werden eindeutig durch Individualisierung, durch den Situationskontext, durch den sprachlichen Kontext oder durch Generalisierung.

1. Der bestimmte Artikel signalisiert die Identifizierung von Objekten der Realität durch Individualisierung. Dabei handelt es sich um Objekte, die in der Welt nur einmal oder zumindest immer in der gleichen charakteristischen Qualität existieren, vor allem um geographische Objekte und um Personen. Die entsprechenden Bezeichnungen – geographische Eigennamen und Personennamen – sind auf eine Numerusform (zumeist Singular) festgelegt.

(1) Der bestimmte Artikel steht vor den Namen von Gebirgen, Bergen, Meeren, Seen, Flüssen und Gestirnen:

*die* Alpen, *der* Fichtelberg, *das* Mittelmeer, *der* Bodensee, *die* Elbe, *die* Venus

(2) Der bestimmte Artikel steht vor den Namen einiger Länder und Landschaften

bei den pluralischen Namen:

*die* Vereinigten Staaten von Amerika, *die* Niederlande

bei den mit *Republik, Union, Staat, Königreich* u. a. gebildeten Namen und den entsprechenden Abkürzungen:

*die* Vereinigten Staaten von Amerika – *die* USA

bei den Namen auf *-ei*:

*die* Slowakei, *die* Türkei

bei einigen anderen Ländernamen:

*die* Schweiz, *der* Sudan, *der* Libanon

bei den Landschaftsnamen auf *-ie, -e* und *-a*:

*die* Normandie, *die* Bretagne, *die* Riviera, *die* Dobrudscha

bei den Landschaftsnamen mit einem Adjektiv:

*der* Ferne Osten, *der* Hohe Norden

bei einigen anderen geographischen Namen (Landschaften, Inseln u. Ä.):

*der* Darß, *der* Balkan, *die* Krim, *das* Elsass, *die* Dardanellen

Anmerkung:

Ortsnamen stehen mit Nullartikel und erhalten nur mit Attribut den bestimmten Artikel:

*das* alte Prag; *das* Prag des 19. Jahrhunderts

(3) Der bestimmte Artikel steht bei Namen von Straßen, Gebäuden, Einrichtungen, Schiffen:

*die* Talstraße, *die* Thomaskirche, *die* „Rostock"

(4) Der bestimmte Artikel steht zur Identifizierung bei Personennamen

(a) bei Schauspielerrollen und Kunstwerken:

Er spielt *den* Egmont ausgezeichnet.
Er hat *die* Sixtinische Madonna gesehen.

(b) bei Appositionen; vgl. dazu „Attribut" 6.

(5) Der bestimmte Artikel steht bei Namen von Zeitungen und Zeitschriften:

Er hat *die* „Frankfurter Allgemeine" von heute gelesen.
Er will *den* „Spiegel" kaufen.

2. Der bestimmte Artikel steht vor Substantiven, wenn die ihnen entsprechenden Objekte der Realität durch den Situationskontext identifiziert sind.

(1) Der bestimmte Artikel steht bei nicht pluralfähigen Abstrakta und Zeitangaben (Jahreszeiten, Monaten, Tageszeiten, Mahlzeiten):

Er kämpft für *die* Gerechtigkeit.
*Der* Frühling beginnt im März.
*Das* Frühstück wird um 7 Uhr eingenommen.

(2) Der bestimmte Artikel steht bei Substantiven, wenn die ihnen entsprechenden Objekte der Realität durch die Situation eindeutig für Sprecher und Hörer identifiziert sind:

Sie wäscht sich *das* Gesicht.
Wir treffen uns morgen in *der* Schillerstraße.

(3) Der bestimmte Artikel steht bei Kollektiva, die für die Sprechergemeinschaft identisch sind:

*Die* Bevölkerung wurde zu einer Spende aufgerufen.

(4) Der bestimmte Artikel steht bei Marken oder Typen von Industrieerzeugnissen, wenn sie einem Kriterium der Identität entsprechen:

*Der* Ford Puma ist ein moderner Mittelklassewagen.
Wir fliegen mit *der* Boeing 757.

3. Der bestimmte Artikel steht vor Substantiven, wenn das ihnen entsprechende Objekt der Realität durch den sprachlichen Kontext identifiziert wird.

(1) Der bestimmte Artikel steht vor einem Substantiv, das im Kontext vorher erwähnt wurde und unter kommunikativem Aspekt nun nicht mehr das Neue, sondern das schon Identifizierte und Bekannte in der Mitteilung darstellt:

Dort steht ein Haus. *Das* Haus gehört meinem Freund.

(2) Der bestimmte Artikel steht vor einem Substantiv, wenn das ihm entsprechende Objekt der Realität durch ein Attribut näher identifiziert ist:

*Das* Geld, das er ihm geliehen hat, ist schon aufgebraucht.

(3) Der bestimmte Artikel steht vor einem Substantiv, das durch den Superlativ oder durch eine Ordinalzahl die Bedeutung der Einmaligkeit bekommt:

Goethe ist *der* bedeutendste Dichter der deutschen Klassik.
Das war *das* dritte Flugzeugunglück in dieser Woche.

(4) Der bestimmte Artikel steht vor einem Substantiv, das durch die Betonung die Bedeutung der Einmaligkeit bekommt:

Sein Sieg war *das* Ereignis dieses Winters.

4. Der bestimmte Artikel steht vor Substantiven, wenn die ihnen entsprechenden Objekte der Realität durch Generalisierung identifiziert sind. Dabei nennt das Substantiv das Element einer Klasse, das stellvertretend für die gesamte Klasse steht:

*Das* Auto ist ein Verkehrsmittel.

Anmerkung:

Eigennamen (sonst mit Nullartikel verwendet) erhalten den bestimmten Artikel, wenn sie Klassenbezeichnungen sind:

Bayreuth ist *das* Mekka der Wagnerfreunde.
*Der* Duden ist ein bewährtes Nachschlagewerk.

## 4.2  UNBESTIMMTER ARTIKEL

Der unbestimmte Artikel signalisiert vor allem die *Indeterminiertheit* der bezeichneten Objekte der Realität: Diese Objekte werden unbestimmt gelassen und nicht näher identifiziert. Die Indeterminiertheit kann sich auf verschiedene Weise ausprägen.

Der unbestimmte Artikel bezeichnet ein Objekt der Realität
1. als beliebiges Objekt einer Klasse
2. als Klasse
3. als Stellvertreter einer Klasse

1. Das Objekt der Realität als beliebiges Objekt einer Klasse

(1) Der unbestimmte Artikel steht vor einem Substantiv, das erstmalig genannt, im Kontext vorher nicht erwähnt wird und unter kommunikativem Aspekt das Neue in der Mitteilung darstellt:

Dort steht *ein* Mann. *Der* (dieser) Mann trägt Arbeitskleidung.

(2) Der unbestimmte Artikel steht vor einem Substantiv, das einen einzelnen von mehreren möglichen Gegenständen einer Klasse bezeichnet, ohne dass dieser Gegenstand eindeutig identifiziert werden kann oder soll:

Geben Sie mit bitte *einen* Hammer!   (in einer Situation, in der der Hammer nicht identifiziert ist, also ein beliebiges Objekt der Klasse verlangt wird)

Aber:

Geben Sie mir bitte *den* Hammer!   (in einer Situation, in der der Hammer bereits — als ein bestimmter Hammer — identifiziert ist)

(3) Der unbestimmte Artikel steht verstärkend anstelle des bestimmten Artikels:

*Eine* erfolgreiche Realisierung des Projekts erfordert die Mitarbeit aller.

(4) Der unbestimmte Artikel steht bei Substantiven, die durch ein Attribut als Vertreter einer Klasse betrachtet werden:

Wir haben *eine* sehr engagierte Schulleitung.

dagegen:

Ein Besucher fragte nach dem Zimmer *der* Schulleitung.

Er trägt jetzt *eine* größere Verantwortung als bisher.

dagegen:

Er ist es gewohnt, Verantwortung zu tragen.

2. Das Objekt der Realität als Klasse
Der unbestimmte Artikel steht vor Substantiven, die eine Klasse bezeichnen, in die ein einzelnes Objekt eingeordnet wird (in einem Satz vom Typ Nominativ + *sein* + Nominativ):

Das Auto ist *ein* Verkehrsmittel.

Anmerkung:

Der unbestimmte Artikel steht auch bei Eigennamen, die eine Klasse bezeichnen:

Dieses Bild ist *ein* Rembrandt.

3. Das Objekt der Realität als Stellvertreter einer Klasse
Der unbestimmte Artikel wird gebraucht, wenn ein Substantiv ein Objekt der Realität bezeichnet, das stellvertretend für seine Klasse steht:

*Ein* Haus kostet viel Geld.   (= Jedes Haus kostet viel Geld.)

Aber:

*Das* Haus kostet viel Geld.   (= Dieses bestimmte Haus kostet viel Geld.)

Bei anderen Generalisierungen ist jedoch ein Austausch mit dem bestimmten Artikel und dem Nullartikel (im Plural) ohne Bedeutungsunterschied möglich:

*Eine* Tanne ist ein Nadelbaum.   (= jede Tanne)
*Die* Tanne ist ein Nadelbaum.
Tannen sind Nadelbäume.


4.3   NULLARTIKEL

1. Der Nullartikel steht als *Ersatzform* für den unbestimmten oder bestimmten Artikel.

(1) Der Nullartikel steht im Plural, wenn im Singular der unbestimmte Artikel steht (weil es keinen Plural des unbestimmten Artikels im Deutschen gibt):

Wir werden ihm zum Geburtstag Bücher schenken.

(2) Der Nullartikel steht zur Bezeichnung einer Klasse im Plural:

Facharbeiter brauchen eine gute Allgemeinbildung.

Anmerkung:

In dieser generalisierenden Funktion sind auch der bestimmte Artikel (+ Sing. oder Pl.) und der unbestimmte Artikel (+ Sing.) möglich:

*Der* Facharbeiter braucht eine gute Allgemeinbildung.
*Die* Facharbeiter brauchen eine gute Allgemeinbildung.
*Ein* Facharbeiter braucht eine gute Allgemeinbildung.

2. Der Nullartikel steht vor bestimmten *semantischen Gruppen* von Substantiven.

(1) Der Nullartikel steht vor Stoffbezeichnungen im Singular, wenn die unbestimmte Menge eines Stoffes bezeichnet wird:

Er trinkt gern *Bier.*
Zum Bau eines Hauses braucht man *Zement* und *Sand.*

(2) Der Nullartikel steht bei Bezeichnungen des Berufs, der Funktion, der Nationalität und der Weltanschauung in Sätzen vom Typ Nominativ + *sein /
werden* + Nominativ oder Nominativ + Verb + *als* + Nominativ:

Er ist Bürgermeister. Er ist Engländer. Er handelt als Christ.

Anmerkung:

Wenn das Substantiv ein Attribut hat, steht der bestimmte oder unbestimmte Artikel:

Er ist *der* neue / *ein* neuer Lehrer.

(3) Der Nullartikel steht bei Abstrakta, die ganz allgemein eine Eigenschaft, einen Zustand bzw. einen Vorgang bezeichnen:

Sie hatte Geduld.

Anmerkung:

Bei einem substantivierten Infinitiv steht der Nullartikel oder der bestimmte Artikel:

Konsequentes Arbeiten / *Das* konsequente Arbeiten ist die Grundlage des Erfolges.

(4) Der Nullartikel steht bei Zeitbegriffen ohne Präposition mit adjektivischem Attribut, bei Wochentagen auch ohne Adjektiv:

Ein neuer Kurs beginnt nächstes Frühjahr.
Der Unterricht beginnt erst Montag.

3. Der Nullartikel steht in bestimmten *syntaktischen Konstruktionen* und *syntaktischen Umgebungen.*

(1) Der Nullartikel steht vor einem Substantiv im Akkusativ, wenn es zusammen mit dem Verb eine enge Einheit bildet und durch ein Verb ersetzt werden kann. Es handelt sich um Abstrakta, die nicht identifiziert und auch nicht indeterminiert gebraucht werden können und nicht pluralfähig sind:

Er holt Atem.   (= Er atmet.)
Sie schöpft Verdacht gegen ihn.   (= Sie verdächtigt ihn.)

(2) Der Nullartikel steht vor einem Substantiv im Akkusativ in einem Satz vom Typ Nominativ + *haben* + Akkusativ, der durch einen Satz vom Typ Nominativ + *sein* + Adjektiv ersetzt werden kann:

Er hat Hunger.   (= Er ist hungrig.)

(3) Der Nullartikel steht vor einem Substantiv in einem nachgestellten präpositionalen Attribut, das durch ein Adjektiv ersetzt werden kann:

Das ist ein Problem von großer Bedeutung.   (= Das ist ein bedeutsames Problem.)

(4) Der Nullartikel steht vor einem Substantiv in einer präpositionalen Adverbialbestimmung, die durch ein Adverb ersetzt werden kann:

Sie wendeten sich in freundlicher Weise an uns.   (= Sie wendeten sich freundlich an uns.)

(5) Der Nullartikel steht in einer präpositionalen Adverbialbestimmung aus Partizip und nicht pluralfähigem Substantiv, die durch einen Nebensatz ersetzt werden kann:

Das Feuerwerk beginnt bei eintretender Dunkelheit.   (= wenn die Dunkelheit eintritt)

(6) Der Nullartikel steht vor einem adverbialen Genitiv, der durch eine präpositionale Adverbialbestimmung ersetzt werden kann:

Er verließ erhobenen Hauptes das Zimmer.   (= . . . mit erhobenem Haupt)

(7) Der Nullartikel steht vor präpositionalen Lokalbestimmungen bei Verben der Fortbewegung, bei *sein* und *bleiben*; das dem Substantiv entsprechende Objekt ist dabei (in bestimmten Wendungen) weder identifiziert noch indeterminiert:

zu Bett gehen, in See stechen, auf See sein / bleiben, nach Hause kommen / gehen, zu Hause sein / bleiben, zu Fall kommen

(8) Der Nullartikel steht in festen Zwillingsformeln:

Ebbe und Flut, Mann und Frau, Sonn- und Feiertage; Satz für Satz, Seite um Seite, von Haus zu Haus; weder Baum noch Strauch, weder Mensch noch Tier

(9) Der Nullartikel steht bei einigen Substantiven (meist Jahreszeiten, Monate, Wochentage) in Sätzen vom Typ *es* + *sein* / *werden* + Nominativ:

Es ist schon Sommer. Im Oktober wird es langsam Winter.

(10) Der Nullartikel steht bei bloßer Nennung des Substantivs außerhalb des Satzzusammenhangs

beim Anruf und bei der Anrede von Personen:

Jörg! – Hallo Silvia! – Lieber Klaus!

bei Gruß- und Wunschformeln:

Guten Tag! – Auf Wiedersehen! – Glückliche Reise!

bei einigen Ausrufen in Gefahrensituationen:

Achtung! – Feuer! – Vorsicht! – Hilfe!

(11) Der Nullartikel steht, wenn die Position vor dem Substantiv durch ein anderes Glied besetzt ist,

obligatorisch bei vorangestelltem Genitiv:

Dort kommt *Philipps* Mutter.

obligatorisch bei den indefiniten Zahladjektiven *viel, wenig, etwas, allerlei*, wenn diese vor substantivisch gebrauchten Akjektiven / Partizipien, vor Abstrakta und Stoffbezeichnungen stehen:

Er hat *viel* Interessantes erzählt.

obligatorisch bei den indefiniten substantivischen Pronomina *jemand, niemand, nichts*, wenn diese vor substantivisch gebrauchten Adjektiven / Partizipien stehen:

Er konnte *nichts* Entscheidendes berichten.

fakultativ bei Zahladjektiven (Kardinalzahlen; *viele, wenige, beide, sämtliche*):

Er hat schon *drei* (*viele, wenige, beide, sämtliche*) Prüfungen bestanden.

4. Der Nullartikel steht vor *Eigennamen*.
Eigennamen identifizieren die durch sie benannten Objekte; sie tragen jedoch das Identifizierungsmerkmal in sich, so dass sie vielfach keines bestimmten Artikels bedürfen.

(1) Der Nullartikel steht bei Personennamen

bei Personennamen ohne Attribut:

Peter wohnt in Stuttgart.

bei Appositionen; vgl. dazu „Attribut" 6.

(2) Der Nullartikel steht bei geographischen Namen

bei den Namen der fünf Kontinente *Afrika, Amerika, Asien, Australien* und *Europa*:

Alle Studenten dieser Gruppe kommen aus Afrika.

bei den Namen der meisten Länder:

Frankreich, Polen, Rumänien, Ungarn, Ägypten, Syrien, Israel, Nigeria, Mali, Brasilien, Chile, Indonesien, China u. a.

bei den Namen vieler Landschaften und Inseln:

Thüringen, Sachsen, Kreta, Mesopotamien, Transbaikalien, Kalifornien, Hawai, Borneo, Rügen, Sachalin, Sibirien u. a.

bei den Ortsnamen ohne Attribut:

Er wohnt in Kassel. Sie fährt nach Köln.

(3) Der Nullartikel steht bei den Namen einiger Feste religiöser Herkunft (*Weihnachten, Ostern, Pfingsten*):

Was wünschst du dir zu Weihnachten?

(4) Der Nullartikel steht häufig in Buchtiteln und Überschriften:

Französisch–Deutsches Wörterbuch
Hoher Besuch in Berlin

Anmerkungen:

1. In diesen Fällen können auch der bestimmte und der unbestimmte Artikel stehen:

Napoleon. *Eine* Biographie
Die Raumfahrt eröffnet *den* Weg in neue Dimensionen

2. Bei den deutschsprachigen Titeln von Zeitungen und Zeitschriften steht meistens der bestimmte Artikel:

*die* „Frankfurter Allgemeine"
*der* „Spiegel"

3. Bei fremdsprachigen Titeln von Zeitungen und Zeitschriften wird der bestimmte oder der Nullartikel verwendet:

(*Die*) „World" meldet . . .
(*Der*) „Figaro" schreibt . . .

(5) Der Nullartikel steht in einigen Namen von Einrichtungen, die mit Präpositionen gebildet sind:

die Hochschule für Grafik
das Büro für Patentwesen

(6) Der Nullartikel steht bei Namen von Unterrichts- und Studienfächern:

Er hat eine Eins in Deutsch bekommen.

Anmerkung:

Ist jedoch das Wissenschaftsgebiet gemeint, steht meistens der bestimmte Artikel:

Er beschäftigt sich gern mit *der* Logik.

# FÜGEWÖRTER

Unter dem Begriff „Fügewörter" werden diejenigen Funktionswörter zusammengefasst, die Wörter oder Wortgruppen bzw. Satzglieder und Satzgliedteile (Attribute) oder Sätze miteinander zu einem einheitlichen Ganzen verbinden oder „fügen". Ohne selbst Satzgliedcharakter zu haben, ordnen sie die Wörter oder Wortgruppen bzw. Satzglieder und Satzgliedteile oder Sätze gleichen oder verschiedenen Grades einander zu.
Nicht alle Fügewörter haben eine eindeutige Semantik. Alle Fügewörter haben innerhalb des Satzgliedes oder des Satzes jedoch eine bestimmte Position. Morphologisch sind die Fügewörter in der Regel unveränderlich.

Es sind drei Gruppen von Fügewörtern zu unterscheiden: Präpositionen, Konjunktionen und Subjunktionen.

1. Die *Präpositionen* verbinden Wörter und Wortgruppen, die *Konjunktionen* verbinden koordinierend (nebenordnend) Sätze, Satzglieder und Satzgliedteile, die *Subjunktionen* verbinden subordinierend (unterordnend) Sätze:

der Stuhl – das Fenster – an
→ der Stuhl *am* Fenster                                                    (= Präposition)

Wir treiben Sport. – Das ist gesund.
→ Wir treiben Sport (,) *und* das ist gesund.              (= Konjunktion)

Die Straße war glatt. – Das Auto kam ins Schleudern.
→ *Weil* die Straße glatt war, kam das Auto ins Schleudern. (= Subjunktion)

Anmerkung:

Bei der Verbindung von Satzgliedern stehen die Präpositionen *innerhalb* von Satzgliedern, die Konjunktionen stehen *außerhalb* von Satzgliedern:[1]

Er bringt seinen Sohn (*in* die Schule).                   (= Präposition)
Er geht nicht (ins Bad), *sondern* (in die Schule).        (= Konjunktion)

2. Die Präpositionen haben Kasusforderungen, die Konjunktionen und Subjunktionen nicht. Jede Präposition regiert einen Kasus oder mehrere Kasus:

Er geht *zu dem* (*zum*) Krankenhaus.
Er geht *in das* Krankenhaus. – Er liegt *in dem* (*im*) Krankenhaus.

---

1 Satzglieder im Sinne von Funktionsgliedern, nicht von bloßen Stellungsgliedern.

Anmerkung:

Einige Fügewörter können als Präpositionen und als Subjunktionen auftreten: *bis, seit, während, wie, als*. Bei diesen Wörtern wird der syntaktische Unterschied besonders deutlich:

*Während* des Regens saßen wir in einer Gaststätte.  (= Präposition)
*Während* es regnete, saßen wir in einer Gaststätte.  (= Subjunktion)

# 1 Präpositionen

## 1.1 Formenbestand

1. Nach der Wortstruktur ist zwischen primären und sekundären Präpositionen zu unterscheiden.

(1) Die **primären Präpositionen** sind in der Gegenwartssprache nicht als Ableitungen und Zusammensetzungen erkennbar und bilden eine relativ geschlossene Wortklasse. Dazu gehören:
(mit Dat. und Akk., sog. Wechselpräpositionen) *an, auf, hinter, in, neben, über, unter, vor, zwischen*
(mit Dat.) *aus, bei, mit, nach, von, zu*
(mit Akk.) *bis, durch, für, gegen, ohne, um*
Als primäre Präpositionen sind auch einige Präpositionen mit Genitiv zu rechnen: *während, wegen, trotz*

(2) Die **sekundären Präpositionen** erweitern den festen Bestand der primären Präpositionen. Es handelt sich dabei um:

(a) in ihrer Wortstruktur unveränderliche Wörter anderer Wortklassen:
*dank* (mit Dat. / Gen.), *gemäß* (mit Dat.), *kraft* (mit Gen.), *lang* (mit Akk.), *laut* (mit Dat.), *nahe* (mit Dat.), *unweit* (mit Gen.); *entsprechend* (mit Dat.), *ungeachtet* (mit Gen.)

(b) Ableitungen von Wörtern anderer Wortklassen (vor allem mit Suffix *-s* oder *-lich*; zumeist mit Gen.):
*angesichts, betreffs, längs, mangels, mittels, namens, seitens, zwecks; ab-, dies-, jenseits*
*abzüglich, anlässlich, einschließlich, hinsichtlich, vorbehaltlich*

(c) Zusammensetzungen aus Präposition + Substantiv (mit Nullartikel; zumeist mit Gen.):
*anhand, anstatt / anstelle, aufgrund, infolge, inmitten, mithilfe, vonseiten, zufolge, zugunsten*
Einige dieser Zusammensetzungen werden auch als Wortgruppen geschrieben: *an Stelle, auf Grund, mit Hilfe, von Seiten, zu Gunsten*

(d) Wortgruppen aus Präposition + Substantiv (zumeist mit Gen.; z. T. in der Gegenwartssprache noch nicht voll präpositionswertig):
*auf der Basis, auf Kosten, auf dem Wege*
*aus Anlass, aus Mangel (an), aus Richtung, aus der Sicht*
*in Anbetracht, im Anschluss (an), im Ergebnis, im Falle, im Interesse, im Rahmen, im Sinne, im Widerspruch (zu)*
*mit Ausnahme, mit Bezug (auf), mit Rücksicht (auf), mit dem Ziel*
*unter Anwendung, unter Beachtung, unter Einfluss, unter dem Gesichtspunkt*
*zu Lasten, zum Nachteil, zum Preis (von), zum Zeitpunkt* u. a.

2. Im Deutschen erfolgt der Anschluss von Wörtern und Wortgruppen gewöhnlich nur mit *einer* Präposition. *Zwei* Präpositionen kommen in folgenden Fällen vor:

(1) Nach einigen sekundären Präpositionen steht die Präposition *von* als zweite Präposition zur Kennzeichnung des regierten Kasus (vor allem bei Substantiv mit Nullartikel):

Die Rechnung ist *innerhalb von* drei Tagen zu begleichen.

Aber:

Die Rechnung ist *innerhalb* der nächsten drei Tage zu begleichen.

Ebenso: *abseits, anhand, anstelle, aufgrund, infolge*

(2) Nach der Präposition *bis*, mit der ein Endpunkt bezeichnet wird, steht häufig eine zweite Präposition zur näheren Bestimmung des Endpunktes:

Der Bus fuhr bis *zu dem / an das / vor das* Hotel.      (lokal)
Die Gäste blieben bis *zum* Abend / *nach* Mitternacht / *in* den Morgen. (temporal)

Zur Kasusrektion bei zwei Präpositionen vgl. 1.3 unter 3. (2).

3. Einige Präpositionen können im Dativ oder Akkusativ Singular mit folgenden Formen des bestimmten Artikels verschmelzen:

| | *an* | *auf* | *bei* | *durch* | *für* | *hinter* | *in* | *über* | *um* | *unter* | *von* | *vor* | *zu* |
|---|---|---|---|---|---|---|---|---|---|---|---|---|---|
| Mask. / Neutr. dem → | am | – | beim | – | – | hinterm | im | überm | – | unterm | vom | vorm | zum |
| Neutr. das → | ans | aufs | – | durchs | fürs | hinters | ins | übers | ums | unters | – | vors | – |
| Fem. der → | – | – | – | – | – | – | – | – | – | – | – | – | zur |

(1) Die Zusammenziehung von Präposition und bestimmtem Artikel ist obligatorisch:

bei vielen festen Verbindungen aus *Präposition + Substantiv + Verb*:

*beim* Wort nehmen, *im* Begriff sein, *ums* Leben kommen, *zur* Warnung dienen

bei substantivierten Infinitiven:

*beim* Essen, *zum* Lernen

bei prädikativen Adjektiven und prädikativ und adverbial gebrauchten Akjektivadverbien im Superlativ:

*am* genauesten, *aufs* Herzlichste

bei Eigennamen:

*im* Harz, *am* Mittelmeer, *zur* Venus

bei Ordinalzahlen als Adverbialbestimmung:

*fürs* Erste, *zum* zweiten Male

(2) In einigen Fällen ist die Zusammenziehung von Präposition und bestimmtem Artikel unmöglich,

wenn der bestimmte Artikel betont ist (= *dieser*):

Gerade *an dem* (= *diesem*) Montag war ich nicht zu Hause (, obwohl ich montags immer zu Hause bin).

wenn von dem folgenden Substantiv ein Attributsatz abhängt:

Ich habe schon viel *in dem* Buch gelesen, das du mir geschenkt hast.

## 1.2 STELLUNG DER PRÄPOSITIONEN

Der Begriff „Präposition" weist darauf hin, dass die Wörter dieser Wortklasse *vor* dem Wort stehen, das sie regieren. Für die Mehrzahl der Präpositionen trifft dies auch zu. Es gibt aber eine Reihe von Präpositionen, die *vor oder nach* dem regierten Wort stehen, und einige Präpositionen, die *nur nachgestellt* möglich sind. Außerdem gibt es zwei Präpositionen, die zweiteilig sind und das regierte Wort (bzw. die Wortgruppe) einrahmen.
In der folgenden Übersicht unterscheiden wir begrifflich zwischen Prä-, Post- und Circumstellung.

1. Präpositionen in Prästellung

Die Konferenz ist *für* nächstes Jahr geplant.
*Dank* dem schnellen Eingreifen der Feuerwehr war der Schaden gering.
Der Lehrer saß *inmitten* seiner Schüler.

Hierher gehören alle Präpositionen in den Listen bei 1.1 unter 1. mit Ausnahme der im Folgenden aufgeführten Präpositionen.

2. Präpositionen in Prä- und Poststellung

*Entgegen* der Wettervorhersage / Der Wettervorhersage *entgegen* blieb das Wetter schön.

Zu dieser Gruppe gehören: *entgegen, entlang, gegenüber, gemäß, ungeachtet, wegen, zufolge.*

Anmerkung:

In modaler Bedeutung kommt auch die Präposition *nach* in Prä- und Poststellung vor:

*Nach* dem Gesetz / Dem Gesetz *nach* muss er zur Verantwortung gezogen werden.
Meiner Meinung *nach* / *Nach* meiner Meinung sollte man ihn freisprechen.

3. Präpositionen in Poststellung

Sie hat dem kranken Vater *zuliebe* auf die Reise verzichtet.
Seines Alters *halber* legte er das Ehrenamt nieder.
Den ganzen Tag *lang* hat es geregnet.

Hierher gehören nur *halber, lang* (temporal), *zuliebe.*

4. Präpositionen in Circumstellung

*Um* seiner Gesundheit *willen* hat er das Rauchen aufgegeben.
*Vom* ersten Tag *an* haben wir gut zusammengearbeitet.

Hierher gehören nur *um . . . willen* und *von . . . an* (bzw. *von . . . ab / aus / auf*).

1.3   Kasusrektion der Präpositionen

Präpositionen fordern von dem Substantiv (oder Pronomen), das von ihnen im Satz abhängig ist, gewöhnlich einen bestimmten Kasus. Wir sprechen hier von der Kasusrektion der Präpositionen.
Die Mehrzahl der Präpositionen regiert nur einen Kasus, der der Genitiv, der Dativ oder der Akkusativ sein kann (vgl. unter 1.). Bei den Präpositionen, die zwei Kasus fordern, sind zwei Gruppen zu unterscheiden: Eine Gruppe bilden die Präpositionen, bei denen der zweite Kasus als Nebenkasus anzusehen ist (ebenfalls unter 1.), eine andere Gruppe stellen die sog. Wechselpräpositionen dar, die entsprechend dem Satzinhalt den Dativ oder den Akkusativ regieren (vgl. unter 2.). Einige Präpositionen fordern keinen Kasus bzw. es ist beim angeschlossenen Substantiv ein Kasus nicht erkennbar (vgl. unter 3.).

1. Präpositionen mit einem Kasus / mit einem zweiten Kasus als Nebenkasus

## (1) Genitiv

*abseits* des Weges, *angesichts* der hohen Zahl von Arbeitslosen, *anhand* zahlreicher Dokumente, *anlässlich* des Geburtstages, *anstelle* des Ministers, *aufgrund* des schlechten Wetters, der Vollständigkeit *halber*, *infolge* starken Regens, *inmitten* des Sees, *kraft* seines Amtes, *namens* der Regierung, *seitens* des Bürgermeisters, *um* des Friedens *willen*, *ungeachtet* der Warnung vor Staus, *unweit* des Hotels, *vermöge* seines Geldes, *von* Berufs *wegen*, *während* des Krieges; *ab-, dies-, jenseits* des Flusses; *außer-, inner-, ober-, unterhalb* des Stadtteils

### Genitiv / (Dativ)

*(an)statt* eines Fahrrads / [1]*statt* dem Vater; *längs* des Weges / [3]*längs* dem Wege; *mangels* eindeutiger Beweise / [2]*mangels* Beweisen; *mittels* eines Bohrers / [2]*mittels* Drähten; *trotz* des Regens / [4]*trotz* dem Regen; *wegen* des Kindes / [1,2]*wegen* dem Kind, *wegen* Geschäften; *zugunsten* des Freundes / [5]dem Freund *zugunsten*

## (2) Dativ

*aus* dem Haus, *bei* meinen Eltern, *entgegen* dem Wunsch ihrer Eltern, *entsprechend* ihrem Vorschlag, *gegenüber* dem Rathaus, dem Befehl *gemäß*, *mit* dem Computer, *(mit)samt* seinen Kindern, *nach* dem Mittagessen, *nahe* dem Seeufer, *seit* dem ersten Tag, *von* der Mutter, *zu* einem Kongress, den Eltern *zuliebe*

### Dativ / (Genitiv)

*binnen* einem Jahr / [8]*binnen* eines Jahres; *dank* seinem Fleiß / [9]*dank* seines Fleißes, *dank* spezieller Methoden; *laut* ärztlichem Gutachten / [10]*laut* (des) ärztlichen Gutachtens; dem Gerücht *zufolge* / [11]*zufolge* des Gerüchts

### Dativ / (Akkusativ)

*ab* erstem März / [6]*ab* ersten März; *außer* allem Zweifel / [7]*außer* Kurs setzen; *entlang* dem Fluss / [5]den Fluss *entlang*

## (3) Akkusativ

*bis* ersten Mai, *durch* den Wald, *für* den Sohn, *gegen* den Nachbarn, einen Tag *lang*, *ohne* einen Fehler, *um* den Marktplatz

---

1 umgangssprachlich;   2 im Pl., wenn Gen. nicht erkennbar ist;   3 gelegentlich;   4 auch möglich, besonders im süddeutschen Sprachgebiet;   5 nachgestellt;   6 auch möglich bei Zeit- und Mengenangaben;   7 bei Verben der Bewegung;   8 gehoben;   9 im Sing. auch möglich, im Pl. zumeist;   10 auch möglich;   11 vorangestellt

2. Wechselpräpositionen

Folgende Präpositionen gehören zu dieser Gruppe:
*an, auf, hinter, in, neben, über, unter, vor, zwischen*
Grundsätzlich gilt, dass der **Dativ** verwendet wird, wenn die Verbindung
eines Verbs (oder Substantivs) mit der Wortgruppe aus Präposition + regier-
tes Substantiv (oder Pronomen) ein nicht zielgerichtetes Geschehen ausdrückt, und dass der **Akkusativ** verwendet wird, wenn diese Verbindung
ein zielgerichtetes Geschehen ausdrückt.

Fünf Varianten sind zu unterscheiden:
Abhängig vom Verb ist die Verbindung

(1)  nicht zielgerichtet mit *Dativ*:

Das Heft liegt im Schrank / auf dem Tisch / zwischen den Büchern / . . .

Ebenso: sitzen, stehen, hängen (unregelmäß. Verb), umhergehen, wohnen

(2)  zielgerichtet mit *Akkusativ*:

Er legt das Heft in den Schrank / auf den Tisch / zwischen die Bücher / . . .
Er hat die Couch an die Wand / vor das Regal / . . . gestellt.

Ebenso: setzen, hängen (regelmäß. Verb), packen, schieben; (intransitiv)
kommen, treten

(3)  nicht zielgerichtet mit *Dativ* (wie (1)) oder zielgerichtet mit *Akkusativ* (wie
(2)):

Der Hund läuft auf der Straße / unter der Brücke / . . .
Der Hund läuft auf die Straße / unter die Brücke / . . .

Ebenso: fahren, schwimmen, fliegen, gehen

(4)  zielgerichtet–zielbetont mit *Dativ*:

Im Unterschied zu Variante (2) wird hier beim Ausdruck eines zielgerichte-
ten Geschehens das Erreichen des Ziels besonders betont:

Er hat die Couch an der Wand / vor dem Regal / . . . aufgestellt.

Ebenso: aufhängen, anstecken, befestigen; (intransitiv) ankommen

(5)  zielgerichtet mit *Akkusativ* (wie (2)) oder zielgerichtet–zielbetont mit
*Dativ* (wie (4)):

Der Patient wurde in dem / in das Krankenhaus eingeliefert.

Ebenso: aufbauen (auf), einschließen (in), klopfen (an), sich niedersetzen
(auf / in), versinken (in), verschwinden (hinter)

3. Präpositionen ohne (erkennbare) Kasusforderung

(1) Ein mit der Präposition *als* oder *wie* angeschlossenes Substantiv (Pronomen) wird nicht von der Präposition regiert, sondern kongruiert mit seinem Bezugswort:

*Ich* kannte ihn schon *als Student.*
*Ich* kannte *ihn* schon *als Studenten.*
*Ich* kenne ihn nicht so gut *wie sein Vater.*
*Ich* kenne *ihn* nicht so gut *wie seinen Vater.*

(2) Wenn ein Substantiv (Pronomen) von zwei aufeinander folgenden Präpositionen regiert wird, ist die erste Präposition ohne Kasusforderung. Der Kasus des regierten Substantivs wird durch die zweite Präposition bestimmt:

Er begleitete sie bis *zu ihrem Zimmer.*
Sie hielt sich abseits *von den Besuchern.*

Bei zwei durch eine Konjunktion verbundenen Präpositionen mit verschiedener Rektion wird der Kasus des regierten Substantivs gewöhnlich ebenfalls durch die zweite Präposition bestimmt:

mit oder *ohne Kinder (ohne sie)*   —   ohne oder *mit Kindern (mit ihnen)*

(3) Oft ohne erkennbare Kasusforderung stehen Präpositionen dann, wenn das regierte Substantiv artikellos (mit Nullartikel) und ohne flektiertes Adjektiv gebraucht wird. Bei einigen Präpositionen ist das — fachsprachlich bedingt — der Regelfall:

Das Geschäft liefert die Ware *ab Lager.*
*Je Person* gab es ein Freibier.
Ich erhielt das Buch *per Nachnahme.*
Sie unterrichtet 18 Stunden *pro Woche.*
Der Preis versteht sich *zuzüglich Porto.*

Bei anderen Präpositionen ist die Kasusforderung vor allem dann nicht erkennbar, wenn das Substantiv ein Eigenname ist oder mit der Präposition eine Wendung bildet:

Das Gedicht ist *von Goethe.*
Sie sind *nach Dresden* gefahren.
Ich war bei Freunden *zu Besuch.*
Die Maschine ist nicht *in Betrieb.*
Er stand *unter Alkohol.*

## 1.4 SEMANTISCHE BESCHREIBUNG

### 1.4.1 ALLGEMEINES

Die Präpositionen bilden, indem sie Wörter und Wortgruppen miteinander verbinden, ein adverbiales Verhältnis (a), ein Objektsverhältnis (b) oder ein attributives Verhältnis, das entweder auf ein adverbiales Verhältnis $(c_1)$ oder ein Objektsverhältnis $(c_2)$ zurückgeht:

(a)  Der Brief liegt *auf dem Tisch.*
(b)  Er freut sich *über den Brief.* Er ist *über den Brief* erfreut.
$(c_1)$  Der Brief *auf dem Tisch* ist von seiner Tochter.
$(c_2)$  Seine Freude *über den Brief* ist groß.

Beim Ausdruck eines Objektsverhältnisses hat die Präposition nur einen syntaktischen Fügungswert. Es handelt sich um die semantisch nicht weiter analysierbaren Fälle von Rektion eines Verbs oder Adjektivs mit Hilfe einer Präposition. Auch beim attributiven Verhältnis hat die Präposition nur diese syntaktische Funktion der Rektion, wenn diesem Verhältnis eine Objektsbeziehung zugrunde liegt. Morphosyntaktischer Art – als Genitiv-Ersatz – ist auch der attributive Gebrauch der Präposition *von* (vgl. dazu „Attribut" 3.3.3). Eine eigene Semantik haben die Präpositionen im Wesentlichen nur, wenn sie zum Ausdruck adverbialer Verhältnisse dienen. Aus diesem Grunde werden bei dem folgenden Überblick über die wichtigsten Bedeutungen der Präpositionen diese nur insoweit berücksichtigt, als sie adverbiale Verhältnisse ausdrücken. Zur Rektion mit Hilfe von Präpositionen vgl. die entsprechenden Listen bei „Verb" 2.2.4, „Substantivwörter" 4.3.3 und „Adjektiv" 3.

### 1.4.2 BEISPIELLISTE DER WICHTIGSTEN PRÄPOSITIONSBEDEUTUNGEN

**Adversativ**

*Gegen* den Befehl hat er den Posten verlassen.
*Entgegen* unserer Abmachung hat er an der Berghütte nicht gewartet.
Der Abriss der Gartenlaube ist *wider* meinen Willen geschehen.

**Distributiv**

Sie verlangte zehn Briefmarken *à* 80 Cent.
*Auf* ein Kilo Mehl rechnet man 30 Gramm Hefe.
*Je* nach der Jahreszeit sind die Preise auf dem Gemüsemarkt unterschiedlich.
Der Eintritt kostet 5 Euro *pro* Person.
Er hat das Buch nur *zur* Hälfte gelesen.

**Final**

Er ist *auf* der Suche nach einer neuen Stelle.

*Für* die Vorbereitung des Vortrags braucht man statistisches Material.
Die Kinder sind *zum* Baden an den See gefahren.

## Instrumental

Die Zugverspätung wurde *durch* den Lautsprecher bekannt gegeben.
Der Künstler hat alle seine Bilder *in* Temperafarben gemalt.
Der Monteur lockerte das Leitungsrohr *mit* dem Stemmeisen.
Die chemische Verbindung lässt sich nur *mittels* eines Katalysators herstellen.
Ich konnte den Schaden *ohne* ein Spezialwerkzeug reparieren.
Schüttgut wird zumeist *per* Bahn befördert.

## Kausal

*Auf* Anraten des Arztes gab er das Rauchen auf.
*Aus* Rücksicht auf ihre Eltern ist sie nicht verreist.
Sie konnte das Problem *dank* ihrer Erfahrung lösen.
Der Einfachheit *halber* werden bestimmte Eintragungen in Stichworten gegeben.
Viele Straßen waren *infolge* des starken Schneefalls unpassierbar.
Sie haben sich *um* der Kinder *willen* nicht scheiden lassen.
In dem ungeheizten Zug zitterten wir *vor* Kälte.
*Wegen* des regnerischen Wetters sind wir zu Hause geblieben.

## Komitativ

Ich habe den Brief zusammen *mit* dem Paket abgeschickt.
Sie kam (*mit*)*samt* ihren Kindern zur Geburtstagsfeier.
Sie ist *ohne* ihren Mann ins Konzert gegangen.
*Unter* großem Beifall für die Schauspieler fiel der Vorhang.

## Komparativ

Anja schwimmt schneller *als* ihre Freundin.
*Für* sein Alter ist der Junge sehr groß.
*Gegen* ihren Bruder ist Karin klein.
Sie sieht aus *wie* ihre Mutter.

## Konditional

Die Notbremse darf nur *bei* Gefahr gezogen werden.
*Mit* etwas Glück kann er die Prüfung schaffen.
*Ohne* Düngung lässt der Boden bald in seiner Fruchtbarkeit nach.

## Lokal (zu den Wechselpräpositionen vgl. 1.3 unter 2.)

Der Zug fährt *ab* Berlin–Zoo.
Die Mutter nimmt die Wäsche *aus* dem Korb.

Das Einkaufscenter befindet sich *außerhalb* der Stadt.
Wir haben uns *beim* Rathaus getroffen.
*Bis* München fahre ich mit dem Auto, dann nehme ich den Zug.
Die Bahnlinie verläuft *diesseits* des Flusses.
Wir fahren *durch* Österreich nach Italien.
*Entlang* der Straße standen viele Zuschauer.
Das Auto ist *gegen* einen Baum gefahren.
*Gegenüber* dem Opernhaus befindet sich das Bildermuseum.
*Inmitten* des Sees liegt eine kleine Insel.
*Innerhalb* des Wohngebiets sind nur 30 km/h erlaubt.
*Jenseits* des Flusses liegt ein ausgedehnter Wald.
Er besitzt ein Stück Land *längs* des Bahndamms.
Ich bin von Leipzig über München *nach* Stuttgart gefahren.
*Oberhalb* 2000 Meter liegt Schnee.
*Um* Berlin gibt es viele Seen.
Die Stadt liegt *unweit* des Flughafens.
Ich bin vor kurzem *von* Hamburg gekommen.
Er ging *zum* Reisebüro, um Fahrkarten zu kaufen.

## Temporal

Das Schwimmbad ist *ab* nächste Woche wieder geöffnet.
Mein Arzt ist auch *außerhalb* der Sprechstunden telefonisch zu erreichen.
*Bei* Tagesanbruch sind wir losgegangen.
Ich muss die Magisterarbeit *binnen* zwei Monaten abschließen.
*Bis* Sonntag soll laut Wetterbericht das Wetter schön bleiben.
Den Winter *durch* musste ich mich auf die Prüfung vorbereiten.
Warum hast du den Mietvertrag *für* fünf Jahre unterschrieben?
Wir treffen uns *gegen* zehn Uhr auf dem Marktplatz.
*Innerhalb* einer Woche sollen die Sturmschäden beseitigt sein.
Einen Augenblick *lang* schwiegen alle.
Ihr Sohn ist *mit* fünf Jahren in die Schule gekommen.
*Nach* dem Essen geht er gern spazieren.
Wir haben uns *seit* mehreren Wochen nicht gesehen.
Unser Haus ist *um* 1930 gebaut worden.
Schläge *unterhalb* der Gürtellinie sind beim Boxen verboten.
*Vom* Morgen an arbeiteten sie auf den Feldern.
*Während* der Sommerferien fahren viele Familien an die See.
*Zu* Weihnachten gibt es bei vielen deutschen Familien Gänsebraten.

# 2 KONJUNKTIONEN

## 2.1 FORMENBESTAND

Zu den Konjunktionen gehören

die einteiligen Konjunktionen:
*aber, allein, beziehungsweise* (Abk. *bzw.*), *denn, doch, jedoch, oder, sondern, sowie, und*

die ungetrennt–mehrteilige Konjunktion:
*das heißt* (Abk. *d. h.*)

die getrennt–mehrteiligen Konjunktionen:
*entweder . . . oder, nicht nur . . . sondern auch, ob . . . oder, sowohl . . . als / wie auch, weder . . . noch*

Nicht zu den Konjunktionen werden gerechnet die Konjunktionaladverbien wie *außerdem, deshalb, freilich, sonst* u. a.

## 2.2 ARTEN DER NEBENORDNUNG

Die Konjunktionen verbinden selbstständige Sätze (Hauptsätze), Nebensätze gleichen Grades, Satzglieder und Satzgliedteile (Attribute).

1. Verbindung von Hauptsätzen
Wir sprechen dann von hauptsatzverbindenden Konjunktionen, wenn das finite Verb hinter der Konjunktion und dem ersten Satzglied steht. Sie füllen somit folgenden Rahmen:

Wir wollen spazieren gehen, . . . das Wetter ist schön.   (*denn*)

Diese Position unterscheidet die Konjunktionen von den Konjunktionaladverbien, die die gleiche satzverbindende Funktion wie die Konjunktionen haben, aber Satzglieder sind:

Rufe ihn bitte an, *oder* ich muss es tun.     (= Konjunktion)
Rufe ihn bitte an, *sonst* muss ich es tun.     (= Konjunktionaladverb)

2. Verbindung von Nebensätzen gleichen Grades
Alle Konjunktionen außer *denn* können Nebensätze gleichen Grades verbinden:

Er wusste, dass sie gut vorbereitet war *und* dass sie keine Angst vor der Prüfung hatte.

Anmerkung:

Die zweite Subjunktion (*dass*) kann eliminiert werden:

Er weiß, dass er ihr viel geholfen hat *und* sie gut vorbereitet ist.

Ist das Subjekt in beiden Sätzen identisch, wird die Subjunktion zumeist nur gemeinsam mit dem Subjekt weggelassen:

Er wusste, dass sie gut vorbereitet war *und* keine Angst vor der Prüfung hatte.

3. Verbindung von Satzgliedern und Satzgliedteilen

Alle Konjunktionen außer *denn* verbinden auch Satzglieder und Satzgliedteile:

Ich kenne ihn nicht, *aber* seinen Bruder.       (= Satzglieder)
Er ist ein kluger, *aber* eigenwilliger Mensch.   (= Satzgliedteile)

2.3      AUFGABEN DER KONJUNKTIONEN

1. Die Konjunktionen setzen voneinander unabhängige Hauptsätze in bestimmte semantische (kausale, kopulative, restriktive u. a.) Beziehung zueinander:

Wir gehen fort. Das Wetter ist schön.
→ Wir gehen fort, *denn* das Wetter ist schön.

Hier entsteht z. B. ein kausales Verhältnis.

Zu den verschiedenen Beziehungen vgl. die Liste der semantischen Gruppen von Konjunktionen und Subjunktionen unter 3.5.

2. Die Konjunktionen verkürzen die verbundenen Hauptsätze, indem sie identische Satzglieder zusammenfassen:

Er geht spazieren. Er geht ins Kino.
→ Er geht spazieren *und* ins Kino.
Er geht spazieren. Sie geht spazieren.
→ Er *und* sie gehen spazieren.

3. Die Konjunktionen ermöglichen es, dass man Nebensätze gleichen Grades (auch verkürzend) aneinander reiht:

Ich habe gelesen, dass dieses Volk eine hohe Kulturstufe hatte.
Ich habe gelesen, dass dieses Volk eine der ältesten Schriftsprachen hatte.
→ Ich habe gelesen, dass dieses Volk eine hohe Kulturstufe *und* eine der ältesten Schriftsprachen hatte.

# 3 SUBJUNKTIONEN

## 3.1 FORMENBESTAND

Zu den Subjunktionen gehören
die einteiligen Subjunktionen:
*als, bevor, bis, da, damit, dass, ehe, falls, indem, je, obgleich, obwohl, seit(dem),*
*sobald, sodass, sofern, solange, sooft, soviel, soweit, sowie, trotzdem, während,*
*weil, wenn, wie, zumal*

die ungetrennt-mehrteiligen Subjunktionen:
*als dass, als ob, als / wie wenn, außer dass / um / wenn, insofern (als), insoweit*
*(als), je nachdem, kaum dass, nur dass, ohne dass, so dass, umso mehr / weniger*
*als, wie auch*

die getrennt-mehrteiligen Subjunktionen:
*je . . . desto, wenn auch . . . so doch*

## 3.2 ARTEN DER UNTERORDNUNG

Die Subjunktionen betten den von ihnen eingeleiteten Nebensatz in einen
übergeordneten Satz ein, der ein Hauptsatz (1) oder ein Nebensatz (2) sein
kann. Das finite Verb steht bei den Subjunktionen am Ende des Nebensatzes
(mit Ausnahme von *als* im irrealen Komparativsatz):

(1) Er sah,      dass das Mädchen weinte.

    (Hauptsatz)      (Nebensatz)

(2) Er sah,      dass das Mädchen weinte,   weil es gestürzt war.

    (Hauptsatz)      (Nebensatz 1. Grades)      (Nebensatz 2. Grades)

## 3.3 KORRELAT

Die mit einer Subjunktion eingeleiteten subordinierten Nebensätze stellen
in der Regel eine nähere Bestimmung zum Sachverhalt des übergeordneten
Satzes dar; sie beziehen sich dabei auf ein Wort, das Korrelat, das freilich im
konkreten Satz nicht immer in Erscheinung tritt. Die Korrelate sind im Satz
verschiebbar und dürfen nicht mit den Komponenten der mehrteiligen Subjunktionen verwechselt werden. Die Korrelate stehen im übergeordneten
Satz. Alle Teile der Subjunktion stehen an der Spitze des abhängigen Nebensatzes:

Der Beifall war *so* stark, dass das Stück wiederholt werden musste.
(*so* = Korrelat)
Der Beifall war sehr stark, *so* dass (*sodass*) das Stück wiederholt werden musste.
(*so* = Teil der Subjunktion)

## 3.4 UNGETRENNT-MEHRTEILIGE SUBJUNKTIONEN

Unter ungetrennt-mehrteiligen Subjunktionen werden solche Subjunktionen verstanden, deren beide Komponenten in der Regel nicht trennbar sind. Eine Trennung ist nur möglich

(1) durch ein Korrelat:

Er erlaubt sich ein Urteil, *ohne* dass er die Literatur gründlich kennt.
Er erlaubt sich ein Urteil *ohne die Tatsache*, dass er die Literatur gründlich kennt.

(2) durch Verwandlung der ersten Komponente zum Korrelat, jedoch unter Bedeutungsveränderung:

Er war krank, *so* dass er ins Krankenhaus eingeliefert werden musste.
Er war *so* krank, dass er ins Krankenhaus eingeliefert werden musste.

## 3.5 SEMANTISCHE GRUPPEN DER KONJUNKTIONEN UND SUBJUNKTIONEN

|  | *Subjunktionen*[1] | *Konjunktionen* |
|---|---|---|
| Adversativ | während | aber, allein, doch, jedoch, sondern |
| Alternativ | – | oder, entweder ... oder, beziehungsweise |
| Ersatz | als dass, ehe, (an)statt dass / (an)statt ... zu | – |
| Final | außer um ... zu, damit / um ... zu, dass | |
| Kausal | da, weil, zumal, „umso" ... als, umso mehr als, umso weniger als | denn |
| Konditional | außer wenn, wenn, falls, sofern | – |
| –, Wunsch | wenn ... „doch / nur", | – |
| Konsekutiv | „zu" ... als dass / um ... zu, so dass (sodass) / „so" ... dass | – |
| –, negativ | ohne dass / ohne ... zu | – |

1 Die in der folgenden Liste in Anführungszeichen eingeschlossenen Wörter vor der Subjunktion sind obl. Korrelate zu den Subjunktionen im übergeordneten Satz. In Anführungszeichen eingeschlossene Wörter hinter einer Subjunktion sind obl. auftretende Partikeln.

|  | Subjunktionen | Konjunktionen |
|---|---|---|
| Konzessiv | obwohl, trotzdem, wie auch, soviel . . . „auch", wenn auch . . . so doch, | ob . . . oder |
| Kopulativ | — | und, sowie, auch, nicht nur . . . sondern auch, sowohl . . . als / wie, weder . . . noch |
| Modal, fehlender Begleitumstand | ohne dass / ohne . . . zu | — |
| —, Instrumental | indem, „dadurch" . . . dass | — |
| —, Komparativ — realer Vergleich | als, wie, „so" . . . wie | — |
| —, Komparativ — hypothetischer Vergleich | als, als ob, als wenn, wie wenn | — |
| —, Proportional | je, je nachdem, je . . . desto / umso | — |
| —, Restriktiv | außer dass, nur dass, außer um . . . zu, außer wenn soviel, soweit | aber |
| —, Spezifizierung | insofern (als), insoweit (als), „insofern" . . . als, „damit" . . . dass | das heißt |
| —, steigernde Wiederholung | — | und |
| Temporal, Gleichzeitigkeit | als, seit(dem), solange, sooft, während, wenn, „solange" . . . wie | — |
| —, Nachzeitigkeit | bevor, bis, ehe | — |
| —, Vorzeitigkeit | als, kaum dass, nachdem, seit(dem), sobald, sowie, wenn | — |

# PARTIKELN

## 1 ABGRENZUNG VON ANDEREN WORTKLASSEN

Im Deutschen gibt es eine beträchtliche Zahl von „kleinen Wörtern", die unflektierbar sind und doch nicht einfach mit anderen unflektierbaren Wörtern (den Adverbien, den Konjunktionen, den Subjunktionen, den Präpositionen, den Modalwörtern, den Interjektionen und anderen Satzäquivalenten) gleichgesetzt werden können. Gemeint sind Wörter wie *bloß*, *eben*, *etwas*, *etwa*, *denn*, *erst*, *gar*, *ja*, *sehr* in bestimmten Verwendungen. Aufgrund folgender Eigenschaften werden diese — Partikeln genannte Wörter — von anderen Wortklassen unterschieden:
— Die Partikeln sind — im Unterschied zu den Adverbien — keine selbstständigen Satzglieder.
— Deshalb sind sie in der Regel nicht erststellenfähig (d. h. können die Position vor dem finiten Verb im deutschen Aussagesatz (Hauptsatz) nicht allein einnehmen) — im Unterschied zu den Adverbien und auch zu den Modalwörtern:

*Adverb*

Die Nacht wird *heute* warm.
→ *Heute* wird die Nacht warm.

*Modalwort*

Die Nacht wird *vermutlich* warm.
→ *Vermutlich* wird die Nacht warm.

*Partikel*

Die Nacht wird *sehr* warm.
→ *\*Sehr* wird die Nacht warm.

— Aufgrund ihrer fehlenden Satzgliedschaft sind die Partikeln als selbstständige Antwort auf Fragen nicht möglich; Adverbien antworten dagegen auf Ergänzungsfragen, Modalwörter auf Entscheidungsfragen:

*Entscheidungsfrage*

Kommt er heute?   —   Vermutlich. *Spät. *Nur.

*Ergänzungsfrage*

Wann kommt er heute?   —   *Vermutlich. Spät. *Nur.

— Partikeln berühren semantisch die Wahrheitsbedingungen von Sätzen nicht:

Es ist *ja* wieder heiß.   (= Es ist wieder heiß.)   (Abtönungspartikel)
*Nur* der Spezialist konnte ihm helfen.   (= Der Spezialist konnte ihm helfen.)   (Gradpartikel)

— Partikeln können syntaktisch eliminiert werden, ohne dass der Satz ungrammatisch wird.
— Obwohl Partikeln den Wahrheitswert von Sätzen nicht verändern und auch syntaktisch eliminierbar sind, modifizieren sie die Äußerung in bestimmter Weise. *Wie* sie die Äußerung modifizieren (semantisch oder kommunikativ) und auf welche Teile der Äußerung die Modifikation bezogen ist (Sätze, Wörter o. a.), ist bereits eine Frage, in der sich die *Subklassen* der Partikeln voneinander unterscheiden.

Insgesamt werden unter Partikeln jene morphologisch unflektierbaren Wörter verstanden, die über keine solchen syntaktischen Merkmale verfügen wie die anderen unflektierbaren Wörter: Sie haben keinen Satzwert (im Unterschied zu *Satzäquivalenten* und *Modalwörtern*), keinen Satzgliedwert (im Unterschied zu den *Adverbien*) und auch keinen primären Fügewert (im Unterschied zu *Präpositionen*, *Konjunktionen* und *Subjunktionen*).

# 2   SUBKLASSEN DER PARTIKELN

## 2.1   ABTÖNUNGSPARTIKELN

Die Abtönungspartikeln (oder Modalpartikeln) drücken etwas über die Stellung des Sprechers zum Satzinhalt aus, beziehen sich nicht auf einzelne Satzglieder, sondern auf das Prädikat und damit auf den gesamten Satz. Sie haben Funktionen unterschiedlicher Art, die nicht primär auf semantischer, sondern auf kommunikativer Ebene liegen. Aufgrund dieser Funktionen sind die meisten Abtönungspartikeln auf bestimmte Satzarten (Aussage-, Aufforderungs-, Fragesatz) festgelegt und über diese Satzarten an bestimmte Intentionen bzw. Sprechhandlungen (z. B. Aufforderungshandlung, Fragehandlung, Wunsch, Drohung, Warnung) gebunden. So kommen z. B. *denn* und *etwa* als Partikeln nur in Fragesätzen, *eben*, *halt* und *ja* gerade nicht in Fragesätzen vor. Manchmal unterscheiden sich in dieser Hinsicht die betonte und die unbetonte Variante:

Er hat *ja* verloren.       (Aussage)
Komm *ja* pünktlich!     (Aufforderung, Drohung)

Überhaupt lassen sich die (z. T. recht zahlreichen) Varianten der einzelnen Abtönungspartikeln nach Satzart und Sprechhandlung unterscheiden und gliedern.

Die zentrale Gruppe der Abtönungspartikeln (z. B. *aber, auch, bloß, denn, doch, eben, etwa, halt, ja, mal, nur, schon, vielleicht*) ist nicht erststellenfähig und hat Homonyme in anderen Wortklassen (*denn* ist auch Konjunktion, *eben* auch Adverb, *ja* auch Satzäquivalent, *vielleicht* auch Modalwort):

| | |
|---|---|
| Was machst du *denn*? | (Partikel) |
| Er kommt nicht, *denn* er ist krank. | (Konjunktion) |
| Wir haben *eben* verloren. | (Partikel) |
| *Eben* ist der Zug abgefahren. | (Adverb) |
| Er ist *ja* verrückt! | (Partikel) |
| *Ja*, er ist im Urlaub gewesen. | (Satzäquivalent) |
| Heute ist *vielleicht* schönes Wetter! | (Partikel) |
| Wir wollen ihn *vielleicht* besuchen. | (Modalwort) |

Daneben gibt es eine periphere Gruppe von „Abtönungspartikeln im weiteren Sinne", die erststellenfähig sind (dabei nicht in eine andere Wortklasse übertreten) und keine Homonyme in anderen Wortklassen haben (*allerdings, immerhin, eigentlich, jedenfalls, überhaupt*):

| | |
|---|---|
| Er hat *immerhin* die Prüfung bestanden. | (Partikel) |
| *Immerhin* hat er die Prüfung bestanden. | (Partikel) |

Aber (mit anderer Bedeutung und mit Übertritt in eine andere Wortklasse):

| | |
|---|---|
| Er hat den Zug *eben* verpasst.  (= *es ist nicht zu ändern*) | (Partikel) |
| *Eben* ist der Zug abgefahren.  (= *soeben*) | (Temporaladverb) |

Die Abtönungspartikeln haben weder eine völlig feste noch eine völlig freie Stellung im Satz. Sie stehen in der Regel hinter dem finiten Verb, zwischen diesem und der Partikel können aber mehrere (unbetonte) Glieder stehen:

Sven hat ( ) gestern ( ) seiner Schwester ( ) das Buch ( ) geliehen.
( ) markiert die mögliche Stellung der Abtönungspartikeln.

## 2.2 GRADPARTIKELN

Die Gradpartikeln (auch: Rangier- oder Fokuspartikeln) beziehen sich nicht auf den gesamten Satz, sondern nur auf ein bestimmtes Bezugsglied (einen Skopus) innerhalb des Satzes:

*Sogar* Christine hat Peter zum Geburtstag gratuliert.
Christine hat *sogar* Peter zum Geburtstag gratuliert.
Christine hat Peter *sogar* zum Geburtstag gratuliert.

Ihre Funktion liegt nicht auf kommunikativer, sondern auf semantischer Ebene, da sie der im Satz ausgedrückten Behauptung (Assertion) eine quantifizierende und/oder skalierende Bedeutung hinzufügen und bestimmte Präsuppositionen (Voraussetzungen) enthalten:

(a) *Nur* Jörg hat die Wahrheit gesagt.
(b) *Auch* Jörg hat die Wahrheit gesagt.
(c) *Sogar* Jörg hat die Wahrheit gesagt.

In allen drei Sätzen ist die Assertion gleich (Satz ohne Partikel). Die Präsuppositionen sind jedoch verschieden: In (a) gibt es keine von Jörg verschiedene Person, die die Wahrheit gesagt hat (quantifizierend), in (b) mindestens eine von Jörg verschiedene Person, die die Wahrheit gesagt hat (quantifizierend), in (c) ebenfalls eine von Jörg verschiedene Person, die jedoch zusätzlich in einer (durch Reihenfolge, Erwartung o. Ä.) geordneten Skala tiefer als Jörg steht (skalierend).

Die Gradpartikeln zeigen keine Beschränkungen hinsichtlich der Sprechhandlung und der Satzart, wohl aber hinsichtlich der Bezugsglieder im Satz, die Substantivgruppen (*selbst der Arzt . . .*), Präpositionalgruppen (*selbst bei schlechtem Wetter . . .*), Nebensätze (*selbst wenn schlechtes Wetter ist . . .*) u. a. sein können. Sie verhalten sich ähnlich wie die Sondernegation (vgl. „Negationswörter" 3.1) – als Operatoren, in deren Skopus nicht der gesamte Satz, sondern nur eine Variable innerhalb des Satzes steht (deshalb kann *nicht* auch an derselben Stelle im Satz stehen wie *sogar* in den obigen Beispielsätzen).

Die Stellung der Gradpartikel ergibt sich aus dem Bezugsglied: Zumeist steht sie unmittelbar vor dem Bezugsglied (**Nur** *der Arzt konnte ihm helfen.*), sie kann jedoch auch unmittelbar nach dem Bezugsglied (*Der Arzt* **nur** *konnte ihm helfen.*) und noch seltener (nur bei starkem Akzent) in Distanzstellung (*Der Arzt konnte dem Verletzten* **núr** *helfen.*) erscheinen.

Der Bedeutung nach können mehrere Gruppen von Gradpartikeln unterschieden werden:
(1) restriktiv-exklusiv:
*nur, bloß, lediglich, allein, ausschließlich, einzig*
(2) koordinativ-inklusiv:
*auch, ebenfalls, ebenso, gleichfalls*
(3) heraushebend-inklusiv:
*sogar, selbst, nicht einmal*
(4) heraushebend-exklusiv:
*gerade, genau, eben, ausgerechnet, insbesondere*
(5) temporal:
*erst, schon, noch*

2.3    STEIGERUNGSPARTIKELN

Die Steigerungspartikeln (auch: Intensivpartikeln oder Gradmodifikatoren) beziehen sich weder auf den Gesamtsatz noch auf unterschiedliche Bezugsglieder, sondern in der Regel auf Adjektive und Adjektivadverbien:

Der Schüler ist / arbeitet *sehr / ziemlich / recht / ungewöhnlich* fleißig.

Ihre Funktion liegt nicht auf kommunikativer, sondern auf semantischer Ebene: Sie ordnen die durch die Adjektive bezeichneten Eigenschaften einer impliziten Gradskala zu, indem sie den Grad dieser Eigenschaften angeben. Sie haben keine Beschränkungen hinsichtlich Satzart und Sprechhandlung, auch nicht hinsichtlich semantischer Bezugsbereiche, wohl aber hinsichtlich der Verträglichkeit mit unterschiedlichen Komparationsformen der Adjektive: Manche Steigerungspartikeln stehen nur vor dem Positiv (z. B. *sehr, ganz, höchst, recht, so, überaus, ziemlich*), andere nur vor dem Komparativ (*viel, weit*), andere vor Positiv und Komparativ (*etwas*), wieder andere vor Komparativ und Superlativ (*weitaus*). Ihre Stellung ist fest (immer vor dem Adjektiv).

Der Bedeutung nach sind zu unterscheiden:
(1) Intensifikatoren (die der Verstärkung der Eigenschaft dienen):
*sehr, höchst, außerordentlich*
(2) De-Intensifikatoren (die der Abschwächung der Eigenschaft dienen):
*ziemlich, fast, nahezu*
Vereinzelt kann *eine* Steigerungspartikel zugleich der Verstärkung und der Abschwächung dienen:

Das Stadion ist *ganz* ausverkauft.    (Intensifikator)
Der Aufsatz ist *ganz* gut.    (De-Intensifikator)

## 3  FUNKTIONEN DER ABTÖNUNGSPARTIKELN

Als besonders kompliziert erweisen sich die Abtönungspartikeln, weil sie unterschiedliche (kommunikative) Funktionen erfüllen, die sich nicht ausschließen, sondern vielfach ergänzen und überlagern:
— Sie sagen etwas über die Einstellung des Sprechers zum Satzinhalt aus, beziehen sich auf seine Ansichten, Haltungen, Erwartungen, Bewertungen, Einschätzungen u. Ä.
— Sie nehmen Bezug auf Sprechhandlungen, indizieren oder modifizieren manche Sprechhandlungen (vgl. z. B. *Besuch uns **doch** / **mal** / **eben**!* als Aufforderung, Bitte bzw. Ratschlag).
— Sie ordnen die Äußerung in den Handlungs- und Interaktionskontext ein, indem sie z. B. zum Konsens (*Das haben wir **ja** / **doch** vereinbart.*) oder zum Dissens (*Das haben wir **aber** vereinbart.*) beitragen, indem sie z. T. die Präferenz des Sprechers für eine zustimmende (*Sie trinken **doch** eine Tasse Kaffee?*) oder für eine negative Antwort (*Rauchst du **etwa**?*) erkennen lassen.
— Sie wirken konversationssteuernd, indem sie die Äußerung im konversationellen Kontext verankern und die konkrete Gesprächsstellung signalisieren, z. B. anzeigen, ob sich der Gesprächspartner am Anfang, in der Mitte oder am Ende des Gesprächs befindet (so deutet etwa *eben* auf den Abschluss

des Gesprächs, *überhaupt* und *eigentlich* geben dem Gespräch eine Wendung).

— Sie wirken textverknüpfend, indem sie die Äußerungen (z. T. auch über einen Sprecherwechsel hinweg) verbinden und damit eine ähnliche Funktion wie Konjunktionen und Subjunktionen erfüllen:

Ich gehe nicht schwimmen, das Wasser ist *ja* noch viel zu kalt.     (Partikel)
Ich gehe nicht schwimmen, *weil* das Wasser noch viel zu kalt ist.     (Subjunktion)

# MODALWÖRTER

## 1 ABGRENZUNG VOM ADVERB

Die Modalwörter unterscheiden sich morphologisch und in der Stellung nicht von den Adverbien:

Er kommt *pünktlich* zur Schule.     (Adverb)
Er kommt *vermutlich* zur Schule.     (Modalwort)

Deshalb gibt es deutsche Sätze, die — entsprechend der Interpretation als Adverb oder als Modalwort — verschieden verstanden werden können:

(1)  Er spricht *bestimmt* mit ihm.

Satz (1) erlaubt eine Interpretation (1a) als Adverb (= *nachdrücklich, eindringlich*) oder eine Interpretation (1b) als Modalwort (= *ohne Zweifel, sicherlich, ganz gewiss*):

(1a)  Art und Weise des Sprechens          (objektiv)
(1b)  Stellungnahme des Sprechers zum Sprechen    (subjektiv)

Diesem Bedeutungsunterschied entsprechen folgende syntaktische Merkmale, durch die sich die Modalwörter von den Adverbien unterscheiden:

1. Im Unterschied zu den modalen Adverbien lassen sich die Modalwörter in einen übergeordneten Hauptsatz transformieren:

Er kommt *vermutlich*.
← Man vermutet (es ist vermutlich so), dass er kommt.
Er kommt *pünktlich*.
← *Es ist pünktlich, dass er kommt.

Auf diese Weise wird deutlich, dass die Modalwörter im Grunde Satzcharakter haben, weil sie als beurteilende Hauptsätze das im Nebensatz ausgedrückte Geschehen einschätzen, bewerten usw.

2. Die Modalwörter lassen sich im Unterschied zu den modalen Adverbien durch einen Schaltsatz paraphrasieren:

Er hat den Zug *vermutlich* nicht erreicht.
Er hat den Zug — wie ich vermute (ich vermute es) — nicht erreicht.

3. Bei einer Entscheidungsfrage ist es möglich, allein mit dem Modalwort zu antworten; es ist jedoch nicht möglich, allein mit einem modalen Adverb zu antworten:

Er kommt *vermutlich*. Kommt er? *Vermutlich*.
Er kommt *pünktlich*. Kommt er? *\*Pünktlich*.

4. Dieser tiefer liegende Unterschied spiegelt sich im aktualen Satz in einer verschiedenen Stellung des Negationswortes *nicht*; es steht immer *vor* dem modalen Adverb, aber *hinter* dem Modalwort:

Er kommt *nicht* pünktlich.  —  Er kommt vermutlich *nicht*.

Durch die Negation lassen sich auch mehrdeutige Sätze — wie (1) — eindeutig machen:

(1a)  Er spricht *nicht* bestimmt mit ihm.
(1b)  Er spricht bestimmt *nicht* mit ihm.

5. Die meisten Modalwörter kommen nicht in Imperativ- und Wunschsätzen vor, können auch nicht kompariert und koordiniert werden:

| | |
|---|---|
| *\*Komm *vermutlich*! | Komm pünktlich! |
| *\*Käme er doch *vermutlich*! | Käme er doch pünktlich! |
| *\*Er kommt *vermutlicher*. | Er kommt pünktlicher. |
| *\*Er kommt *vermutlich* und *leider*. | Er kommt schnell und pünktlich. |

# 2 WESEN DER MODALWÖRTER

Das spezifische syntaktische Verhalten der Modalwörter ist begründet durch ihr Wesen, dass sie nicht objektive Merkmale der Sachverhalte, sondern subjektive Einstellungen der Sprecher zu den Sachverhalten ausdrücken. Die Paraphrasierbarkeit der Modalwörter durch Haupt- und durch Schaltsätze deutet darauf hin, dass sie kondensierte Ausdrücke sind, abgeleitet von vollständigeren Strukturen. Dennoch sind sie nicht einfach Prädikate über Prädikate, Sätze über Sätze (in diesem Falle müssten sie negiert werden können, was aber nicht der Fall ist), sondern sind *Einstellungsoperatoren*, mit deren Hilfe Satzinhalte (Propositionen) in bewertete Äußerungen überführt werden. Sie drücken also eine Einstellung aus, sie sprechen — als Einstellungsausdrücke — nicht *über* diese Einstellung. Kommunikativ sind sie nicht Behauptungen, sondern eher Kommentare (des Sprechers). Dafür spricht auch ihre Nähe zu den Schaltsätzen, weshalb sie manchmal auch als „Schaltwörter" oder „Parentheika" bezeichnet werden. Der Terminus „Modalwort" weist auf ihre semantische Funktion, der Terminus „Schaltwort" auf ihre syntaktische Funktion.

Die Modalwörter sind weder einfach Satzglieder (sie können auch nicht mit Fragewörtern erfragt werden, die für Satzglieder zur Verfügung stehen) noch bloße synsemantische Funktionswörter. An der Oberfläche verhalten sie sich zwar teilweise wie Satzglieder, weil sie innerhalb des Satzes stehen und ähnlich wie die Satzglieder im Satz verschiebbar sind:

*Vermutlich* kommt er morgen. Er kommt *vermutlich* morgen. Morgen kommt er *vermutlich*.

In der zugrunde liegenden Struktur (und von ihrem Wesen her) sind sie jedoch mehr als Satzglieder — ebenso wie die Partikeln weniger als Satzglieder sind —, sind sie satzwertig, sind sie Kondensate von Sätzen, die Einstellungen ausdrücken. An der Oberfläche können sie indes nicht nur (wie Satzglieder) *innerhalb*, sondern auch *außerhalb* des Satzverbandes stehen:

Kommt er morgen? *Vermutlich* (, er hat es gesagt).

Das unterscheidet sie von den Interjektionen und anderen Satzäquivalenten, die auch an der Oberfläche obligatorisch außerhalb des Satzverbandes stehen.

# 3   Semantische Subklassen der Modalwörter

Obwohl die Modalwörter generell Sprechereinstellungen ausdrücken, sind sie danach zu differenzieren, ob sie Sprecher- oder Subjektbezug haben:

Der Fahrer hat *wahrscheinlich* überholt.      (Sprecherbezug)
—   Es ist wahrscheinlich *für den Sprecher*, dass der Fahrer überholt hat.
—   *Der Sprecher* hält es für wahrscheinlich *für sich* (und andere), dass der Fahrer überholt hat.
Der Fahrer hat *leichtsinnigerweise* überholt.      (Subjektbezug)
—   Es ist leichtsinnig vom *Fahrer*, dass er überholt hat.
—   *Der Sprecher* hält es für leichtsinnig *vom Fahrer*, dass der Fahrer (er) überholt hat.

Eine grundlegende Subklassifizierung der Modalwörter ergibt sich aus der *Art* der Sprechereinstellung:
—   *Gewissheitsindikatoren* drücken eine Einstellung des Wissens aus (z. B. *zweifellos, fraglos, tatsächlich*).
—   *Hypothesenindikatoren* drücken eine Einstellung der Vermutung aus, die sich beziehen kann auf an Sicherheit grenzende Wahrscheinlichkeit (*sicher, bestimmt, gewiss*), auf mäßige Unsicherheit (*vermutlich, wahrscheinlich*) oder auf große Unsicherheit (*vielleicht, möglicherweise*).

— *Distanzindikatoren* drücken eine distanzierende Einstellung des Sprechers zum Sachverhalt (vor allem bei der Wiedergabe fremder Äußerungen) aus (*angeblich, vorgeblich*).
— *Emotionsindikatoren* drücken eine gefühlsmäßige Einstellung des Sprechers zum Sachverhalt aus (*leider, erfreulicherweise*).
— *Bewertungsindikatoren* drücken eine valuative Einstellung des Sprechers zum Sachverhalt aus (z. B. *leichtsinnigerweise, vorsichtigerweise, unsinnigerweise*).

Im Zentrum der Modalwörter stehen die Gewissheits-, Hypothesen- und Distanzindikatoren. Ihnen ist gemeinsam, dass sie Einstellungen der Sprecher zum Grad und / oder zur Motivation der Sicherheit, zum Gewissheitsaspekt der Äußerung ausdrücken („Gewissheitsmodalität"). Die äußerste Peripherie bilden die Bewertungsindikatoren (zumeist auf *-weise* gebildet), die außerordentlich zahlreich sind (und deshalb auch die Klasse der Modalwörter relativ offen gestalten) und auch nicht alle (genannten) Kriterien für die Modalwörter in vollem Maße erfüllen. Dennoch sind auch sie Einstellungsausdrücke, die sich von den Adverbien deutlich unterscheiden:

(a)  Er hat uns *freundlich* geschrieben.
(b)  Er hat uns *in freundlicher Weise* geschrieben.
(c)  Er hat uns *freundlicherweise* geschrieben.

Das Adjektivadverb in (a) und die Präpositionalgruppe in (b) bezeichnen die objektive Art und Weise des Schreibens (*wie* er uns geschrieben hat), das Modalwort in (c) dagegen drückt eine Sprechereinstellung aus (das *Dass* des Schreibens wird subjektiv bewertet = *Es ist freundlich von ihm,* **dass** *er uns geschrieben hat.*).

# SATZÄQUIVALENTE

## 1   SYNTAKTISCHE BESCHREIBUNG

Als Satzäquivalente werden solche Wörter bezeichnet, die nicht Teil eines Satzes sind, sondern selbst Sätze darstellen.

### 1. Abgrenzung der Satzäquivalente von den Modalwörtern

Geht man allein von der Grundstruktur aus, so ergibt sich eine grundsätzliche Übereinstimmung zwischen Satzäquivalenten und Modalwörtern: Sowohl bei den Satzäquivalenten als auch bei den Modalwörtern handelt es sich um zugrunde liegende Sätze. Ein deutlicher Unterschied besteht dagegen in der syntaktischen Repräsentation beider Wortklassen: Die Satzäquivalente stehen außerhalb des Satzverbandes, die Modalwörter können dagegen im Satzverband als ein normales Stellungsglied auftreten. Man vergleiche:

*Vielleicht* kommt er.    (Modalwort)
*\*Ja* kommt er.    (Satzäquivalent)
→ Ja, er kommt.

### 2. Abgrenzung der Satzäquivalente von den Imperativformen

Geht man allein von der syntaktischen Repräsentation aus, so muss man sowohl den Imperativformen als auch bestimmten imperativischen Ersatzformen den gleichen Satzcharakter wie den Satzäquivalenten zuerkennen. Der Unterschied wird erst deutlich, wenn man die Imperativformen auf ihre Grundstruktur zurückführt, wobei obligatorisch ein zusätzliches Subjekt auftritt:

Geh! ← Geh du!

## 2   SEMANTISCHE BESCHREIBUNG

Dem grundsätzlich gleichen syntaktischen Verhalten der Satzäquivalente entspricht nicht ein ebenso einheitlicher semantischer Charakter dieser Wörter. Aufgrund semantischer Besonderheiten ergeben sich folgende Gruppen:

1. Interjektionen

Die Interjektionen können nach dem subjektiven Kriterium der von ihnen ausgedrückten Gefühlswerte eingeteilt werden. Der Satzart nach repräsentieren die Interjektionen in der Regel Ausrufesätze, was grafisch durch das Ausrufezeichen und intonatorisch durch eine stärkere Druckbetonung zum Ausdruck kommt.

(1) Interjektionen mit eindeutigem Gefühlsausdruck:
*heisa, hurra, juchhe* (Freude); *äks, pfui, puh* (Ekel); *uh, hu(hu)* (Furcht); *au(a), (o)weh* (Schmerz); *ätsch* (Spott); *hoho, nanu* (Verwunderung)

(2) Interjektionen mit mehrdeutigem Gefühlsausdruck:
*ach* (Bedauern, Schmerz, Sehnsucht, Verwunderung, plötzlicher Einfall); *ah* (Bewunderung, Freude, Verwunderung); *hm* (Behagen, Nachdenken, Verwunderung, Zustimmung)

Anmerkung:

Eine besondere Gruppe bilden Interjektionen wie *heda, hallo, pst, ach* u. Ä. Diese Interjektionen sind besondere Ausdrucksformen der Aufforderung.

2. *ja, nein, doch*

Die Satzäquivalente *ja, nein, doch* sind Antworten auf Entscheidungsfragen. Jedes dieser Elemente steht alternativ–obligatorisch zu dem den Inhalt der Frage wiederholenden Antwortsatz:

Stimulus: „Bist du bei ihm gewesen?"
Reaktion: (1)  *„Ja."*
(2)  „Ich war dort."
(3a)  *„Ja,* ich war dort."

Bei (1) handelt es sich um die isolierte Stellung des Satzäquivalents, bei (3a) um die abgesonderte Stellung. Die Kombination (3a) ist in der Regel nur bei Hervorhebung üblich. Häufiger steht das Satzäquivalent in abgesonderter Stellung vor einer weiterführenden Aussage:

Reaktion: (3b) „Ja, aber ich habe ihn nicht angetroffen."

Für die Bedeutungsunterscheidung von *ja, nein* und *doch* gelten folgende Grundregeln:
Durch *ja* wird die Bestätigung, durch *nein* die Verneinung einer Entscheidungsfrage ohne Negationswort ausgedrückt; *nein* dient außerdem zur Bestätigung einer Entscheidungsfrage mit Negationswort, *doch* zur Verneinung derselben.

Hast du ihn in der Stadt getroffen?
*Ja.*  (Bestätigung)          *Nein.*  (Verneinung)
Hast du ihn in der Stadt *nicht* getroffen?
*Nein.*  (Bestätigung)          *Doch.*  (Verneinung)

Aber (*nicht* nicht als Negationselement, sondern als fakultative Partikel):

Hast du ihn in der Stadt *nicht* getroffen?
*Ja.*      (Bestätigung)          *Nein.*      (Verneinung)

### 3. *bitte, danke*

*bitte* und *danke* als Satzäquivalente drücken entsprechend ihrer Entstehung aus Verbformen Bitte bzw. Dank aus. In dieser Bedeutung kann *bitte* auch eine höfliche Umschreibung von *ja*, *danke* eine höfliche Umschreibung von *nein* sein. Vielfach stehen *bitte* und *danke* jedoch als bloße Höflichkeitsformeln.

Das Verhalten von *bitte* und *danke* im konkreten Satz ist verschieden. Während *danke* nur als Sprecherreaktion auf eine Frage oder Aussage steht, kann *bitte* außerdem in Aufforderungen erscheinen. Als Sprecherreaktion treten *bitte* und *danke* häufig in isolierter Stellung auf (1), *bitte* in Aufforderungen ist gewöhnlich nur in abgesonderter Stellung möglich (2):

(1)   Stimulus: „Ich danke Ihnen für Ihre Bemühungen."
      Reaktion: *„Bitte* (, gern geschehen)."

      Stimulus: „Ich habe das Buch für Sie mitgebracht."
      Reaktion: *„Danke* (, das war sehr nett von Ihnen)."

      Stimulus: „Möchten Sie noch eine Tasse Tee?"
      Reaktion: *„Bitte* (, aber nur halb voll)." (= Ja.)
               *„Danke* (, ich möchte nicht mehr)." (= Nein.)

      Stimulus: „Darf ich hier Platz nehmen?"
      Reaktion: „Bitte (, der Platz ist noch frei)." (= Ja.)
               „Nein (, der Platz ist besetzt)."

(2)   Stimulus: *„Bitte*, treten Sie ein!"
               *„Bitte*, nehmen Sie Platz!"

# NEGATIONSWÖRTER

## 1 SYNTAKTISCHE BESCHREIBUNG

Zu den Negationswörtern im Deutschen gehören: *nicht, nichts, nie, niemals, niemand, nirgends, nirgendwo, kein, nirgendwohin, nirgendwoher, keinesfalls, keineswegs, nein, weder . . . noch.*
Von ihnen sind die meisten unflektierbar. Nur *niemand* und *kein* haben einen ausgeprägteren Formenbestand.
Aufgrund ihrer verschiedenen Position im Satz müssen die Negationswörter im Deutschen unterschiedlichen Wortklassen zugeordnet werden:

| | |
|---|---|
| (1) . . . kommt. | *keiner, niemand, nichts* |
| (2) Er läuft . . . | *nie, niemals, nirgends, nirgendwo, nicht,* |
| | *nirgendwohin, keinesfalls, keineswegs* |
| (3) Er liest . . . Buch. | *kein* |
| (4) Kommt er? . . ., er kommt nicht. | *nein* |
| (5) . . . ein Schüler war krank. | *nicht* |
| (6) Er ist . . . dumm . . . faul. | *weder – noch* |

Nicht nur die Negationswörter insgesamt, sondern auch einzelne Negationswörter gehören verschiedenen syntaktischen Klassen an. Von einer eindeutigen Zuordnung zu einer bestimmten Wortklasse kann man sprechen bei *nie, niemals, nirgends, nirgendwo, nirgendwohin, nirgendwoher* (Adverb), bei *niemand* und *nichts* (substantivisches Pronomen), bei *nein* (Satzäquivalent), bei *keineswegs* und *keinesfalls* (Modalwort) und bei *weder . . . noch* (Konjunktion). Die restlichen Negationswörter können – je nach ihrem Kontext – in verschiedene Wortklassen eingehen: *Kein* kann als substantivisches Pronomen oder als Artikelwort auftreten; *nicht* ist entweder Adverb oder Partikel.

## 2 SEMANTISCHE BESCHREIBUNG

1. Das gemeinsame semantische Kennzeichen *aller* Negationswörter besteht darin, dass sie die verneinende Einstellung des Sprechenden zum Inhalt seiner Aussage ausdrücken. Es kann jedoch durch die Negationswörter der gesamte Satzinhalt (Satznegation, totale Negation) oder auch nur ein Teil des Satzes – etwa ein Wort oder eine Wortgruppe – verneint werden (Sondernegation, partielle Negation):

Er kommt heute *nicht*.      (Satznegation)
Er kommt *nicht* heute, sondern morgen.      (Sondernegation)

2. Die einzelnen Negationswörter unterscheiden sich nicht nur hinsichtlich ihrer Zugehörigkeit zu verschiedenen syntaktischen Klassen, sondern auch durch ihre eigene Semantik:

| | |
|---|---|
| *nichts* | − Mensch (Hum) |
| *niemand* | + Mensch (Hum) |
| *kein* | ± Mensch (Hum) |
| *nie* | + Zeit (Temp) |
| *niemals* | + Zeit (Temp) |
| *nirgends* | + Ort (Loc) |
| *nirgendwo* | + Ort (Loc) |
| *nirgendwohin* | + Richtung (Dir), + sprecherabgewandt |
| *nirgendwoher* | + Richtung (Dir), + sprecherzugewandt |
| *keinesfalls* | + Art und Weise (Mod) |
| *keineswegs* | + Art und Weise (Mod) |

Anmerkung:

Die zur Wortklasse der Substantivwörter gehörenden Negationswörter unterscheiden sich auch in ihrer Gebundenheit an ein Genus:
*nichts* ist als (+ Neutr.), *niemand* als (+ Mask.) und *keiner* als (Mask. / Neutr. / Fem.) zu charakterisieren:

Nichts, *was* er sagte, überzeugte sie.
Niemand, *der* im Zimmer war, hat es gehört.
Keiner, *der* (Keine, *die* . . .; Keines, *das* . . .) im Zimmer war, hat es gehört.

3. Die meisten Negationswörter im Deutschen entstehen durch die Kombination des Negationselements mit dem entsprechenden positiven Wort:

| | | |
|---|---|---|
| neg + *ein* | → | *kein* |
| Er isst *einen* Apfel. | → | Er isst *keinen* Apfel. |
| neg + Nullartikel | → | *kein* |
| Er isst Butter. | → | Er isst *keine* Butter. |
| neg + *jemand* | → | *niemand* (Person) |
| Er sieht *jemanden*. | → | Er sieht *niemanden*. |
| neg + *etwas* | → | *nichts* (Sache) |
| Er isst *etwas*. | → | Er isst *nichts*. |
| neg + *irgendwo* | → | *nirgendwo, nirgends* (Ort) |
| Er findet den Bleistift *irgendwo*. | → | Er findet den Bleistift *nirgendwo / nirgends*. |

| | | |
|---|---|---|
| neg + *irgendwann* | → | *nie, niemals* (Zeit) |
| Er besucht uns *irgendwann*. | → | Er besucht uns *nie / niemals*. |
| neg + *irgendwoher* | → | *nirgendwoher* (Richtung zum Sprecher hin) |
| Er kommt *irgendwoher*. | → | Er kommt *nirgendwoher*. |
| neg + *irgendwohin* | → | *nirgendwohin* (Richtung vom Sprecher weg) |
| Er geht *irgendwohin*. | → | Er geht *nirgendwohin*. |

# 3   BESONDERHEITEN

## 3.1   STELLUNG DES NEGATIONSWORTES *NICHT*

1. Die Stellung des Negationswortes *nicht* ist im Deutschen nicht völlig frei und auch nicht bloß von rhythmischen Gründen abhängig. Es gibt eine Menge von Fällen, in denen bestimmte Positionen für die Negation unzulässig sind. Auch wenn im konkreten Satz – unter ganz bestimmten Bedingungen – Satz- und Sondernegation zusammenfallen, bleibt ein Unterschied, weil in vielen Fällen beide Arten der Negation sowohl in der Bedeutung als auch in der Stellung unterschieden werden müssen.

Die *Satznegation* trifft immer die gesamte Prädikation (d. h. die Zuordnung von Subjekt und Prädikat); wird das finite Verb verneint, so wird zugleich der gesamte Satz verneint. Im Gegensatz zur Satznegation trifft die *Sondernegation* niemals den ganzen Satz, sondern nur Teile des Satzes: Sie hat deshalb eher attributive Funktion und eine unmittelbare Beziehung auf das verneinte Glied. Die Sondernegation trifft teils ganze Satzglieder (1), teils Wörter, die nur Teile von Satzgliedern sind (2), vereinzelt sogar Teile von Wörtern (3):

(1)  Er kommt nicht *am Abend*, sondern erst *am Morgen*.
(2)  Er traf sie nicht *vor*, sondern *nach* der Vorstellung.
(3)  Sie haben das Auto nicht *be-*, sondern *ent*laden.

Je nach der Art der Negation (Satznegation oder Sondernegation verschiedener Glieder) unterscheidet sich die Bedeutung:

(4)  *Nicht* alle Studenten waren verheiratet.
(5)  Alle Studenten waren *nicht* verheiratet.

Im Falle einer normalen Intonation (keine Hervorhebung eines bestimmten Gliedes) handelt es sich bei (4) um eine Sondernegation des Artikelwortes (gemeint ist: nicht alle, aber die meisten), bei (5) um eine Satznegation (die gesamte Prädikation wird verneint). Diese verschiedene Bedeutung wird jeweils durch eine besondere Stellung signalisiert. Vor allem das Negationswort *nicht* kann durch seine Stellung die Bedeutung des Satzes vielfach vari-

ieren und unterliegt deshalb komplizierteren Stellungsregeln. Die genannten Regularitäten für (4) und (5) gelten jedoch nur für die normale Intonation; sie können durch besondere Hervorhebung einzelner Glieder wie folgt
modifiziert werden:

(5)  Alle Studenten waren nicht verheiratet.
     (= Satznegation, 100 % der Studenten)
(5a) *A*lle Studenten waren n*i*cht verheiratet.
     (= Sondernegation, etwa 90 % der Studenten)

Durch die veränderte Intonation nimmt (5a) die Bedeutung von (4) an. Die
intonatorische Hervorhebung des Negationswortes *nicht* und des von ihr
betroffenen Gliedes — wie in (5a) — bedeutet somit keine Verstärkung der
Negation, sondern eine inhaltliche Einschränkung (von der Satz- zur Sondernegation).

2. Da die Bedeutung bei Satz- und Sondernegation meist verschieden ist,
unterscheidet sich in der Grundstruktur die Satznegation von den verschiedenen möglichen Sondernegationen; beide fallen aber in den konkreten
Sätzen unter bestimmten Bedingungen positionell zusammen. Deshalb gibt
es einerseits aktuale Sätze mit einer doppelten Interpretation (als Satz- und
als Sondernegation):

Er legt das Buch *nicht* auf den Tisch.

Andererseits kann die gleiche Satznegation manchmal im konkreten Satz
verschieden realisiert werden:

Ich traf ihn *nicht* im Café.  —  Ich traf ihn im Café *nicht*.

3. Damit im Zusammenhang steht die Rolle des Kontextes und der Intonation:

(6)  Der Vorhang fiel zwischen den Akten *nicht*.
(7)  Der Vorhang fiel *nicht* zwischen den Akten.
(8)  Er wollte sich im Harz *nicht* erholen.
(9)  Er wollte sich *nicht* im Harz erholen.

Während (6) und (8) eindeutig als Satznegation interpretiert werden, enthalten Satz (7) und (9) eine Satznegation nur bei normaler Intonation, bei intonatorischer Hervorhebung der Präpositionalgruppe jedoch eine Sondernegation. Wenn also Satz- und Sondernegation positionell zusammenfallen,
entscheidet die Intonation über ihre Differenzierung: Normale Intonation
weist auf Satznegation, die Sondernegation dagegen fordert die intonatorische Hervorhebung des der Negation folgenden negierten Gliedes. Ebenso
kann der Kontrast die Entscheidung zugunsten der Sondernegation treffen:

Er wollte sich *nicht* im Harz, sondern an der Ostsee erholen.

Die kontrastive Fortsetzung des Satzes ist jedoch für die Sondernegation nicht obligatorisch:

Er kommt oft *nicht*.  —  Er kommt *nicht* oft.

In den meisten Fällen erscheint allerdings eine kontrastive Fortsetzung des Satzes oder ein entsprechender Kontext (bzw. Situationszusammenhang). Oftmals wirken intonatorische Hervorhebung des der Negation folgenden negierten Gliedes und kontrastive Fortsetzung des Satzes – als die beiden Zeichen der Sondernegation – zusammen.

3.2    VERWENDUNG VON *KEIN UND NICHT*

1. Als Negation steht immer *kein*, wenn in dem nicht verneinten Satz der unbestimmte Artikel steht:

Er hat mir *ein* Buch gebracht.
→ Er hat mir *kein* Buch gebracht.

2. Als Negation steht in folgenden Fällen *kein*, wenn bei einem nicht verneinten Substantiv der Nullartikel steht:

(1) im Plural, wenn im Singular der unbestimmte Artikel steht:

Er hat Brüder.
→ Er hat *keine* Brüder.

(2) bei Stoffnamen im Singular, die eine unbestimmte Menge eines Stoffes bezeichnen, sowie bei Substantiven auf -*zeug*, -*werk* u. a.:

Er trank Bier.
→ Er trank *kein* Bier.

(3) in einigen festen Verbindungen:

Sie hatte Angst.     (= ängstigte sich)
→ Sie hatte *keine* Angst.

3. Als Negation steht in folgenden Fällen *nicht*, wenn im nicht verneinten Satz der Nullartikel steht:

(1) in einigen festen Verbindungen von Verb und Akkusativ ohne Objektscharakter, die nicht durch ein Verb ersetzt werden können:

Er kann Auto fahren.
→ Er kann *nicht* Auto fahren.

(2) bei geographischen Namen:

Er wohnt in Polen.
→ Er wohnt *nicht* in Polen.

(3) bei Berufsbezeichnungen nach einem Verb + *als*:

Sie arbeitet als Therapeutin.
→ Sie arbeitet *nicht* als Therapeutin.

4. Als Negation steht in folgenden Fällen *kein* oder *nicht*, wenn im nicht verneinten Satz der Nullartikel steht:

(1) bei Präpositionalgruppen (*nicht* steht vor der Präposition, *kein* zwischen Präposition und Substantiv):

Er geht auf ein Gymnasium.
→ Er geht *nicht* auf ein Gymnasium.
→ Er geht auf *kein* Gymnasium.

(2) in einigen festen Wendungen von *nehmen* + passivfähigem Akkusativ:

Er hat Rücksicht genommen.
→ Er hat *nicht* Rücksicht genommen.
→ Er hat *keine* Rücksicht genommen.

3.3    NEGATIONSBEDEUTUNG OHNE ODER MIT ANDEREM NEGATIONSTRÄGER

Zu den Konkurrenzformen der Negationswörter gehören solche, bei denen die Negation mit Hilfe anderer Mittel oder überhaupt nicht ausgedrückt ist.

1. Viele Adjektive erhalten eine Sondernegation nicht nur durch *nicht*, sondern auch durch das Präfix *un*-:

Das Buch ist *nicht* interessant.
→ Das Buch ist *un*interessant.

2. Ebenso nehmen manche Substantive das Präfix *un*- zu sich und erhalten damit eine Sondernegation:

*Un*anständigkeit, *Un*aufführbarkeit

3. Eine Negation wird auch ausgedrückt durch das Element *miss*- bei Verben und Substantiven:

gefallen  + neg → *miss*fallen
Erfolg     + neg → *Miss*erfolg

4. Auch einige fremde Präfixe (*a(n)*-, *des*-, *dis*-, *in*-) bewirken eine Negation bei Substantiven und Adjektiven:

grammatisch  + neg → *a*grammatisch
Interesse      + neg → *Des*interesse
Proportion    + neg → *Dis*proportion
konsequent   + neg → *in*konsequent

5. Auch einige Fügewörter gehören zu den Negationselementen im Deutschen, weil sie – ohne formalen Negationsträger – den von ihnen eingeleiteten Satz verneinen (= Satznegation):

Er kommt, *ohne dass* er grüßt / *ohne zu* grüßen.  (= Er grüßt *nicht*.)
Er arbeitet, *anstatt dass* er schläft / *anstatt zu* schlafen  (= Er schläft *nicht*.)
Das Wetter war zu heiß, *als dass* man hätte arbeiten können.  (= Man konnte *nicht* arbeiten.)

6. Die Negation im Nebensatz wird auch dann nicht ausgedrückt, wenn im entsprechenden übergeordneten Satz Verben stehen, die bereits eine negative Aussage enthalten (*abraten, verhindern, vermeiden, verbieten, warnen, untersagen* u. a.):

Er untersagt ihr, in die Stadt zu fahren.  (= Sie soll *nicht* in die Stadt fahren.)

7. Auch bei irrealen Konditional- und Wunschsätzen wird die Negation formal nicht signalisiert, obwohl sie inhaltlich ausgesagt ist:

Wenn das Wetter schön gewesen wäre, wären wir spazieren gegangen.
(= Das Wetter ist *nicht* schön gewesen.)
Wenn der Brief doch heute gekommen wäre!  (= Der Brief ist heute *nicht* gekommen.)

## 3.4 NEGATIONSTRÄGER OHNE NEGATIONSBEDEUTUNG

Umgekehrt gibt es Fälle, bei denen in der aktualen Gestalt des Satzes ein – allerdings fakultatives – *nicht* stehen kann, ohne dass der Satz inhaltlich eine Negation ausdrückt.

1. Ausrufesätze:

Was weiß er *nicht* alles!  (= Was weiß er alles! Er weiß alles.)

2. Fragesätze:

Kannst du mir *nicht* helfen?  (= Kannst du mir helfen? Du kannst mir helfen.)

3. die mehrteilige Konjunktion *nicht nur . . . sondern auch*:

Er ist *nicht nur* ein guter Wissenschaftler, *sondern auch* ein ausgezeichneter Lehrer.  (= Er ist ein guter Wissenschaftler und ein ausgezeichneter Lehrer.)
Im Unterschied zu 1. und 2. ist *nicht* jedoch hier obligatorisch.

## 3.5 DOPPELTE NEGATION

Enthält ein Satz bereits ein Negationswort – sei es ein Pronomen (*kein, niemand, nichts*) oder ein Adverb (*nie, nirgends, nirgendwohin*) –, so ist ein zusätzliches Auftreten von *nicht* ausgeschlossen.

Eine doppelte Negation ist in der deutschen Gegenwartssprache nicht zulässig, es sei denn als besonderes Stilmittel zur vorsichtigen Bejahung (nur in der Koppelung *nicht – un-* und in der Koppelung *nicht ohne*):

Er liest ein *nicht un*interessantes Buch.   (= ein ziemlich interessantes Buch)
Er hat die Ansprache *nicht ohne* Spannung verfolgt.   (= mit etwas Spannung)

Auch *kaum* und *nicht* schließen einander aus, da *kaum* eine negative Bedeutung hat:

*Er wird mich *kaum nicht* besuchen.

### 3.6    ZU EINZELNEN NEGATIONSWÖRTERN

(1)  Die Verbindung *noch nicht* bezeichnet ein Geschehen, das bis in die Sprechergegenwart nicht eingetreten ist, die Verbindung *nicht mehr* umgekehrt ein Geschehen, das in der Vergangenheit bestand, aber in der Sprechergegenwart nicht mehr besteht:

Er ist *noch nicht* in der Schule.   (= Er war und ist nicht in der Schule, wird aber in die Schule kommen.)
Er ist *nicht mehr* in der Schule.   (= Er war in der Schule, ist aber nicht länger dort.)

(2)  *sogar* + neg → *nicht einmal*:

Er ist *sogar* drei Wochen verreist.       (= Verstärkung, Steigerung)
Er ist *nicht einmal* drei Wochen verreist.   (= Abschwächung, Minderung)

(3)  Die Verbindungen *noch nicht, noch immer nicht, immer noch nicht, noch lange nicht, noch gar nicht, nicht mehr* und *nicht einmal* werden nicht durch andere Wörter getrennt, wohl aber die Verbindung *kein . . . mehr*:

Er ist *nicht mehr* Lehrer.   –   Er ist *kein* Lehrer *mehr*.

(4)  Der Unterschied zwischen *nicht* (Partikel) und *nichts* (substantivisches Pronomen) wird deutlich durch eine verschiedene Substituierbarkeit:

(a)  Er liest *nicht anders* als sein Freund.
(b)  Er liest *nichts anderes* als sein Freund.

Das hervorgehobene Glied ist in (a) ersetzbar durch ein Adverb (z. B.: *nicht besser, nicht deutlicher*), in (b) durch ein Substantiv (z. B.: *nichts Besseres, kein anderes Buch*).

# PRONOMINALFORM *ES*

Die Pronominalform *es* hat vier syntaktische Funktionen. Sie steht
- als Prowort,
- als Platzhalter,
- als Korrelat,
- als formales Subjekt und Objekt.


# 1    *ES* ALS PROWORT

### 1.1    PROWORT FÜR SUBSTANTIV

Die Pronominalform *es* weist als Prowort auf ein Substantiv im Neutrum
Sing. zurück. Entsprechend der Verbforderung steht das Prowort für das
Nominativsubjekt oder das Akkusativobjekt im Satz. Als Subjekt tritt es an
erster Stelle und nicht–erster Stelle auf, als Objekt nur an nicht–erster Stelle:

Sie hat ein kleines *Haus*.
*Es* gefällt mir sehr. Mir gefällt *es* sehr.          (Subjekt)
*Es* will sie verkaufen. Sie will *es* verkaufen.      (Objekt)


### 1.2    PROWORT FÜR VOLLVERB

Die Pronominalform *es* weist als Prowort auch auf ein Vollverb (und damit
auf den ganzen Satz) zurück. Das Prowort für ein Vollverb kann als Subjekt
die erste oder nicht–erste Stelle einnehmen, als Objekt nur die nicht–erste
Stelle:

Sie wollte die Prüfung unbedingt mit Eins *bestehen*.
*Es* ist ihr gelungen. Ihr ist *es* gelungen.          (Subjekt)
*Es* hat sie geschafft. Sie hat *es* geschafft.        (Objekt)


### 1.3    PROWORT FÜR PRÄDIKATIVES ADJEKTIV / SUBSTANTIV

Wenn die Pronominalform *es* rückweisend die Stelle eines prädikativen
Adjektivs oder Substantivs besetzt, steht das Prowort unmittelbar nach dem
finiten Kopulaverb:

Die anderen waren von der Wanderung müde, sie war nicht *müde*.
→ Die anderen waren von der Wanderung müde, sie war *es* nicht.

Der Vater ist Arzt (,) und sein Sohn wird auch *Arzt*.
→ Der Vater ist Arzt (,) und sein Sohn wird *es* auch.

Anmerkungen:

(1) In bestimmten Sätzen mit *sein* + prädikatives Substantiv steht die Pronominalform *es* auch für ein mask. oder fem. Subjekt (bei Person alternativ zum mask. / fem. Personalpronomen):

Was ist das für ein *Tisch? – Es* ist ein Couchtisch.
Was ist das für eine *Sportlerin? – Es* ist eine Läuferin. / *Sie* ist (eine) Läuferin.

(2) Bei Kopulaverben kongruiert das finite Verb nicht mit der Pronominalform *es*, sondern mit dem Subjekt:

Der Vater ist Arzt (,) und seine Söhne *werden* es auch.
Er war müde, die anderen *waren* es nicht.
Was sind das für Leute? – Es *sind* Touristen.

## 2  *ES* ALS PLATZHALTER

Die Pronominalform *es* als Platzhalter hat die (stilistische) Funktion, dem Subjekt des Satzes statt seiner Normstellung vor dem finiten Verb (Thema-Position) die Stellung nach dem finiten Verb (Rhema-Position) zu ermöglichen. Als reines Stellungsglied kommt das thematische *es* nur an erster Stelle im Satz vor (a) und kongruiert nicht mit dem finiten Verb (b):

Es ist zum Glück kein Unfall passiert.
(a) → *Zum Glück ist es kein Unfall passiert.
    → Zum Glück ist kein Unfall passiert.
(b) → *Es ist zum Glück keinerlei Unfälle passiert.
    → Es sind zum Glück keinerlei Unfälle passiert.

Man vergleiche auch folgende Satzbeispiele zum Gebrauch des thematischen *es*:

Es haben sich viele Schüler am Wettkampf beteiligt.
Es spielt jetzt das Rundfunk-Sinfonieorchester.
Es entsteht die Frage, ob der Vorschlag realistisch war.
Es wurde bis in die Nacht auf den Straßen und Plätzen gefeiert.

## 3  *ES* ALS KORRELAT

Die Pronominalform *es* weist als Korrelat im Nominativ auf einen nachgestellten Subjektsatz voraus, als Korrelat im Akkusativ auf einen nachgestellten Objektsatz. Das Korrelat des Subjektsatzes steht im Hauptsatz an erster

oder an nicht–erster Stelle, das Korrelat des Objektsatzes steht nur an nicht–erster Stelle:

*Es* freut mich sehr / Mich freut *es* sehr, dass ich dich getroffen habe. (Subjektsatz)
*\*Es* bedauere ich sehr / Ich bedauere *es* sehr, dass ich dich nicht getroffen habe.　(Objektsatz)

Anmerkungen:

(1) An nicht–erster Stelle tritt das Korrelat *es* — zumeist abhängig vom Verb im Hauptsatz — entweder obligatorisch (a) oder fakultativ (b) auf, bei einigen Verben fehlt es gewöhnlich (c):

(a) Er hat *es* übernommen / \*Er hat übernommen, alle zu informieren.
(b) Sie erfährt *es* erst morgen / Sie erfährt erst morgen, ob sie auch mündlich geprüft wird.
(c) \*Er hofft *es* / Er hofft, dass er seine Dissertation bald abschließen kann.

(2) Wenn ein Subjekt- oder Objektsatz dem Hauptsatz vorangestellt wird, erscheint als — in diesem Fall nicht vorausweisendes, sondern rückweisendes — Korrelat statt der Pronominalform *es* die Pronominalform *das*. Der Gebrauch von *das* ist fakultativ:

Dass ich dich getroffen habe, (*das*) freut mich sehr.　　(Subjektsatz)
Dass ich dich nicht getroffen habe, (*das*) bedauere ich sehr.　(Objektsatz)

(3) Die gleichen Stellungsregeln wie oben genannt gelten für das Korrelat *es* (und *das*), wenn das Prädikat des Hauptsatzes aus einem Kopulaverb + Prädikativ (Adjektiv / Substantiv) besteht.

Subjektsatz (nachgestellt, Adjektiv / Substantiv):

*Es* ist sonderbar / Sonderbar ist (*es*), dass er nicht schreibt.
*Es* ist ein Glück / Ein Glück ist (*es*), dass du kommst.

Objektsatz (nachgestellt, nur Adjektiv):

*\*Es* ist das Buch wert / Das Buch ist (*es*) wert, dass du es liest.

Nebensatz vorangestellt:

Dass er nicht schreibt, (*das*) ist sonderbar.

# 4　*Es* als formales Subjekt und Objekt

Bei einer Reihe von Verben fungiert die Pronominalform *es* als ein Subjekt oder ein Objekt, das nur syntaktisch (formal) als Satzglied verstanden werden kann und dem keine semantische Rolle entspricht. Als formales Subjekt tritt *es* an erster und nicht–erster Stelle im Satz auf (a), als formales Objekt steht *es* nur an nicht–erster Stelle (b):

(a) *Es* klingelte plötzlich. Plötzlich klingelte *es*.
(b) *\*Es* hat er immer eilig. Er hat *es* immer eilig. Immer hat er *es* eilig.

## 4.1 FORMALES SUBJEKT

Die Verben mit der Pronominalform *es* als formalem Subjekt bilden keine einheitliche Gruppe. Nach der Zahl und Art der Ergänzungen zum Verb – und z. T. auch nach der Bedeutung der Verben – lassen sich folgende Gruppen unterscheiden.

**1. Vollverben ohne Ergänzung**
In semantischer Hinsicht bilden die Vollverben ohne Ergänzung zwei Untergruppen.

(1) Verben zum Ausdruck von Naturerscheinungen (sog. echte unpersönliche Verben):

*Es schneit* schon seit Stunden.

Ebenso: blitzen, dämmern, donnern, dunkeln, grünen, hageln, nieseln, regnen, tagen, tauen u. a.

(2) Verben zum Ausdruck von Geräuschen (sog. unechte unpersönliche Verben):

*Es hat an der Tür geläutet.*

Ebenso: brausen, klopfen, krachen, rauschen, zischen u. a.

Anmerkung:

Vereinzelt tritt ein semantisches Subjekt als Akkusativobjekt in Kombination mit *es* als formalem Subjekt auf:

*Es schneite Blütenblätter von den Bäumen.*

**2. Kopulaverben mit Adjektiv**
Die Verbindung der Pronominalform *es* mit einem Kopulaverb ist auf Adjektive beschränkt, die Sinneswahrnehmungen (1) oder Zeitangaben (2) ausdrücken:

(1) *Es wird am Abend sehr kühl.*

Ebenso: dunkel, hell, kalt, warm, heiß, laut, still u. a.

(2) *Es ist jetzt schon sehr spät.*

Ebenso: früh, zeitig

Anmerkung:

Verbindungen dieser Art sind auch mit Substantiven als Zeitangaben möglich:

*Es wird bald Nacht.*

Bei einigen Substantiven ist die Pronominalform *es* an nicht–erster Stelle im Satz fakultativ:

*Es ist bald Weihnachten. Bald ist (es) Weihnachten.*

### 3. Vollverben mit Substantiv / Pronomen im obliquen Kasus

Bei der Mehrzahl der Vollverben mit *es* als formalem Subjekt steht die Ergänzung im Dativ bzw. Akkusativ und bezeichnet eine Person als logisches Subjekt eines Vorgangs- oder Zustandsverbs. Unter diesen Verben gibt es einige, die noch zusätzliche Bestimmungen (zumeist adverbialer Art) verlangen, und solche, bei denen die Pronominalform *es* an nicht-erster Stelle im Satz fakultativ gebraucht wird. Von dieser relativ einheitlichen Hauptgruppe mit Personenangabe ((1)–(3)) ist eine Anzahl von Verben zu unterscheiden, die als Teilgruppe nur durch eine (obligatorische) Objektergänzung zu bestimmen sind (4).

(1) Verben mit Personenangabe im Dativ:

| | |
|---|---|
| Es *geht* ihm gut. | (mit Modalbestimmung) |
| Es hat mir auf Rügen *gefallen*. | (mit Lokalbestimmung) |
| Es *fehlt* ihm nicht an Ausdauer. | (mit Präpositionalobjekt) |

Mit fakultativem *es* an nicht-erster Stelle:

Es *schwindelte* ihr. Ihr schwindelte (es).
Es *graut* mir (vor der Prüfung). Mir graut (es) (vor der Prüfung).     (mit / ohne Präpositionalobjekt)

(2) Verben mit Personenangabe im Akkusativ:

| | |
|---|---|
| Es *juckte* ihn. | |
| Es *schüttelte* sie (vor Entsetzen). | (mit / ohne Präpositionalobjekt) |
| Es *überlief* ihn kalt. | (mit Modalbestimmung) |
| Es *zog* ihn zu seinen Kindern. | (mit Lokalbestimmung) |

Mit fakultativem *es* an nicht-erster Stelle:

Es *fror* mich. Mich fror (es).
Es *fröstelte* sie. Sie fröstelte (es).

(3) Verben mit Personenangaben im Dativ oder Akkusativ:

Es *ekelte* sie / ihr (vor den Würmern).     (mit / ohne Präpositionalobjekt)

Mit fakultativem *es* an nicht-erster Stelle:

Es *schauderte* ihm /ihn bei dem Gedanken. Bei dem Gedanken schauderte (es) ihm / ihn.

(4) Verben mit Objektergänzung:

| | |
|---|---|
| Es *gibt* noch einen ungeklärten Punkt. | (Akkusativ) |
| Es *geht* um den ersten Preis. Es *kommt* auf das Resultat *an*. | (Präpositional-objekt) |

4. Kopulaverben mit Adjektiv und Personenangabe im Dativ
Die Verbindung der Pronominalform *es* mit Kopulaverb und Personenangabe ist auf Adjektive beschränkt, die eine menschliche Befindlichkeit ausdrücken. Die Pronominalform *es* wird an nicht–erster Stelle im Satz fakultativ
gebraucht:

Es ist mir *kalt*. Mir ist (es) kalt.
Es wurde ihr *schlecht*. Ihr wurde (es) schlecht.

Ebenso: jemandem ist / wird angst, bange, warm, übel u. a.

4.2    FORMALES OBJEKT

Die Verben, bei denen die Pronominalform *es* als formales Objekt steht,
bilden feste Verbindungen (Wendungen):

Sie hat es ihm angetan.    (= Sie gefällt ihm.)
Sie hat es auf den Mantel abgesehen.    (= Sie wünscht sich den Mantel.)

Ebenso: es auf etwas ankommen lassen, es auf etwas anlegen, es mit jemandem (nicht) aufnehmen (können), es mit jemandem zu tun bekommen, es zu
etwas / zu nichts / weit bringen, es eilig haben, es sich leicht / schwer
machen, es gut mit jemandem meinen usw.

# Der Satz

## Satzglieder

Die Umstellprobe und die Ersatzprobe zeigen, dass es neben den Wortklassen noch eine weitere Ebene in der Grammatik gibt, die zwischen Wort und Satz liegt: die *Satzglieder*:

Er legt das Buch *auf den Tisch.*
*Auf den Tisch* legt er das Buch.     (Umstellprobe)
*Dorthin* legt er das Buch.           (Ersatzprobe)

Dieses Beispiel lässt deutlich werden, dass ein Satzglied entweder aus einem Wort oder aus mehreren Wörtern bestehen kann, dass dasselbe Satzglied durch verschiedene Wortklassen repräsentiert werden kann. Die Satzglieder lassen sich im Hauptsatz (Aussagesatz) um das finite Verb (2. Position) herum bewegen:

Er        *liest*   gern Romane.
Gern      *liest*   er Romane.
Romane    *liest*   er gern.

Die Satzglieder sind jedoch keine bloßen Stellungsglieder, sondern Funktionsglieder: Sie sind *Relationen*, d. h. *Funktionen* von Kategorien (Wörtern und Wortgruppen) in der Satzstruktur. Es sind *syntaktische* Einheiten, die vor allem durch ihre Abhängigkeit, ihre Substitutionsmöglichkeiten (d. h. die morphosyntaktischen Stellungsglieder, durch die sie repräsentiert werden), ihre Transformationsmöglichkeiten und ihre Valenzeigenschaften (d. h. ihr obligatorisches, fakultatives und freies Auftreten) charakterisiert werden. Im Folgenden wird eine Übersicht über die Satzglieder im Deutschen gegeben.

# 1 Prädikat

## 1.1 Finites Verb

Das finite Verb ist dasjenige Satzglied, das eine feste Position im Satz einnimmt und um das herum im Hauptsatz (Aussagesatz) sich die anderen Satzglieder bewegen.
Am finiten Verb können Veränderungen vorgenommen werden im Tempus (1), im Genus (2), im Modus (3) und in der Modalität (4):

(1)  Er *liest* ein Buch.
     → Er *hat* ein Buch *gelesen.*

(2) Er *liest* ein Buch.
→ Ein Buch *wird* von ihm *gelesen*.
(3) Er *kam* pünktlich.
→ Er *käme* pünktlich.
(4) Er *liest* ein Buch.
→ Er *möchte* ein Buch *lesen*.

## 1.2  GRAMMATISCHER PRÄDIKATSTEIL

In bestimmten Konstruktionen (z. B. Perfekt, Passiv, reflexive Passiv–Paraphrasen) besteht das Prädikat aus zwei oder mehr Teilen. Der nichtfinite, aber verbale Teil des Prädikats wird als grammatischer Prädikatsteil bezeichnet (weil er aus grammatischen Gründen steht).
Als grammatischer Prädikatsteil können auftreten

(1) Infinitiv des Verbs:

Er will das Buch *lesen*.

(2) Partizip des Verbs:

Er hat das Buch *gelesen*.

(3) Reflexivpronomen *sich*:

Das Buch liest *sich* spannend.

## 1.3  LEXIKALISCHER PRÄDIKATSTEIL

Als lexikalischer Prädikatsteil wird der nichtfinite Teil des Prädikats bezeichnet, der aus lexikalischen oder Wortbildungsgründen steht.
Als lexikalischer Prädikatsteil treten auf

(1) Substantiv:

Er fährt *Auto*.

(2) Präfix und Adverb:

Das kommt ihm überzeugend *vor*.
Sie geht ins Haus *hinein*.

(3) Adjektiv:

Wir essen uns *satt*.

(4) Infinitiv des Verbs mit oder ohne *zu*:

Sie lernten sich *kennen*. Er hat nichts *zu sagen*.

**1.4   PRÄDIKATIV (= SUBJEKTSPRÄDIKATIV)**

Das Prädikativ ist ein nichtfiniter und nichtverbaler Teil eines mehrgliedrigen Prädikats bei *sein*-Verben (Kopulaverben), der sich auf das Subjekt bezieht. Dieses Prädikativ kann erscheinen als

(1)  Substantiv (oder substantivisches Pronomen) im Nominativ:

Er ist *Student.*

(2)  Adjektiv (oder Partizip):

Seine Tochter ist *begabt.*

(3)  Präposition + Substantiv:

Diese Frage ist *von Bedeutung.*

(4)  (Präposition +) Adverb:

Diese Zeitung ist *von heute.*
Der Lehrer ist *dort.*

Das Prädikativ beim Verb *sein* kann in ein Attribut transformiert werden:

(1)  Hans ist *Student.*
        → der Student Hans
(2)  Der Schüler ist *begabt.*
        → der begabte Schüler
(3)  Das Problem ist *von Bedeutung.*
        → das Problem von Bedeutung
(4)  Die Zeitung ist *von heute.*
        → die Zeitung von heute

**1.5   OBJEKTSPRÄDIKATIV**

Das Objektsprädikativ ist ein nichtverbaler Teil des Prädikats bei Verben wie *nennen, finden, halten für, bezeichnen als* u. a., der sich auf das Objekt bezieht.
Als Objektsprädikativ können auftreten

(1)  Substantiv (oder substantivisches Pronomen) im Akkusativ:

Der Journalist nennt Hamburg *das Tor zur Welt.*

(2)  (Präposition +) Adjektiv (oder Partizip):

Er findet sie *liebenswert.*
Ich halte seine Worte *für wichtig.*

(3)  Präposition + Substantiv:

Alle finden es *in Ordnung.*

(4) Adverb:

Man nennt ihn *so*.

Das Objektsprädikativ wird bei der Passivtransformation zum Subjektsprädikativ:

Er nennt sie *ein Vorbild*.
→ Sie wird von ihm *ein Vorbild* genannt.


## 2 SUBJEKT

Als Subjekt erscheinen Substantive oder substantivische Pronomina im Nominativ:

*Der Arbeiter* (*Er*) liest ein Buch.

Für die Formen des Substantivs als Subjekt sind zwei Transformationen charakteristisch.

(1) Durch eine Nominalisierungstransformation wird das substantivische Subjekt zum Genitivattribut:

*Der Arbeiter* liest.
→ das Lesen *des Arbeiters*

(2) Durch eine Passivtransformation wird das substantivische Subjekt zum Präpositionalobjekt (mit *von* oder *durch*):

*Der Arbeiter* liest das Buch.
→ Das Buch wird *von dem Arbeiter* gelesen.

Dem entsprechen zwei Transformationen für das substantivische Pronomen als Subjekt.

(3) Durch eine Nominalisierungstransformation wird das substantivische Pronomen zum Possessivpronomen:

*Er* liest.
→ *sein* Lesen

(4) Bei der Passivtransformation verhält sich das substantivische Pronomen wie das Substantiv als Subjekt (vgl. (2)):

*Er* liest das Buch.
→ Das Buch wird *von ihm* gelesen.

# 3 OBJEKT

## 3.1 ALLGEMEINES

Folgende Arten von Objekten werden unterschieden:

Akkusativobjekt – Dativobjekt – Genitivobjekt – Präpositionalobjekt

Als Objekte erscheinen Substantive oder substantivische Pronomina im Akkusativ, Dativ, Genitiv oder mit Präposition:

Das Mädchen liest *ein Buch (es)*.
Er hilft *seinem Freund (ihm)*.
Der alte Mann erinnert sich *seines Freundes (seiner)*.
Der Vater denkt *an seine Kinder (an sie)*.

Die Objekte sind entweder obligatorisch (1) oder fakultativ (2):

(1)  Er zeigt ihm *den Weg*.
      → *Er zeigt ihm.
(2)  Er liest *ein Buch*.
      → Er liest.

## 3.2 AKKUSATIVOBJEKT

Das Akkusativobjekt wird durch eine Passivtransformation zum Nominativsubjekt des passiven Satzes:

Er liest *den Roman*.
→ *Der Roman* wird von ihm gelesen.

Das Akkusativobjekt wird durch eine Nominalisierungstransformation zum Genitivattribut:

Er liest *das Buch*.
→ das Lesen *des Buches*

## 3.3 DATIVOBJEKT

Das Dativobjekt bleibt von der Passivtransformation unberührt:

Er hilft *seinem Freund*.
→ *Seinem Freund* wird geholfen.

Das Dativobjekt wird durch eine Nominalisierungstransformation zum präpositionalen Attribut:

Er hilft *dem Freund*.
→ seine Hilfe *für den Freund*

**3.4    GENITIVOBJEKT**

Das Genitivobjekt bleibt von der Passivtransformation unberührt:

Die Bevölkerung gedachte *der Opfer der Flugzeugkatastrophe.*
→ *Der Opfer der Flugzeugkatastrophe* wurde gedacht.

Das Genitivobjekt wird durch eine Nominalisierungstransformation zum präpositionalen Attribut:

Sie erinnern sich *des Jubiläums.*
→ ihre Erinnerung *an das Jubiläum*

Das Genitivobjekt wird häufig in ein Präpositionalobjekt transformiert:

Er erinnert sich *seines Freundes.*
→ Er erinnert sich *an seinen Freund.*

**3.5    PRÄPOSITIONALOBJEKT**

Das Präpositionalobjekt bleibt von der Passivtransformation unberührt:

Man wartete *auf die ausländischen Gäste.*
→ *Auf die ausländischen Gäste* wurde gewartet.

Das Präpositionalobjekt wird durch eine Nominalisierungstransformation zum präpositionalen Attribut:

Die Regierung hofft *auf verbesserte Beziehungen.*
→ die Hoffnung (der Regierung) *auf verbesserte Beziehungen*

Das Präpositionalobjekt kann in einigen Fällen in ein Kasusobjekt transformiert werden:

Sie erinnert sich *an die Kindheit.*
→ Sie erinnert sich *der Kindheit.*

Das Präpositionalobjekt kann – falls das im Objekt dargestellte Substantiv keine Person ist – durch ein Pronominaladverb substituiert werden:

Sie dachten *an das Geschenk.*
→ Sie dachten *daran.*

**3.6    OBJEKT ZUM PRÄDIKATIV**

Das Objekt zum Prädikativ hängt nicht vom finiten Verb, sondern von einem Adjektiv als Prädikativ ab.
Das Objekt zum Prädikativ kann auftreten als Substantiv (im Akkusativ, Dativ, Genitiv oder mit Präposition) oder als entsprechendes substantivisches Pronomen (bzw. Pronominaladverb):

Diese Ware ist *ihr Geld* (es) wert.
Der Sohn ist *seinem Vater* (ihm) ähnlich.
Der Junge ist wütend *über den Vorwurf* (darüber) / *den Freund* (über ihn).

Wie alle anderen Objekte, so kann auch das Objekt zum Prädikativ obligatorisch (1) oder fakultativ (2) sein:

(1) Der Sohn ist *seinem Vater* ähnlich.
  → *Der Sohn ist ähnlich.
(2) Er ist *seinem Vater* dankbar.
  → Er ist dankbar.

# 4 ADVERBIALBESTIMMUNG

## 4.1 SYNTAKTISCHE BESCHREIBUNG

Es gibt folgende Unterschiede zwischen Objekten und Adverbialbestimmungen:

(1) Objekte können in der Regel durch Personalpronomina, Adverbialbestimmungen durch Adverbien substituiert werden:

Er las *den ganzen Roman*.
→ Er las *ihn*.
Er las *den ganzen Tag*.
→ Er las *damals / dann*.

(2) Bei Präpositionalobjekten ist die Präposition syntaktisch vom finiten Verb regiert (ist folglich ohne erkennbare Semantik), bei adverbialen Präpositionalgruppen ist die Präposition nicht vom finiten Verb determiniert, sondern sie spezifiziert semantisch die Beziehung zu dem von ihr regierten Wort:

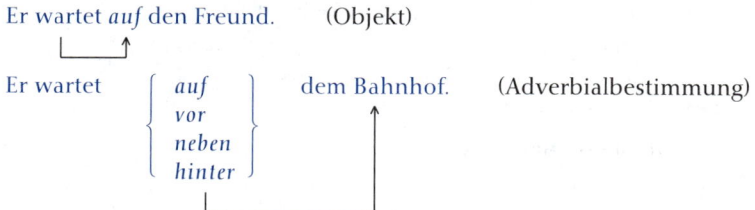

(3) Daraus ergibt sich, dass beim Präpositionalobjekt nur ganz bestimmte Präpositionen vom übergeordneten Verb oder Adjektiv her gefordert und zulässig sind (in den meisten Fällen nur eine einzige), dass dagegen präpositionale Adverbialbestimmungen in der Regel mehrere Präpositionen zulassen.

Als Adverbialbestimmungen treten auf

(1) (Präposition +) Adverb (oder Partizip):

Der Lehrling arbeitet *fleißig*.  —  Er arbeitet *bis morgen*.

(2) Substantiv im Akkusativ:

Das Mädchen liest *den ganzen Tag.*

(3) Substantiv im Genitiv:

Er kommt *eines Morgens.*

(4) Präposition + Substantiv oder substantivisches Pronomen (bzw. Pronominaladverb):

Er fährt *mit dem alten Fahrrad (mit ihm, damit).*

Die Adverbialbestimmungen verhalten sich nach ihrer Bindung an das Verb verschieden.

(1) In der Regel sind die Adverbialbestimmungen frei:

Sie arbeitet *gern.*
→ Sie arbeitet.

(2) Lokalbestimmungen sind teilweise fakultativ:

Er fährt *dorthin.*
→ Er fährt.

(3) Einige Lokal-, Temporal- und Modalbestimmungen sind obligatorisch:

Ich wohne *dort.*
→ *Ich wohne.

Anmerkung:

Wie es ein Objekt zum Prädikativ gibt, so gibt es vereinzelt auch eine Adverbialbestimmung zum Prädikativ, die sich — im Unterschied von den bisher genannten Adverbialbestimmungen — nicht auf das finite Verb bezieht:

Er ist wohnhaft *in Leipzig.*

## 4.2 SEMANTISCHE KLASSEN

1. Temporalbestimmung

Mein Freund kommt *heute (jeden Tag).*

2. Lokalbestimmung

Er arbeitet *dort (im Betrieb).*

3. Modalbestimmung

Die Sekretärin schreibt *schnell (mit großer Geschwindigkeit).*

4. Kausalbestimmung

(1) Kausalbestimmung im engeren Sinne

Ich habe ihm *wegen seiner Verletzung* beim Einsteigen geholfen.

(2) Konditionalbestimmung

*Mit etwas Fleiß* könnte er seine Leistungen verbessern.

(3) Konzessivbestimmung

Er kam *trotz seiner Erkältung.*

(4) Konsekutivbestimmung

Die beiden Schwestern sehen sich *zum Verwechseln* ähnlich.

(5) Finalbestimmung

Die Familie fährt *zur Erholung* ins Gebirge.

# 5 SEKUNDÄRE SATZGLIEDER

Neben den bisher genannten primären Satzgliedern gibt es sekundäre Satz-glieder, d. h. solche, die nicht direkt vom Prädikat des Satzes abhängig (sondern nur lose mit ihm verbunden) sind und deshalb nicht zur Grund-struktur gehören (vielmehr von einer anderen Grundstruktur abgeleitet sind). Nach ihrer Abhängigkeit sind sekundäre Satzglieder zum ganzen Satz und solche zu einzelnen Gliedern im Satz zu unterscheiden.

## 5.1 SEKUNDÄRES SATZGLIED ZUM SATZ

Als sekundäres Satzglied zum Satz können auftreten

(1) Substantiv (oder substantivisches Pronomen) im Dativ:

Er trägt *seiner Mutter (ihr)* das Gepäck.
Dieses Problem ist *meinem Freund (ihm)* wichtig.

Dabei handelt es sich um verschiedene Arten des „freien Dativs" (des Dativs, der nicht Objekt ist):

um den dativus commodi

Er trägt *seiner Mutter* das Gepäck.

um den dativus incommodi

Der Schlüssel fiel *dem Jungen* ins Wasser.

um den Dativ des Maßstabs

Er arbeitet *dem Chef* zu langsam.

um den ethischen Dativ

Falle *mir* nicht!

(2) Modalwort:

Er hat uns *leider* nicht informiert.

(3) Präposition + Substantiv (oder substantivisches Pronomen):

Er trägt *für seine Mutter* (*für sie*) das Gepäck.
Dieses Problem ist *für meinen Freund* (*für ihn*) wichtig.
Er ist *zu unserem Bedauern* nicht gekommen.

Das sekundäre Satzglied zum Satz ist frei:

Er trägt *für seine Mutter* das Gepäck.
→ Er trägt das Gepäck.

5.2     SEKUNDÄRES SATZGLIED ZU EINZELNEN GLIEDERN

5.2.1   PRÄDIKATIVES ATTRIBUT

Die prädikativen Attribute stehen in der Position von Adverbien im konkreten Satz. Sie hängen aber im Unterschied zu den Adverbien primär nicht vom Verb, sondern von einem substantivischen Glied (vom Subjekt oder vom Objekt) ab. Nach dieser Beziehung werden zwei Arten von prädikativen Attributen unterschieden: das prädikative Attribut zum Subjekt und zum Objekt. Beide haben gemeinsame Merkmale.

Als prädikative Attribute können erscheinen

(1) Adjektiv oder Partizip:

Er kommt *gesund* an. − Er traf sie *verärgert* an.

(2) Adverb:

Er kommt *so* an. − Ich traf ihn *so*.

(3) Präposition + Substantiv (oder substantivisches Pronomen):

Er kommt *im dunklen Anzug* an. − Sie traf ihn *im dunklen Anzug*.

Die prädikativen Attribute sind frei:

Er kommt *gesund* an.
→ Er kommt an.
Er traf sie *verärgert* an.
→ Er traf sie an.

Die prädikativen Attribute haben einen sekundären − zeitlichen − Bezug zum Prädikat: Sie drücken keine dauernde Eigenschaft, sondern nur eine Eigenschaft für den im Prädikat genannten Zeitraum aus.

1. Prädikatives Attribut zum Subjekt
Das prädikative Attribut zum Subjekt lässt sich in ein Prädikativ zum Subjekt transformieren:

Er kommt *gesund* an.
← Er kommt an. Er ist *gesund* (zu diesem Zeitpunkt).
← Wenn er ankommt, ist er *gesund*.

2. Prädikatives Attribut zum Objekt

Das prädikative Attribut zum Objekt lässt sich in ein Prädikativ zum Objekt transformieren:

Er aß die Mohrrüben *roh*.

← Er aß die Mohrrüben. Die Mohrrüben waren *roh* (zu diesem Zeitpunkt).

← Als er die Mohrrüben aß, waren sie *roh*.


5.2.2    POSSESSIVER DATIV

Die possessiven Dative als weitere Art des freien Dativs stehen in der Position von Objekten im konkreten Satz. Sie hängen aber im Unterschied zu den Objekten nicht vom Verb, sondern von einem substantivischen Glied (von Subjekt, Objekt oder Adverbialbestimmung) ab. Sie haben folgende gemeinsame Merkmale:

(1) Als possessiver Dativ erscheint ein Substantiv oder ein substantivisches Pronomen im Dativ:

*Dem Kranken (Ihm)* tat der Magen weh.

Der Arzt operierte *dem Kranken (ihm)* den Magen.

Er hat *seinem Freund (ihm)* in die Augen gesehen.

(2) Der possessive Dativ kann in einen Genitiv transformiert werden, wenn er durch ein Substantiv repräsentiert ist:

→ Der Magen *des Kranken* tat weh.

→ Der Arzt operierte den Magen *des Kranken*.

→ Sie hat in die Augen *ihres Freundes* gesehen.

(3) Der possessive Dativ kann in ein Possessivpronomen transformiert werden, wenn er durch ein Personalpronomen repräsentiert ist:

→ *Sein* Magen tat weh.

→ Der Arzt operierte *seinen Magen*.

→ Sie hat in *seine Augen* gesehen.

(4) Der possessive Dativ ist immer frei:

→ Der Magen tat weh.

→ Der Arzt operierte den Magen.

→ Sie hat in die Augen gesehen.

# SATZGLIEDSTELLUNG

## 1 BEDINGUNGEN FÜR DIE SATZGLIEDSTELLUNG

Die Satzgliedstellung wird durch Faktoren verschiedener Ebenen bedingt:
1. syntaktische Faktoren
2. morphologische Faktoren
3. kommunikative Faktoren

Die syntaktischen Bedingungen gelten vor allem für den Bereich des Prädikats und der vom Prädikat abhängigen Satzglieder, während die morphologischen Bedingungen den vom Prädikat unabhängigen Bereich betreffen. Durch beide Faktoren wird die Normalstellung der Satzglieder teils obligatorisch, teils fakultativ festgelegt. Durch die kommunikativen Bedingungen werden diese grammatischen Regularitäten in verschiedener Weise modifiziert.

### 1.1 SYNTAKTISCHE BEDINGUNGEN

### 1.1.1 STELLUNGSTYP

Der Stellungstyp legt die Stellung *des finiten Verbs* und die Stellung *der übrigen Prädikatsteile* fest. Aus dem Zusammenwirken dieser Regeln ergibt sich *der verbale Rahmen*.

1. Stellung des finiten Verbs
Es sind drei obligatorische Stellungstypen des finiten Verbs zu unterscheiden.

*Stellungstyp 1:*

| Glied 1 | fin. Verb | Glied 3 | | Glied n | (Zweitstellung) |
|---|---|---|---|---|---|
| Er | *liest* | *das Buch* | | *heute.* | |

*Stellungstyp 2:*

| fin. Verb | Glied 2 | Glied 3 | | Glied n | (Erststellung) |
|---|---|---|---|---|---|
| *Liest* | er | *das Buch* | | *heute?* | |

*Stellungstyp 3:*[1]

| Subjunktion | Glied 1 | Glied 2 | Glied n | fin. Verb | (Letztstellung) |
|---|---|---|---|---|---|
| *..., dass* | er | *das Buch* | *heute* | *liest.* | |

1 Wenn statt einer Subjunktion ein Relativpronomen (bzw. ein Fragewort) steht, wird Glied 1 zu Glied 2, Glied 2 zu Glied 3, da das Relativpronomen (bzw. das Fragewort) selbst als erstes Glied gilt.

Nach dem *Stellungstyp 1* werden gebildet

Aussagesätze:

Er *liest* ein Buch.

Ergänzungsfragen (Wortfragen):

Was *liest* er?

uneingeleitete Nebensätze (Objekt- und Subjektsätze):

Ich denke, er *liest* das Buch noch.
Es ist besser, du *kommst* pünktlich.

Nach dem *Stellungstyp 2* werden gebildet

Entscheidungsfragen (Satzfragen):

*Liest* er das Buch?

Aufforderungssätze (Imperativsätze):

*Lies* nun endlich das Buch!

uneingeleitete Nebensätze (Konditional- und Konzessivsätze):

*Habe* ich am Wochenende Zeit, lese ich das Buch.
*Habe* ich auch nur wenig Zeit, ich werde das Buch lesen.

Hauptsätze im Satzgefüge bei Nachstellung:

Wenn er Zeit hat, *liest* er das Buch.

Nach dem *Stellungstyp 3* werden die eingeleiteten Nebensätze gebildet:

Ich denke, dass er das Buch noch *liest*.

2. Stellung der übrigen Prädikatsteile
Die Stellung der übrigen Prädikatsteile (infinite Verbformen, trennbare Erstteile des Verbs) hängt von den Stellungstypen des finiten Verbs ab.

*Stellungstyp 1* (Zweitstellung des finiten Verbs):

| Glied 1 | fin. Verb | Glied 3 | Glied n | Prädikatsteil | (letzte |
|---------|-----------|---------|---------|---------------|---------|
| Er | *hat* | das Buch | gestern | *gelesen.* | Stelle) |
| Sie | *liest* | das Buch | schnell | *durch.* | |

*Stellungstyp 2* (Erststellung des finiten Verbs):

| fin. Verb | Glied 2 | Glied 3 | Glied n | Prädikatsteil | (letzte |
|-----------|---------|---------|---------|---------------|---------|
| *Hat* | er | das Buch | gestern | *gelesen?* | Stelle) |
| *Liest* | sie | das Buch | schnell | *durch?* | |

*Stellungstype 3* (Letztstellung des finiten Verbs)[1]:

| Subjunktion | Glied 1 | Glied 2 | Glied n | Prädikatsteil | fin. Verb | (vorletzte |
|---|---|---|---|---|---|---|
| . . ., dass | er | das Buch | gestern | *gelesen* | *hat.* | Stelle) |
| . . ., dass | sie | das Buch | schnell | *durch* | *-liest.* | |

### 3. Verbaler Rahmen

Bedingt durch die getrennte Stellung von finitem Verb und den übrigen Prädikatsteilen wird im Stellungstyp 1 und 2 ein *verbaler Rahmen* — auch *Satzklammer* genannt — gebildet, in den die nicht–prädikativen Satzglieder eingeschlossen sind. Im Stellungstyp 1 tritt nur das erste nicht–prädikative Satzglied aus diesem Rahmen heraus, im Stellungstyp 2 stehen alle nicht-prädikativen Satzglieder in diesem Rahmen:

Ich *will* das Buch am Wochenende *lesen.*
*Wirst* du das Buch am Wochenende *lesen?*

Im Stellungstyp 3 gibt es streng genommen keinen verbalen Rahmen, denn das finite Verb und die übrigen Prädikatsteile nehmen die letzte und vorletzte Stelle im Satz ein. Trotzdem kann man auch hier von einem verbalen Rahmen sprechen, der durch das Einleitungswort des Nebensatzes (Subjunktion, Pronomen, Adverb) als rahmeneröffnender Teil und das finite Verb (und die übrigen Prädikatsteile) als rahmenschließender Teil entsteht:

Sie hat gesagt, *dass* sie das Buch am Wochenende *lesen wird.*

Die Rahmenbildung kann als ein Grundprinzip des deutschen Satzes gelten. Es ist jedoch nicht immer klar, wann von einem Rahmen zu sprechen ist. Das hängt damit zusammen, dass als rahmenschließender Teil nicht nur die infiniten Verbformen und die trennbaren Ersteile des Verbs angesehen werden können. Als solche rahmenschließenden Teile zählen auch das substantivische und adjektivische Prädikativ bei Kopulaverben, notwendige (valenzbedingte) Adverbialbestimmungen, Substantivgruppen als nominale Teile von Funktionsverbgefügen und die Satznegation *nicht*:

Er *ist* wohl schon seit einiger Zeit nicht ganz *gesund.*     (Prädikativ)
Ich *komme* in letzter Zeit wegen dringender Arbeiten kaum noch *ins Theater.*     (Adverbialbestimmung)
Sie *findet* bei ihren Kolleginnen immer *Unterstützung.*     (Funktionsverbgefüge)
Er *besuchte* den Kollegen trotz einer Einladung *nicht.*     (Satznegation)

---

1 Wenn statt einer Subjunktion ein Relativpronomen bzw. ein Fragewort steht, wird Glied 1 zu Glied 2, Glied 2 zu Glied 3, da das Relativpronomen bzw. das Fragewort selbst als erstes Glied gilt.

**4. Ausrahmung**

In der deutschen Gegenwartssprache wird der verbale Rahmen öfter durchbrochen. Verschiedene Glieder treten hinter den rahmenschließenden Teil. Diese Erscheinung wird *Ausrahmung* genannt.

Es sind zwei Arten der Ausrahmung zu unterscheiden:
— die durch die Art der Satzglieder bedingte Ausrahmung
— die durch die Sprecherintention bedingte Ausrahmung

Die erste Art der Ausrahmung ist eine neutrale, nicht auf besondere stilistische Wirkungen zielende Ausrahmung, die bereits grammatikalisiert ist und die Normalstellung der betreffenden Glieder darstellt. Die zweite Art der Ausrahmung erfolgt aus stilistischen Gründen.

Die grammatikalisierte Ausrahmung betrifft vor allem folgende Fälle:

(1) Satzglieder mit den Präpositionen *wie* und *als* (Komparativbestimmungen):

Er ist diesmal noch schneller geschwommen *als im Länderkampf gegen Polen.*

(2) Nebensätze (vor allem Attributsätze):

Er hat mich in das Wochenendhaus eingeladen, *das seinen Eltern gehört.*

(3) Infinitive mit *zu:*

Es hat aufgehört *zu regnen.*

(4) Aufzählung gleichartiger Satzglieder:

Sie hat ihm das Geld ausgehändigt *und die Quittungen und die Rechnungen dazu.*

Der stilistisch bedingten Ausrahmung sind vor allem präpositionale Gruppen fähig. Sie erfolgt, wenn die zwischen finitem Verb und Prädikatsteil stehenden Satzglieder sehr umfangreich oder zahlreich sind und die Gefahr besteht, dass das Prädikat nicht als Ganzes erfasst wird:

Die Expedition setzt sich zusammen *aus mehreren Vertretern verschiedener Wissenschaftsbereiche und einer Expertengruppe.*

1.1.2   SYNTAKTISCHE VERBNÄHE

Das Prinzip der syntaktischen Verbnähe äußert sich in einer generellen Regel, die besagt, dass im Hauptsatz (Aussagesatz) die dem finiten Verb enger verbundenen, in syntaktischer Hinsicht näher stehenden Glieder sich stellungsmäßig weiter entfernt vom Verb befinden (syntaktische Verbnähe = topologische Verbferne):

Er hat damals nicht in Dresden gewohnt.
  0    4    3     2     1

Das Prinzip der syntaktischen Verbnähe kommt weiterhin in einigen speziellen Regeln zum Ausdruck, die bestimmt werden:

— durch die Valenzbeziehungen der Satzglieder zum Verb
— durch die verschiedenen Beziehungen der Satzgliedarten zum Verb

1. Valenzbeziehungen der Satzglieder zum Verb
Die Valenzbeziehung kann für ein Satzglied eine bestimmte Position im Satz festlegen. So stehen notwendige (valenzbedingte) Adverbialbestimmungen in der Regel nach freien (valenzunabhängigen) Adverbialbestimmungen:

Er fährt in diesem Sommer *an die Ostsee.*
(freie Temporalbestimmung + notwendige Lokalbestimmung)
Sie sieht heute *sehr blass* aus.
(freie Temporalbestimmung + notwendige Modalbestimmung)

2. Beziehungen der Satzgliedarten zum Verb
Die Satzgliedart schränkt die Stellungsmöglichkeiten der notwendigen Glieder weiter ein. Das betrifft vor allem die Reihenfolge des Subjekts und der verschiedenen Objekte, wenn diese nebeneinander zu stehen kommen. An erster Stelle steht gewöhnlich das *Subjekt* (Nominativ*subjekt*), dann folgt das *Dativobjekt* und zuletzt das *Akkusativobjekt*:

|  | Subjekt | Dativobjekt | Akkusativobjekt |
|---|---|---|---|
| Heute zeigt | der Lehrer | den Schülern | das Video. |

1.2   MORPHOLOGISCHE BEDINGUNGEN

Die morphologischen Bedingungen für die Stellung der nicht-prädikativen Glieder engen die von den syntaktischen Bedingungen her gegebenen Wahlmöglichkeiten weiter ein. Folgende Arten von morphologischen Bedingungen beeinflussen die Satzgliedstellung:

1. Die Repräsentation eines Satzglieds (Objekt, sekundäres Satzglied) durch ein Substantiv oder durch ein substantivisches Pronomen kann die Stellung des Satzglieds verändern:

Der Lehrer zeigt den Schülern *das Video.*
→ Der Lehrer zeigt *es* ihnen.

2. Die Repräsentation eines Satzglieds (freie Adverbialbestimmung) durch eine Gruppe „Präposition + Substantiv" bzw. durch ein Adverb kann die Stellung des Satzglieds verändern:

Er bleibt am Sonnabend *wegen seiner Erkältung* zu Hause.
→ Er bleibt *deshalb* am Sonnabend zu Hause.

3. Die Repräsentation durch einen reinen Kasus oder durch einen Präpositionalkasus legt die Reihenfolge der Glieder fest:

Er schreibt *dem Freund* den Brief.
→ Er schreibt den Brief *an den Freund.*

4. Der Artikelgebrauch bei substantivischen Satzgliedern kann die Stellung dieser Glieder verändern:

Er zeigt einem Freund *ein Bild.*
→ Er zeigt *das Bild* einem Freund.

## 1.3 KOMMUNIKATIVE BEDINGUNGEN

In der sprachlichen Kommunikation werden durch das Sprecher–Hörer–Verhältnis die syntaktischen und morphologischen Bedingungen der Satzgliedstellung teils eingehalten, teils aber auch modifiziert. Im ersten Falle sprechen wir von neutraler Satzgliedstellung (Normal– oder Nullstellung), im zweiten Falle von hervorhebender Satzgliedstellung.

### 1.3.1 NEUTRALE SATZGLIEDSTELLUNG

Die Stellung der prädikativen Teile (finites Verb, grammatischer und lexikalischer Prädikatteil) signalisiert die verschiedenen Satzarten (Aussagesatz, Fragesatz usw.). Aufgrund des (unbedingt–)obligatorischen Charakters dieser Regel spricht man hier von grammatischen Regularitäten. Davon zu unterscheiden sind die sog. kommunikativen Regularitäten, die entweder alternative (bedingt–obligatorische) oder fakultative Varianten zulassen. Diese Regularitäten betreffen vor allem den nicht–prädikativen Bereich und haben im Wesentlichen zwei kommunikative Funktionen zu erfüllen:

— die Funktion der Satzverflechtung
— die Funktion der Differenzierung des Mitteilungswertes der Satzglieder

1. Der Begriff der *Satzverflechtung* besagt, dass am Satzanfang bzw. im vorderen Teil des Satzes die Glieder stehen, die den Anschluss an den vorhergehenden Satz herzustellen haben. Satzverflechtende Elemente sind neben einigen Nichtgliedern (Konjunktionen, Partikeln) besonders das Subjekt (vor allem in pronominaler Form) und verschiedene Adverbialbestimmungen (vor allem temporaler und lokaler Art):

Klaus war in den Ferien <u>an der Ostsee</u>. Dort hat er sich eine Sammlung von

Seesternen und Muscheln angelegt.

2. Die Reihenfolge der Satzglieder im Satz wird nach dem *Mitteilungswert* geregelt. Danach steht das Satzglied mit dem geringsten Mitteilungswert (das Bekannte) am weitesten vorn, gefolgt von dem Satzglied mit dem nächsthöheren Mitteilungswert usw. Das Satzglied mit dem höchsten Mitteilungswert (das Neue) steht demzufolge in der letzten nicht obligatorisch-grammatisch besetzten Position. Von daher finden viele Regularitäten des nicht-prädikativen Bereichs ihre Erklärung. So stehen Objekte, die durch substantivische Pronomina morphologisch repräsentiert werden, vor substantivischen Objekten, weil sie einen geringeren Mitteilungswert haben (Bekanntes ausdrücken). Hinzu kommt, dass sie den Anschluss zum vorhergehenden Satz herstellen, also Mittel der Satzverflechtung sind.

### 1.3.2 HERVORHEBENDE SATZGLIEDSTELLUNG

Durch die Regeln der neutralen Satzgliedstellung werden nur die von der Sprechergemeinschaft allgemein akzeptierten Stellungsregularitäten erfasst. Der Einzelsprecher hat nun die Möglichkeit, diese Regeln in verschiedener Weise zu modifizieren. Dies geschieht dadurch, dass die der Satzgliedstellung zukommenden Funktionen von anderen Sprachmitteln übernommen werden. Solche Sprachmittel sind die Betonung (Hervorhebung) und die Intonation, die eine unterschiedliche Wirkung auf die Satzgliedstellung haben. Während die Hervorhebung verschiedene Stellungsregularitäten (sogar der Stellungstypen) aufheben kann (1), führt eine besondere Intonation zur Aufhebung der Funktionen der Satzgliedstellung (2). Dafür zwei Beispiele:

(1) Im Allgemeinen ist die Stellung des grammatischen Prädikatsteils im Aussagesatz auf die Letztstellung beschränkt. Bei Hervorhebung ist jedoch auch Erststellung möglich:

Morgen wird er den Brief *schreiben.*
→ *Schreiben* wird er den Brief morgen.

(2) Die Entscheidungsfrage hat gewöhnlich die durch den Stellungstyp 2 festgelegte Satzgliedstellung:

*Haben* die Schüler ein Diktat geschrieben?    (Erststellung)

Durch eine interrogative Intonation kann jedoch auch ein Aussagesatz mit Zweitstellung des finiten Verbs zum Fragesatz werden:

Die Schüler *haben* ein Diktat geschrieben?    (Zweitstellung)

# 2 STELLUNG DER EINZELNEN SATZGLIEDER[1]

## 2.1 PRÄDIKAT

### 1. Finites Verb

Die Stellung des finiten Verbs ist durch die drei Stellungstypen festgelegt:
— Stellungstyp 1: *Zweit*stellung
— Stellungstyp 2: *Erst*stellung
— Stellungstyp 3: *Letzt*stellung
Vgl. dazu 1.1.1 unter 1.

### 2. Grammatischer Prädikatsteil

(1) Die Stellung der grammatischen Prädikatsteile, die durch infinite Verb–formen repräsentiert werden, ist durch die drei Stellungstypen des finiten Verbs festgelegt:
— Stellungstyp 1 (Zweitstellung des fin. Verbs): *letzte* Stelle
— Stellungstyp 2 (Erststellung des fin. Verbs): *letzte* Stelle
— Stellungstyp 3 (Letztstellung des fin. Verbs): *vorletzte* Stelle
Vgl. dazu 1.1.1 unter 2.

Besteht der grammatische Prädikatsteil aus mehreren infiniten Verbformen, dann gilt für die Reihenfolge dieser Formen folgende Grundregel: Die infinite Form, die zuerst in eine finite Form transformiert werden kann, steht in der letzten Position der infiniten Gruppe; vor ihr steht die infinite Form, die nach dieser in eine finite Form transformiert werden kann usw. Diese Regel gilt für alle drei Stellungstypen:

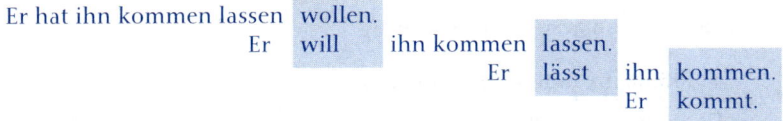

Er hat ihn kommen lassen wollen.
Er will ihn kommen lassen.
Er lässt ihn kommen.
Er kommt.

(2) Der grammatische Prädikatsteil *sich* steht

(a) im Stellungstyp 1 mit Subjekt *vor* dem finiten Verb unmittelbar nach dem finiten Verb:

Der Mann schämt *sich* heute seiner Bemerkung.

---

1 Die Stellungsbeschränkungen für die nicht-prädikativen Satzglieder in der Ergänzungsfrage, die sich aus der obligatorischen Erststellung der Fragewörter ergeben, werden mit den folgenden Regeln nicht berücksichtigt, da sie aus den betreffenden Regeln für den der Ergänzungsfrage entsprechenden Stellungstyp 1 abzuleiten sind.

(b) Im Stellungstyp 2 mit Subjekt *nach* dem finiten Verb und in den Stellungstypen 2 und 3 unmittelbar vor, manchmal auch unmittelbar nach dem Subjekt:

Heute schämt *sich* der Mann (der Mann *sich*) seiner Bemerkung.
Schämt *sich* der Mann (der Mann *sich*) seiner Bemerkung?
Sie glaubt, dass *sich* der Mann (der Mann *sich*) seiner Bemerkung schämt.

Anmerkung:

Wenn bei (b) das Subjekt durch ein substantivisches Pronomen repräsentiert ist, steht *sich* nur nach dem Subjekt:

Heute schämt er *sich* seiner Bemerkung.

Ein pronominales Akkusativobjekt tritt in der Regel vor dativisches *sich*:

Erregt verbat es *sich* die Frau (die Frau es *sich*).

### 3. Lexikalischer Prädikatsteil

Für den lexikalischen Prädikatsteil (die trennbaren Erstteile des Verbs) gelten prinzipiell die gleichen Regeln des Stellungstyps wie für den grammatischen Prädikatsteil:

| | |
|---|---|
| Er fährt erst morgen *ab*. | (Stellungstyp 1) |
| Fährst du auch morgen *ab*? | (Stellungstyp 2) |
| Er sagt, dass er nur ungern *ab*fährt. | (Stellungstyp 3) |

Erscheint im Stellungstyp 1 und 2 neben dem lexikalischen Prädikatsteil ein grammatischer Prädikatsteil, tritt der lexikalische Prädikatsteil vor den grammatischen. Zumeist wird dabei die Abtrennung des lexikalischen Prädikatsteils aufgehoben:

Sie ist schon gestern *ab*gefahren.

### 4. Prädikativ (Subjektsprädikativ)

Das Prädikativ steht in den Stellungstypen 1 und 2 gewöhnlich an der letzten Stelle, im Stellungstyp 3 an der vorletzten Stelle (vor dem finiten Verb):

| | |
|---|---|
| Er ist gern *Lehrer*. Er ist bei den Schülern *beliebt*. | (Stellungstyp 1) |
| Ist er gern *Lehrer*? Ist er bei den Schülern *beliebt*? | (Stellungstyp 2) |
| Sie sagt, dass er gern *Lehrer* ist. Sie sagt, dass er bei den Schülern *beliebt* ist. | (Stellungstyp 3) |

Anmerkungen:

(1) Wenn in den Stellungstypen 1 und 2 die letzte und im Stellungstyp 3 die vorletzte Stelle durch einen grammatischen Prädikatsteil besetzt ist, steht das Prädikativ unmittelbar vor dem Prädikatsteil:

Er ist gern *Lehrer* geworden.

(2) Freie Adverbialbestimmungen stehen nach dem Prädikativ, wenn dieses durch das Pronomen *es* repräsentiert wird:

Er ist gern *Lehrer* geworden.
→ Er ist *es* gern geworden.

### 5. Objektsprädikativ

Das Objektsprädikativ bei Verben wie *nennen, bezeichnen* usw. entspricht in seiner Stellung dem Prädikativ beim Verb *sein*:

Man bezeichnet den Pianisten *als ein Talent / als sehr begabt*.

## 2.2 SUBJEKT

1. Die Stellung des *pronominalen* Subjekts ist im Rahmen der Stellungstypen obligatorisch festgelegt.

(1) Das Subjekt steht im Stellungstyp 1 unmittelbar vor oder nach dem finiten Verb (1. oder 3. Position):

Er will heute einen Brief an seine Eltern schreiben.
Heute schreibe *ich* ihnen einen Brief.

(2) Das Subjekt steht im Stellungstyp 2 unmittelbar nach dem finiten Verb (2. Position):

Wirst *du* den Brief heute schreiben?

(3) Das Subjekt steht im Stellungstyp 3 unmittelbar nach der einleitenden Subjunktion:

Er hat gesagt, dass *er* den Brief heute schreiben will.

2. Das *substantivische* Subjekt unterscheidet sich in seiner Stellung vom pronominalen Subjekt, wenn im Satz pronominale Objekte im reinen Kasus erscheinen. Diese können noch vor das Subjekt treten und es somit von seiner Position unmittelbar nach dem finiten Verb bzw. nach der einleitenden Subjunktion verdrängen:

Morgen zeigt *der Lehrer* es (= das Video) ihnen (= den Schülern).
→ Morgen zeigt es *der Lehrer* ihnen. / Morgen zeigt es ihnen *der Lehrer*.

Ich glaube, dass *der Lehrer* es ihnen morgen zeigt.
→ Ich glaube, dass es *der Lehrer* ihnen morgen zeigt / , . . . dass es ihnen *der Lehrer* morgen zeigt.

## 2.3 OBJEKT

### 2.3.1 OBJEKT ZUM FINITEN VERB

Die Stellung der Objekte im Rahmen der Stellungstypen ist relativ frei: Die Objekte stehen in den Stellungstypen 1 und 2 zwischen dem finiten Verb und dem grammatischen bzw. lexikalischen Prädikatsteil (soweit vorhanden), im Stellungstyp 3 zwischen der einleitenden Subjunktion und dem finiten Verb (bzw. dem grammatischen oder lexikalischen Prädikatsteil).

Stellungsbeschränkungen ergeben sich für die Objekte

1. durch Regularitäten in der Stellung gegenüber dem Subjekt und den Adverbialbestimmungen,
2. durch Regularitäten für die Reihenfolge mehrerer Objekte.

1. Die Stellung der Objekte zum Subjekt und zu den Adverbialbestimmungen

Während die Stellung der Objekte zu den Adverbialbestimmungen − vor allem zu den freien Adverbialbestimmungen − aufgrund der relativ freien Stellung beider Gliedarten nur teilweise durch Regeln zu erfassen ist, lässt sich die Reihenfolge von Subjekt und Objekt durch eine allgemeine Regel bestimmen. Diese besagt, dass die Objekte − unmittelbar oder getrennt durch Adverbialbestimmungen oder das Reflexivpronomen − *nach* dem Subjekt stehen (vorausgesetzt dieses steht nicht vor dem finiten Verb):

Heute schreibt der Student *seinen Eltern / er seinen Eltern / er ihnen.*
Heute schreibt der Student *an seine Eltern / er an seine Eltern / er an sie.*

Eine Ausnahme bilden die pronominalen Objekte im reinen Kasus: Wenn das Subjekt durch ein Substantiv repräsentiert ist, können diese Objekte *vor* oder *nach* dem Subjekt stehen:

Heute schreibt der Student *ihnen / ihnen* der Student.

Aber im präpositionalen Kasus nur:

Heute schreibt der Student *an sie.*

2. Die Reihenfolge mehrerer Objekte

Die Objekte treten in folgenden Kombinationen auf:

(1) Akkusativ + Dativ
(2) Akkusativ + Präpositionalkasus

Die Kombination eines Akkusativobjekts mit dem seltenen Genitivobjekt entspricht stellungsmäßig der Kombination (2), ebenso die seltene Kombination Dativ + Präpositionalkasus. Eine Kombination von Akkusativ-, Dativ- und Präpositionalobjekt kommt kaum vor.

(1) Für die Kombination *Akkusativ + Dativ* gelten folgende Regeln:

Pronominales Akkusativobjekt steht *vor* Dativobjekt:

Er zeigt *es* dem Freund.
Er zeigt *es* ihm.

Substantivisches Akkusativobjekt steht *nach* pronominalem Dativobjekt:

Er zeigt ihm *das Bild.*

Substantivisches Akkusativobjekt steht *vor oder nach* substantivischem Dativobjekt:

Er zeigt dem Freund *das Bild / das Bild* dem Freund.

Dabei hat das zuletzt stehende Objekt meist den höheren Mitteilungswert.

Eindeutig festgelegt wird die Stellung der substantivischen Objekte durch den Artikelgebrauch: Ein Akkusativobjekt mit unbestimmtem Artikel oder Nullartikel steht *nach* einem Dativobjekt:

Er zeigt dem Freund *ein Bild / Bilder.*

(2) Für die Kombination *Akkusativ + Präpositionalkasus* gilt die morphologische Regel, dass der Präpositionalkasus gewöhnlich *nach* dem reinen Kasus steht:

Er fragt den Verkehrspolizisten *nach dem Hotel / danach.*

2.3.2  OBJEKT ZUM PRÄDIKATIV

Objekte im reinen Kasus stehen (unmittelbar oder getrennt durch Adverbialbestimmungen) *vor* dem Prädikativ:

Er ist *Kälte* gewöhnt.           (Akk.)
Ist er *seinem Vater* ähnlich?    (Dat.)

Präpositionalobjekte stehen *vor* oder *nach* dem Prädikativ:

Er ist *an dem Unfall* schuld / schuld *an dem Unfall.*

Anmerkungen:

(1) Wie Objekte verhalten sich auch einige notwendige Adverbialbestimmungen zum Prädikativ:

Der Wagen ist *vier Meter* lang.
Er ist *in Leipzig* wohnhaft (wohnhaft *in Leipzig*).

(2) Stehen bei einem Prädikativ zwei Objekte, folgt der präpositionale Kasus gewöhnlich dem reinen Kasus:

Er ist dem Kollegen *für die Ratschläge* dankbar (oder: dem Kollegen dankbar *für die Ratschläge*).

## 2.4 ADVERBIALBESTIMMUNG

Für die Stellung der Adverbialbestimmungen ist die Unterscheidung in notwendige (valenzbedingte) und freie (valenzunabhängige) Adverbialbestimmungen wichtig.

### 1. Notwendige (valenzbedingte) Adverbialbestimmung

Die notwendige Adverbialbestimmung steht in den Stellungstypen 1 und 2 des rahmenlosen Satzes gewöhnlich an der letzten Stelle, im Stellungstyp 3 an der vorletzten Stelle (vor dem finiten Verb). Ist die letzte bzw. vorletzte Stelle durch einen grammatischen oder einen lexikalischen Prädikatsteil besetzt, so steht die notwendige Adverbialbestimmung unmittelbar vor diesem:

Er fährt heute *nach Dresden.*
Wird er morgen *nach Dresden* fahren?
Sie sagt, dass er morgen *nach Dresden* fährt (fahren wird).

### 2. Freie (valenzunabhängige) Adverbialbestimmung

(1) Die Stellung dieser Adverbialbestimmung im Rahmen der Stellungstypen ist relativ frei:

(a) Im *Stellungstyp 1* steht die freie Adverbialbestimmung vor dem finiten Verb oder zwischen dem finiten Verb bzw. dem Subjekt und den übrigen Prädikatsteilen (soweit vorhanden):

*Trotz seiner Erkältung* ist der Student gekommen.
Der Student ist *trotz seiner Erkältung* gekommen.
Gestern ist der Student *trotz seiner Erkältung* gekommen.

Die Stellung vor dem finiten Verb ist − vor allem bei den freien Modalbestimmungen − oft mit Hervorhebung verbunden:

*Ich* habe das Buch mit großem Interesse gelesen.
→ *Mit großem Interesse* habe ich das Buch gelesen.

(b) Im *Stellungstyp 2* steht die freie Adverbialbestimmung zwischen dem finiten Verb + Subjekt und den übrigen Prädikatsteilen (soweit vorhanden):

Fährst du *morgen?*
Werden die Freunde *am Sonntag* kommen?

(c) Im *Stellungstyp 3* steht die freie Adverbialbestimmung zwischen dem Einleitungswort + Subjekt und dem finiten Verb (bzw. den übrigen Prädikatsteilen):

Da der Kranke *sofort nach seiner Einlieferung in die Klinik* operiert wurde, konnte ihm das Leben gerettet werden.

Sie sagt, dass ihr Sohn *aufgrund seines Fleißes* Sieger geworden ist.

Gelegentlich tritt die freie Adverbialbestimmung auch vor ein substantivisches Subjekt:

Wohnt *hier* dein Freund?

Er sagt, dass *heute* sein Freund kommt.

(2) Die Reihenfolge zweier oder mehrerer aufeinander folgender freier Adverbialbestimmungen ist schwach geregelt. Gewisse Beschränkungen ergeben sich daraus, dass Temporal- und Kausalbestimmungen bei neutraler Satzgliedstellung gewöhnlich vor freien Lokal- und Modalbestimmungen stehen:

Wir sind wegen der nassen Fahrbahn sehr langsam gefahren.

(Kausalbestimmung + Modalbestimmung)

Ich habe am Vormittag im Garten gearbeitet.

(Temporalbestimmung + Lokalbestimmung)

Er treibt in seiner Freizeit mit Begeisterung Sport.

(Temporalbestimmung + Modalbestimmung)

Am weitesten vorn stehen (aufgrund der Mitteilungsperspektive) Adverbialbestimmungen in Form von Konjunktionaladverbien. Man vgl.:

Er hat mehrere Tage *wegen einer Erkältung* gefehlt.

Oder:

Er hat *wegen einer Erkältung* mehrere Tage gefehlt.

Aber nur:

(Er ist erkältet.) Er hat *deswegen* mehrere Tage gefehlt.

(3) Wie die Stellung der freien Adverbialbestimmungen allgemein, so ist auch ihre Stellung zu den Objekten relativ frei:

Er gibt *nach der Stunde* dem Lehrer den Brief.

Er gibt dem Lehrer *nach der Stunde* den Brief.

Er gibt dem Lehrer den Brief *nach der Stunde*.

Beschränkungen ergeben sich vor allem aufgrund morphologischer Bedingungen: Reine Objekte in Form von Personalpronomina stehen gewöhnlich *vor* der Adverbialbestimmung, substantivische Objekte mit unbestimmtem oder Nullartikel stehen gewöhnlich *nach* der freien Adverbialbestimmung:

Er gibt *ihm* nach der Stunde *einen* Brief.

(4) Übersicht über die Grundreihenfolge aller substantivischen Satzglieder im Stellungstyp 1 mit Normalstellung des Subjekts an erster Stelle:

| 1 Subjekt | 2 fin. Verb | 3 Adverbialbest. 1 (frei) | 4 Adverbialbest. 2 (frei) | 5 Objekt 1 (Person) | 6 + Objekt 2 (Nicht-Person) | 7 Adverbialbest. 3 (notwendig) | 8 Prädikatsteile 1 | 9 Prädikatsteile 2 |
|---|---|---|---|---|---|---|---|---|
| | | Temporalbest. Kausalbest. | Lokalbest. Modalbest. | Dat. / Akk. Akk. Dat. / Akk. / Präp.-Kasus | + Akk. + Gen. + Präp.-Kasus | Richtungsbest. | trennbarer Verbteil Prädikativ | Infinitiv Partizip II |

## 2.5 SEKUNDÄRE SATZGLIEDER

1. Sekundäre Satzglieder zum Satz

Die sekundären Satzglieder im Dativ verhalten sich stellungsmäßig wie die entsprechenden Objekte (zum finiten Verb und zum Prädikativ):

Er trägt *seiner Mutter* das Gepäck.

Aber:

Er trägt es *ihr.*

Die sekundären Satzglieder im Präpositionalkasus entsprechen in der Stellung den Präpositionalobjekten:

Er hat einen Fernseher *für seine Zinsen* gekauft.

Und:

Er hat *für seine Zinsen* einen Fernseher gekauft.

2. Sekundäre Satzglieder zu einzelnen Satzgliedern

(1) Das prädikative Attribut
Das prädikative Attribut entspricht stellungsmäßig einer freien Modalbestimmung:

Er kam *krank* nach Hause.

(2) Der possessive Dativ
Die Stellung des *possessiven Dativs zum Subjekt* hängt von der morphologischen Repräsentation des Subjekts ab: Wenn das Subjekt ein Substantiv ist,

folgt der possessive Dativ den Stellungsregeln für das Subjekt, während das Subjekt sich stellungsmäßig wie ein Dativobjekt verhält. Ist das Subjekt ein substantivisches Pronomen, verhält sich der possessive Dativ stellungs- mäßig wie ein Dativobjekt:

*Dem Kranken* hat heute der Magen weh getan.
Er sagt, dass *ihm* heute der Magen weh tut.
Hat er (= der Magen) *dir* weh getan?

Der *possessive Dativ zum Objekt* und *zur Adverbialbestimmung* entspricht in der Stellung dem Dativobjekt zum finiten Verb:

Heute hat der Arzt *dem Kranken* den Magen operiert.

Aber:

Heute hat *ihm* der Arzt (oder: der Arzt *ihm*) den Magen operiert.

Plötzlich sah der Mann *dem Mädchen* in die Augen.

Und:

Plötzlich sah er *ihr* in die Augen.

# Attribut

## 1 Attribut und Satzglieder

Das Attribut unterscheidet sich in zweifacher Hinsicht von den Satzgliedern:

(1) Während die Satzglieder im Satz allein verschiebbar sind, kann das Attribut in der Regel nur gemeinsam mit einem Satzglied verschoben werden (da es nur Satzglied*teil* ist):

Er beantwortet den Brief *des Freundes* heute.
→ *\*Des Freundes* beantwortet er den Brief heute.

(2) Außerdem ist das Attribut grundsätzlich eine potenzielle Prädikation, meist in nominalisierter Form, d. h., es lässt sich auf eine prädikative Grundstruktur zurückführen:

das kleine Kind
← Das Kind ist klein.

## 2 Attribut und Wortklassen

Das Attribut wird durch verschiedene Wortklassen repräsentiert. Welche Wortklassen im Einzelnen als Attribut erscheinen, wird durch die beiden oben genannten Merkmale bestimmt.
Nach dem Stellungsmerkmal sind alle Wörter Attribut, die innerhalb eines Satzglieds vor oder nach dem Bezugswort stehen und mit diesem verschoben werden:

(1) In *Vorderstellung* erscheinen Artikelwörter, Präpositionen, Partikeln, Adjektive und Partizipien. Von diesen sind aufgrund des Prädikationsmerkmals nur die Adjektive und Partizipien Attribute:

der interessante Vortrag
← Der Vortrag ist interessant.

die geplante Reise
← Die Reise ist geplant.

(2) In *Nachstellung* erscheinen Substantive (bzw. substantivische Pronomina), Adverbien und Infinitive. Sowohl bei den Substantivwörtern als auch beim Adverb und beim Infinitiv ist die Zurückführung auf eine Prädikation möglich, so dass sie sämtlich als Attribute anzusehen sind:

das Haus meines Vaters (das Haus von ihm)
← Mein Vater hat ein Haus. (Er hat ein Haus.)

der Student dort
← Der Student ist dort.

seine Hoffnung zu gewinnen
← Er hofft, dass er gewinnt.

# 3 Die einzelnen Attribute

## 3.1 Adjektiv und Adverb

Das attributive Adjektiv und das attributive Adverb sind prinzipiell aus der gleichen Prädikation – dem *sein*-Satz – abzuleiten (vgl. 2. (1)). Trotz ihrer prinzipiell gleichen prädikativen Grundstruktur gibt es jedoch bestimmte Unterschiede zwischen Adjektiv und Adverb im konkreten Satz.

1. Die Attribuierung ist beim Adjektiv ein allgemeines Merkmal. Nur wenige, zumeist aus Substantiven gebildete Adjektive sind nicht attributfähig. Bei den Adverbien hat die Attribuierung als Ausnahme zu gelten. Attribuierbar ist nur eine kleine Zahl ursprünglicher Adverbien mit temporaler oder lokaler Bedeutung; vgl. dazu „Adjektiv" 2. und „Adverb" 3.

2. Das attributive Adjektiv erscheint gewöhnlich vorangestellt und flektiert, das Adverb nachgestellt und unflektiert:

das *gestrige* Gewitter — das Gewitter *gestern*

Anmerkungen:

(1) Kardinalia stehen auch nach dem substantivischen Bezugswort. Die Kardinalzahl hat dabei die Bedeutung einer Ordinalzahl:

Lektion *acht*, Zimmer *vierzig*

(2) Adjektive (und Partizipien) können nachgestellt werden, um sie besonders hervorzuheben. Diese Nachstellung ist nur möglich, wenn die Adjektive in einer Reihe auftreten oder nähere Bestimmungen bei sich haben. Sie werden dabei in Kommas eingeschlossen und nicht flektiert (im Plural kommen auch die flektierten Formen vor):

Opel Vectra, *metallic, neuwertig*, preisgünstig zu verkaufen
Der Junge, *siebzehn Jahre alt*, kam in die Lehre.
Viele Angestellte, *städtische wie staatliche*, demonstrierten.

(3) Besonders lokale Adverbien stehen gelegentlich auch vor dem Bezugswort:

*rechts* das Haus, *oben* auf dem Berg, *links* außen

3. Das attributive Adjektiv kann durch notwendige (valenzbedingte) und freie (valenzunabhängige) Glieder erweitert sein; vgl. 4.1. Einer Erweiterung in diesem Sinne ist das Adverb nicht fähig.

3.2  Partizip und Infinitiv

1. Partizip I und II

Die attributiven Partizipien sind aus verschiedenen finiten Formen der entsprechenden Vollverben abzuleiten.

(1)  Das attributive *Partizip I* ist syntaktisch abzuleiten

— aus dem Präsens Aktiv transitiver und intransitiver Verben:

das lesende Mädchen
← Das Mädchen liest.

— aus dem Präsens reflexiver Verben:

der sich nähernde Zug
← Der Zug nähert sich.

— aus der Verbindung Modalverb + Infinitiv Passiv über die Verbindung *sein + zu + Infinitiv* (mit modaler Bedeutung):

die anzuerkennende Leistung
← Die Leistung ist anzuerkennen.
← Die Leistung muss / kann anerkannt werden.

(2)  Das attributive *Partizip II* ist syntaktisch abzuleiten

— aus dem Perfekt Vorgangspassiv bei transitiven Verben:

das gelesene Buch
← Das Buch ist gelesen worden.

— aus dem Perfekt Aktiv bei intransitiven Verben, die perfektiv sind und ihre zusammengesetzten Vergangenheitsformen mit *sein* bilden (Verben der Zustands- und Ortsveränderung):

der eingefahrene Zug
← Der Zug ist eingefahren.

Das Partizip II der übrigen Intransitiva ist nicht attribuierbar.

— aus dem Perfekt der reflexiven Verben über das Zustandsreflexiv:

das verliebte Mädchen
← Das Mädchen ist verliebt.
← Das Mädchen hat sich verliebt.

## 2. Infinitiv

Der Infinitiv wird als Attribut mit *zu*, das unmittelbar vor dem Infinitiv bzw. nach dem trennbaren Erstteil des Infinitivs steht, an das Substantiv angeschlossen. Dem attributiven Infinitiv liegt – wie zahlreichen substantivischen Attributen – eine Objektsbeziehung zugrunde, die auf eine Prädikation zurückgeht:

seine Hoffnung, das Spiel *zu* gewinnen
seine Hoffnung auf den Gewinn des Spiels
← Er hofft, dass er das Spiel gewinnt.

seine Freude, den Freund wieder*zu*sehen
seine Freude über das Wiedersehen mit dem Freund
← Er freut sich, dass er den Freund wiedersieht.

### 3.3  Substantiv

#### 1. Substantiv im Genitiv

Attribute, die durch ein Substantiv im Genitiv repräsentiert werden, müssen auf verschiedene Weise abgeleitet werden, da ihnen verschiedene Arten von Prädikationen zugrunde liegen, denen auch verschiedenartige inhaltliche Beziehungen entsprechen (Subjekt, Objekt, Prädikativ und andere); z. B.:

(1) Genitivus possessivus (= Haben–Verhältnis):

das Haus meines Vaters
← Mein Vater hat ein Haus.

(2) Genitivus definitivus (= Sein–Verhältnis):

die Pflicht der Dankbarkeit
← Die Dankbarkeit ist eine Pflicht.

(3) Genitivus subjectivus (= Subjekt–Prädikats–Verhältnis):

die Lösung des Schülers
← Der Schüler löst (die Aufgabe).

(4) Genitivus objectivus (= Objekt–Prädikats–Verhältnis):

die Lösung der Aufgabe
← (Der Schüler) löst die Aufgabe.

Anmerkungen:

(1) Infolge der verschiedenartigen Beziehungen, die der attributive Genitiv ausdrücken kann, entstehen manchmal mehrdeutige Äußerungen. In der Äußerung *das Bild Goethes* z. B. kann Goethe der Besitzer des Bildes, der Schöpfer des Bildes oder das auf dem Bild dargestellte Objekt sein.

(2) Eigennamen mit Nullartikel stehen als Genitivattribut vor oder nach dem Substantiv. Bei Vorderstellung des Attributs wird auch das substantivische Bezugswort mit Nullartikel gebraucht:

das Haus *Goethes* — *Goethes* Haus
die Seen *Mecklenburgs* — *Mecklenburgs* Seen

## 2. Substantiv im Präpositionalkasus

Wie dem substantivischen Attribut im Genitiv, so liegen auch dem substantivischen Attribut im Präpositionalkasus verschiedenartige inhaltliche Beziehungen zugrunde. Im Einzelnen handelt es sich um solche Beziehungen, die sich durch Objektsbeziehungen und durch adverbiale Beziehungen ausdrücken lassen:

die Teilnahme (des Sportlers) am Wettkampf
← Der Sportler nimmt am Wettkampf teil.      (Objekt)

die Abhängigkeit (der Entscheidung) vom Zufall
← Die Entscheidung hängt vom Zufall ab.      (Objekt)

die Ankunft (des Gastes) am Abend
← Der Gast kommt am Abend an.      (temporal)

die Ähnlichkeit (der Brüder) zum Verwechseln
← Die Brüder ähneln sich zum Verwechseln.      (konsekutiv)

## 3. Substantiv im Präpositionalkasus mit *von*

Die Präposition *von* nimmt unter den übrigen Präpositionen eine Sonderstellung ein, da sie als Ersatzform des Genitivs auch verschiedene inhaltliche Beziehungen des Genitivattributs ausdrücken kann:

das Bild Goethes → das Bild von Goethe

Der Präpositionalkasus mit *von* tritt an die Stelle des Genitivs, wenn dieser formal nicht deutlich wird. Das ist zum Teil dann der Fall, wenn das attributive Substantiv mit Nullartikel gebraucht wird.

(1) Attributives Substantiv im Singular mit Nullartikel:

die Gewinnung von Kohle, der Einfluss von Wind und Wetter

(2) Attributives Substantiv im Plural mit Nullartikel:

der Bau von Kraftwerken, die Aufführung von Dramen

(3) Attributive Eigennamen mit Nullartikel:

Attributive Eigennamen ohne Genitivzeichen (Personennamen und geographische Namen auf -s, -x, -z; Namen von Institutionen) stehen obligatorisch im Präpositionalkasus mit *von*:

die Sinfonien von Brahms, die Küste von Tunis, eine Sendung von Sat 1

Attributive Eigennamen mit Genitivzeichen stehen fakultativ im Präpositionalkasus mit *von*:

die Bilder von Dürer / die Bilder Dürers

Anmerkung:

Häufige Ersatzform für den Genitiv ist der Präpositionalkasus mit *von* auch bei den substantivischen Pronomina, soweit sie attributfähig sind (vor allem Personal- und Indefinitpronomina):

das Haus von *ihm*, die Hälfte *von diesem / davon*, die Pflicht *von allen*, die Größe *von jedem*, die Aufgabe *von jemandem*

Bei einigen dieser substantivischen Pronomina ist aber auch die Genitivform möglich, die dann zum Teil in Vorderstellung erscheint:

die Hälfte *dessen, aller* Pflicht (lit.), die Größe *eines jeden* (nur bei unbestimmtem Artikel), *jemandes* Aufgabe

4. Substantiv im merkmallosen Kasus

Die meisten Maß- und Mengenangaben haben substantivische Attribute ohne Kasuskennzeichen bei sich. Dabei ist zu unterscheiden zwischen *bestimmten* Maß- und Mengenangaben, bei denen das Attribut ohne Artikel und Präposition steht (1), und *unbestimmten* Maß- und Mengenangaben, bei denen das Attribut auch mit der Präposition *von* stehen kann (2).

(1) Attribut bei bestimmten Maß- und Mengenangaben

(a) Maß- und Mengenangaben im Singular und Plural (vor allem Feminina):

eine Flasche Sekt − drei Flaschen Sekt

Ebenso: Kiste, Portion, Tonne

(b) Maß- und Mengenangaben zumeist nur im Singular (vor allem Neutra):

ein Stück Zucker − drei Stück Zucker

Ebenso: Blatt, Glas, Kilo, Paar, Stück

(2) Attribut bei unbestimmten Maß- und Mengenangaben (Attribut gewöhnlich im Plural):

eine Menge Fehler − eine Menge von Fehlern

Ebenso: Anzahl, Gruppe, Reihe, Stapel

# 4 DAS MEHRGLIEDRIGE ATTRIBUT BEIM SUBSTANTIV

## 4.1 ERWEITERUNG DES ADJEKTIVISCHEN UND PARTIZIPIALEN ATTRIBUTS

In zahlreichen Fällen sind das attributive Adjektiv und das attributive Partizip durch zusätzliche Glieder erweitert. Diese Glieder übernehmen das Adjektiv und das Partizip aus der prädikativen Form, von der sie abgeleitet sind. Dabei ist zwischen notwendigen (valenzbedingten) Gliedern und freien (valenzunabhängigen) Gliedern zu unterscheiden.

1. Notwendige (valenzbedingte) Erweiterungsglieder
Das Adjektiv und das Partizip verhalten sich gegenüber den notwendigen Erweiterungsgliedern prinzipiell gleich. Unterschiede bestehen allein in quantitativer Hinsicht: Während das Adjektiv selten mehr als eine notwendige Ergänzung bei sich hat, kann das Partizip — entsprechend der Valenz des Verbs im einfachen Satz — bis drei notwendige Glieder bei sich haben.[1] In beiden Fällen entspricht ihre Stellung der Satzgliedstellung des eingeleiteten Nebensatzes. Die Rolle der einleitenden Subjunktion des Nebensatzes übernimmt dabei das die Erweiterungskette einleitende Artikelwort. Auf diese Weise entsteht wie im Nebensatz ein Rahmen. Dieser sog. *nominale Rahmen* stellt eine für das Attribut im Deutschen typische Konstruktion dar:

der in München wohnhafte Professor
das (von dem Lehrer) auf den Tisch gelegte Buch

2. Freie (valenzunabhängige) Erweiterungsglieder
Über die notwendigen Glieder hinaus können das attributive Adjektiv und das attributive Partizip freie Glieder verschiedener Art (Adverbialbestimmungen, sekundäre Satzglieder, Modalwörter, Partikeln) aufnehmen. Die Stellung dieser Glieder entspricht ebenfalls der Satzgliedstellung im eingeleiteten Nebensatz. Auf diese Weise wird der nominale Rahmen weiter aufgefüllt. Er kann syntaktisch beliebig erweitert werden, hat jedoch (durch die Verträglichkeit) semantische und (durch die Verständlichkeit) kommunikative Grenzen[2]:

das auf der Dresdner Kunstausstellung wegen seiner Maltechnik von vielen Betrachtern immer wieder gelobte Bild

---

1 Die scheinbare Reduktion beim Partizip um ein Glied gegenüber dem Verb kommt dadurch zustande, dass ein notwendiges Glied als Bezugswort des Attributs erscheint. Beim passivischen Partizip II ergibt sich darüber hinaus die Verwandlung des obligatorischen Subjekts in ein fakultatives Glied. Diese erfolgt jedoch nicht bei der Attribuierung, sondern bereits beim Verb durch die Transformation des Aktivs ins Passiv.

2 Zeichenerklärung: A = Attribut, B = Bezugswort, D = Artikel, E = Erweiterungsglied.

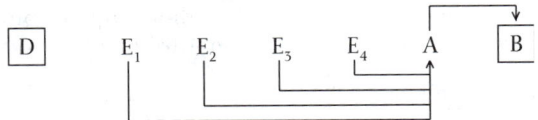

Die Auflösung dieses Rahmens erfolgt über einen Attributsatz:

das Bild, das auf der Dresdner Kunstausstellung wegen seiner Maltechnik von vielen Betrachtern immer wieder gelobt worden ist,

in einen selbstständigen Satz (Hauptsatz):

Das Bild ist auf der Dresdner Kunstausstellung wegen seiner Maltechnik von vielen Betrachtern immer wieder gelobt worden.

Wie das Schema zeigt, stehen alle Erweiterungsglieder in einem koordinativen Verhältnis zueinander. Subordinative Beziehungen kommen im nominalen Rahmen mit Erweiterungsgliedern zum Ausdruck, wenn ein substantivisches Erweiterungsglied ($E_1$) seinerseits zum Bezugswort ($B_2$) eines adjektivischen oder partizipialen Attributs ($A_2$) wird und dieses ein Erweiterungsglied ($E_2$) hat:

das wegen der vom Maler angewandten Maltechnik gelobte Bild

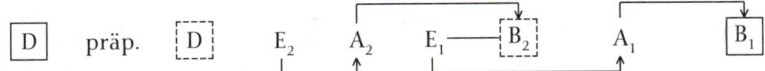

## 4.2 Verbindung von adjektivischen und partizipialen Attributen

Von der „Erweiterung" ist die „Verbindung" zu unterscheiden: Während jene darin besteht, dass das partizipiale / adjektivische Attribut ein oder mehrere Glieder aufnimmt, handelt es sich bei dieser darum, dass ein substantivisches Bezugswort zwei oder mehrere Attribute aufnimmt. Die Erweiterung ist also eine Fähigkeit des Attributs, die Verbindung dagegen (primär) eine Fähigkeit des Bezugswortes. Bei der Verbindung ist ein koordinatives und ein subordinatives Verhältnis der verschiedenen Attribute zueinander möglich.

Beide Arten der Verbindung lassen sich im Vergleich zur Erweiterung schematisch darstellen:

der gut gekleidete Mann                    (Erweiterung des Attributs)

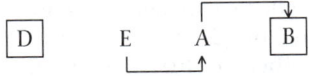

ein kleines, dunkles Zimmer

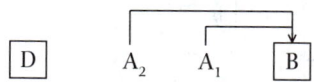

(koordinierende Verbindung
von Attributen)

ein interessanter kanadischer Film

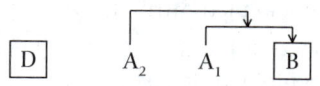

(subordinierende Verbindung
von Attributen)

Wie die Schemata zeigen, entsteht auch durch die Verbindung mehrerer adjektivischer oder partizipialer Attribute ein nominaler Rahmen.

Die diesen Verbindungen zugrunde liegenden Beziehungen (koordinierend – subordinierend) und das unterschiedliche Bezugsprinzip lassen sich durch zwei Transformationen nachweisen. Die Konjunktionstransformation (1) zeigt, ob im konkreten Falle ein koordinatives Verhältnis vorliegt oder nicht. Die Wortstellungstransformation (2) macht darüber hinaus die unterschiedlichen Wortstellungsregularitäten deutlich: Bei der koordinativen Verbindung sind die einzelnen Attribute frei austauschbar; für die subordinative Verbindung gilt die generelle Regel, dass das untergeordnete Glied vor dem übergeordneten Glied steht:

ein kleines, dunkles Zimmer
(1)  → ein kleines und dunkles Zimmer
(2)  → ein dunkles, kleines Zimmer

ein interessanter kanadischer Film
(1)  → *ein interessanter und kanadischer Film
(2)  → *ein kanadischer interessanter Film

Eine Komplizierung erfährt der aus solchen Verbindungen gebildete Rahmen durch Erweiterungsglieder, die von den adjektivischen bzw. partizipialen Attributen aufgenommen werden:

ein kleines, *auch bei Sonnenschein* dunkles Zimmer
ein *vor allem durch seine Kameraführung* interessanter kanadischer Film

## 4.3  Mehrgliedrige substantivische Attribute

Eine Mehrgliedrigkeit, wie sie sich in den verschiedenen Rahmenbildungen des adjektivischen und partizipialen Attributs zeigt, ist auch beim substantivischen Attribut möglich. Dabei ist zwischen einer koordinativen und einer subordinativen Mehrgliedrigkeit zu unterscheiden. Beide Formen kommen sowohl beim Genitivattribut als auch beim Präpositionalattribut vor. Für die Stellung der Attribute gelten dabei folgende Regeln: Bei der Koordination ist die Stellung der einzelnen Attribute frei, bei der Subordination steht das untergeordnete Attribut stets nach dem übergeordneten Attribut.

*Koordination*

die Muskeln der Arme, Beine, des Nackens und des Halses      (Genitivattribute)

die Wanderung zur Weinlese nach Freyburg      (Präpositionalattribute)

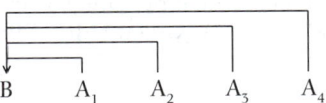

B      $A_1$      $A_2$      $A_3$      $A_4$

*Subordination*

die Diskussion der Punkte der Tagesordnung der Konferenz der Außenminister      (Genitivattribute)

der Verzicht auf die Reise ins Ausland      (Präpositionalattribute)

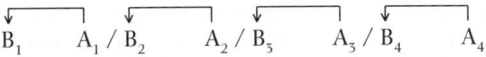

$B_1$      $A_1 / B_2$      $A_2 / B_3$      $A_3 / B_4$      $A_4$

Im konkreten Satz treten das Genitivattribut und das Präpositionalattribut häufig miteinander verbunden auf. Außerdem ist es möglich, dass Subordination und Koordination miteinander abwechseln. Für die koordinative Verbindung gilt in diesem Falle die Regel, dass der Präpositionalkasus nach dem reinen Kasus steht (die Stellung der subordinativen Attribute ist durch die Regel festgelegt, dass das untergeordnete Glied nach dem übergeordneten steht):

die Bitte des Freundes um Unterstützung bei der Arbeit

$B_1$      $A_1$      $A_2 / B_2$      $A_3$

# 5 ATTRIBUT BEI SUBSTANTIVISCHEN PRONOMINA

Im Gegensatz zum Substantiv, wo das Auftreten von Attributen generell möglich ist, können die substantivischen Pronomina nur beschränkt Attribute zu sich nehmen.

1. Substantiv im Genitiv

Attributive Substantive im Genitiv sind nur bei den substantivischen Pronomina möglich, die auch als Artikelwörter gebraucht werden. In vielen Fällen handelt es sich um einen Genitivus partitivus. Diese Verbindungen sind als allgemein übliche Ellipsen zu sehen:

Welches (Buch) *seiner Bücher* hast du gelesen?
Der Vorschlag der Schulleiterin und der (Vorschlag) *einer Angestellten* wurden diskutiert.
Ich kenne manche (Freundinnen) *ihrer Freundinnen* nur flüchtig.

Im Unterschied zu den Artikelwörtern erscheinen bei einigen substantivischen Pronomina im Nom. Mask. und Nom. / Akk. Neutr. die vollen Deklinationsformen:

Ich habe keines (kein Buch) *seiner Bücher* gelesen.
Irgendeiner (irgendein Kollege) *der Kollegen* muss die Vertretung übernehmen.

2. Substantiv / Substantivisches Pronomen im Präpositionalkasus mit *von*
Wie beim Substantiv, so ist auch bei den substantivischen Pronomina der Präpositionalkasus mit *von* zumeist eine Ersatzform des Genitivs. Diese Verbindung wird gewählt, wenn das attributive Substantiv kein kasuskennzeichnendes Artikelwort (Nullartikel) hat oder wenn als Attribut ein substantivisches Pronomen steht:

Es war keiner *von Dresden* anwesend.
Der Lehrer kennt jeden *von uns.*

Der Präpositionalkasus mit *von* kommt aber auch als fakultative Variante bei attributivischen Substantiven mit kasuskennzeichnendem Artikelwort vor:

Ich habe keines *von seinen Büchern* gelesen.

Bei substantivischen Pronomina, die nicht als Artikelwörter vorkommen, ist der attributive Anschluss im Genitiv nicht möglich. Hier ist der Präpositionalkasus mit *von* die obligatorische Verbindung:

Wem *von den Geschwistern* hast du geschrieben?
Etwas *von der Schokolade* gibst du deinem Bruder!

3. Substantiv im Präpositionalkasus
Neben substantivischen Attributen im Genitiv und im Präpositionalkasus mit *von* kommen bei substantivischen Pronomina auch substantivische Attribute mit anderen Präpositionen vor. Die inhaltlichen Beziehungen, die von diesen Attributen ausgedrückt werden, sind ebenso unterschiedlich wie bei den Attributen zu Substantiven (vgl. 3.3 unter 2.):

Wer *in diesem Haus* kennt den Verletzten?
Sie hat uns alles *über ihre Reise* berichtet.

Anmerkung:

Neben den Substantivwörtern kommen vereinzelt auch Adjektive, Adverbien und Infinitive als Attribute bei substantivischen Pronomina vor:

Wir *vier* arbeiten zusammen.
(Kardinalzahl beim Personalpronomen in Nachstellung)
Ich habe nichts *Neues* gehört.
(substantivisch gebrauchtes Adjektiv mit Adjektivdeklination nach Nullartikel im Sing. Neutr., nach Indefinitpronomen)
Er / wer / alle usw. *dort* . . .
(Lokaladverb in Nachstellung)
Hast du etwas *zu lesen* für mich?
(Infinitiv bei nur substantivisch gebrauchten Indefinitpronomina)

# 6    APPOSITION

Auch die Apposition ist eine Art Attribut. Die Besonderheit der Apposition besteht darin, dass

1. sie referenziell mit ihrem Bezugswort identisch ist (keinen eigenen Referenten in der Wirklichkeit hat) (semantisch),

2. sie in der Regel einem reduzierten Kopulasatz entspricht und auf einen solchen zurückgeführt werden kann (in der syntaktischen Grundstruktur):

Herr Müller, *der Direktor des Gymnasiums,* war plötzlich gestorben.
← Herr Müller war der Direktor des Gymnasiums. Er war plötzlich gestorben.

3. sie immer weglassbar ist und zumeist auch an die Stelle ihres Bezugswortes substituiert werden kann (syntaktisch),

4. sie durch ein Substantiv repräsentiert wird, das in der Regel mit dem Bezugswort im Kasus identisch ist (mit ihm kongruiert) (morphologisch).

In formaler Hinsicht ist zwischen einer engen und einer lockeren Apposition zu unterscheiden. Die enge Apposition wird nicht (graphematisch) durch Kommas oder (intonatorisch) durch eine Pause vom Bezugswort abgetrennt. Sie kann vor oder nach dem Bezugswort stehen und ist morphologisch nicht gekennzeichnet (inkongruent mit dem Bezugswort). Die lockere Apposition dagegen wird durch Kommas oder Pause von ihrem Bezugswort abgetrennt, steht immer nach dem Bezugswort und stimmt in der Regel im Kasus mit dem Bezugswort überein (kongruiert mit dem Bezugswort). Der Unterschied zwischen lockerer und enger Apposition deckt sich folglich nicht mit dem Unterschied zwischen nachgestellter und vorangestellter Apposition und auch nicht völlig mit dem zwischen kongruenter und inkongruenter Apposition. Die lockere Apposition ist zwar immer nachgestellt, aber nur im Regelfalle kongruent. Die enge Apposition ist (außer im Nominativ) inkongruent, kann aber sowohl nachgestellt als auch vorangestellt sein.

## 6.1 ENGE APPOSITION

### 1. Vornamen

Bezugswort ist der Familienname oder ein zweiter Vorname. Die Apposition steht vor dem Bezugswort, Bezugswort und Apposition haben Nullartikel:

*Heinrich* Mann, *Johann* Sebastian

Anmerkung:

Beinamen erscheinen in Nachstellung und werden gemeinsam mit dem Bezugswort flektiert:

Nathan *der Weise* – die Ringparabel Nathans *des Weisen*

### 2. Verwandtschaftsbezeichnungen, Berufsbezeichnungen, Titel, Anredeformen

Bezugswörter sind Personennamen. Die Apposition steht vor dem Bezugswort, Bezugswort und Apposition haben Nullartikel:

*Onkel* Gerhard, *Klempnermeister* Schulze, *Professor* Schmidt, *Dr.* (= *Doktor*) Klein, *Herr* Meier

### 3. Personennamen

Bezugswörter sind Verwandtschaftsbezeichnungen, Berufsbezeichnungen, Titel und Anredeformen mit einem anderen Artikelwort als dem Nullartikel. Die Apposition hat Nullartikel und steht nach dem Bezugswort:

mein Onkel *Gerhard*, der Professor *Schmidt*, der Dr. *Klein*, dieser Herr *Meier*

### 4. Sachnamen

Bezugswörter sind Gattungsnamen. Die Apposition steht nach dem Bezugswort:

das Land *Sachsen*, das Hotel *„Stadt Erfurt"*, die Komödie *„Der Revisor"*, der Monat *Juli*

### 5. Verbindung mehrerer Appositionen

Öfter stehen bei einem Bezugswort gleichzeitig mehrere Appositionen:

Johann Sebastian Bach, (der) Rektor Professor Dr. Schmitt, die Ludwig-Maximilians-Universität München

Anmerkungen:

(1) Da die enge Apposition nicht durch Kommas (oder Pause) abgetrennt ist, auch weder durch die Stellung festgelegt noch morphologisch (durch Kongruenz) gekennzeichnet ist, ist mitunter die Beantwortung der Frage schwierig, welches Glied als Apposition und welches Glied als Bezugswort aufzufassen ist. Diese Frage lässt sich entscheiden durch Überführung in abhängige Kasus (z. B. den Genitiv); dabei zeigt

sich, dass immer nur das Bezugswort (nicht die Apposition) das Kasuskennzeichen trägt und auf diese Weise die gesamte Substantivgruppe nach außen hin repräsentiert:

die Romane Heinrich Manns    (oben: Typ 1.)
das Auto Onkel Günters    (oben: Typ 2.)
das Auto meines Onkels Günter    (oben: Typ 3.)

Das Auftreten des Artikelwortes führt damit zum „Umkippen" der Abhängigkeitsverhältnisse zwischen Bezugswort und Apposition.

(2) Die früher oft als wesentlichstes oder gar einziges Merkmal für die Apposition genannte Kasuskongruenz darf nicht verabsolutiert werden, weil sie für die enge Apposition nicht zutrifft:

das Haus des Arztes *Paul*  (= *namens Paul*)  (Apposition, aber keine Kasuskongruenz)
das Haus des Arztes *Pauls*  (= *von Paul*)    (Kasuskongruenz, aber keine Apposition)

## 6.2    LOCKERE APPOSITION

Die lockere Apposition wird bei der Verbindung mehrerer Appositionen bevorzugt, besonders wenn diese umfangreicher sind:

*Professor Dr. Schall, Ärztlicher Direktor des Kinderkrankenhauses Neustadt*
*Freitag, der 24. September 1999*

Anmerkung:

Die lockere Apposition stimmt gewöhnlich mit dem Bezugswort im Kasus überein. Daneben kommt auch fehlende Kennzeichnung des Kasus vor, bei Datumsangaben auch der Akkusativ:

*der Vortrag Professor Dr. Schalls, des Ärztlichen Direktors* (auch: *Ärztlicher Direktor*) *des Kinderkrankenhauses Neustadt*
*am Freitag, dem* (auch: *den*) *24. September 1999*

## 6.3    APPOSITION BEI SUBSTANTIVISCHEN PRONOMINA

Vereinzelt kommt die Apposition auch bei substantivischen Pronomina vor. Bezugswort kann nur das Personalpronomen der 1. und 2. Person sein. Die Apposition (eng oder locker) erscheint immer in Nachstellung:

*Ich Dummkopf habe ihm alles geglaubt.*
*Für Sie, liebe Kommilitonen, beginnt nun ein neuer Lebensabschnitt.*

# SATZARTEN

Satzarten ergeben sich aus der Kombination verschiedener Merkmale (aus unterschiedlichen Ebenen):
— aus bestimmten Grundbedeutungen (die indirekt mit bestimmten Sprechhandlungen verbunden sind),
— aus der Stellung des finiten Verbs im Satz (Erst-, Zweit- oder Letztstellung),
— aus der Intonation (steigend / interrogativ oder fallend / terminal) bzw. aus entsprechenden Interpunktionszeichen,
— (teilweise) durch den Modus des Verbs (Imperativ bzw. Konjunktiv),
— (teilweise) durch lexikalische Elemente, vor allem das Vorhandensein von w-Wörtern und bestimmten Abtönungspartikeln.

Diese verschiedenen Merkmale entsprechen sich nicht in direkter Weise. Die Satzarten lassen sich nicht eindeutig und einseitig an der Stellung des finiten Verbs und / oder an der Intonation festmachen (schon deshalb nicht, weil es für die Stellung des finiten Verbs nur 3, für die Intonation nur 2 Möglichkeiten gibt). Sie lassen sich aber auch nicht in direkter Weise aus Sprechhandlungen erklären: Es gibt weit mehr Sprechhandlungen (z. B. Warnung, Drohung, Versprechen . . .) als Satzarten. Aufforderungshandlungen und Aufforderungssätze decken sich durchaus nicht immer, weil Aufforderungshandlungen auch durch Aussagesätze (z. B.: *Ich habe tüchtigen Hunger.*) oder durch Fragesätze (z. B.: *Kannst du mir Feuer geben?*) ausgedrückt werden können. Entscheidend für die Differenzierung der Satzarten sind bestimmte Grundbedeutungen. Mit diesen Grundbedeutungen sind freilich in regulärer Weise bestimmte morphosyntaktische und intonatorische Eigenschaften verbunden, mit ihnen ist auch die Grundlage für ihre Verwendung in unterschiedlichen Kontexten zu unterschiedlichen Sprechhandlungen gegeben.
Als Satzarten werden unterschieden: Aussagesatz, Fragesatz, Aufforderungssatz, manchmal auch Ausrufesatz und Wunschsatz.

## 1    AUSSAGESATZ

Im Aussagesatz wird ein Sachverhalt in allgemeinster und intentional neutraler Form beschrieben. Mit einem Aussagesatz wird vom Sprecher behauptet, dass ein Sachverhalt tatsächlich, künftig oder hypothetisch existent ist.

Im nicht zusammengesetzten Aussagesatz steht das finite Verb gewöhnlich an zweiter Stelle. Die Intonation ist terminal:

Er will sich ausruhen.

# 2 FRAGESATZ

Wenn der Wirklichkeitsbezug eines Sachverhalts unsicher oder unbekannt ist, dann führt die Intention, diese Unsicherheit oder Unbekanntheit zu beseitigen, zur Formulierung eines Fragesatzes.

Fragesätze sind damit Aufforderungen bestimmter Art, die – im Unterschied zu den eigentlichen Aufforderungssätzen – nicht auf eine aktionale, sondern auf eine verbale Reaktion (in Form einer Antwort) gerichtet sind. Nach dem Bezugsbereich (Skopus) der Frage werden Entscheidungs- und Ergänzungsfragen unterschieden.

## 2.1 ENTSCHEIDUNGSFRAGE (SATZFRAGE)

Die Entscheidungsfrage geht davon aus, dass es unsicher ist, ob die Sachverhaltsbeschreibung überhaupt einen Wirklichkeitsbezug hat oder haben wird. Der Gesprächspartner soll durch seine Antwort diese Unsicherheit beseitigen. Das finite Verb tritt in der Entscheidungsfrage an die Satzspitze. Die Intonation ist interrogativ:

Kommt Peter heute?

Die Bestätigung der Entscheidungsfrage wird durch ein zusammenfassendes *ja*, die Verneinung durch ein zusammenfassendes *nein* ausgedrückt. Bei einer Entscheidungsfrage mit Negationswort kehrt sich das Verhältnis von Bestätigung und Verneinung in der Antwort um. Die der Bestätigung der Frage ohne Negation entsprechende Verneinung wird dabei mit *doch* (anstelle von *ja*) ausgedrückt:

Sind Sie mit Ihrer Stellung zufrieden?
Ja, ich bin zufrieden.                  (Bestätigung)
Nein, ich bin *nicht* zufrieden.        (Verneinung)

Sind Sie mit Ihrer Stellung nicht zufrieden?
Nein, ich bin *nicht* zufrieden.        (Bestätigung)
Doch, ich bin zufrieden.                (Verneinung)

Anmerkungen:

(1) Es gibt auch Entscheidungsfragen mit Zweitstellung des finiten Verbs (*Peter kommt heute?*) – bisweilen auch mit der Partikel *doch* (*Sie sprechen doch Deutsch?*, in diesem Falle Vergewisserungsfrage, auf die der Sprecher eine bestätigende Antwort erwartet) –

und solche mit der Subjunktion *ob* und Letztstellung des finiten Verbs (*Ob Peter heute kommt?*), in beiden Fällen mit interrogativer Intonation.

(2) Alternativfragen bestehen aus zwei (selten: mehr) Entscheidungsfragen, die durch die Konjunktion *oder* verbunden sind und zwei Optionen anbieten, zwischen denen sich der Partner entscheiden soll (*Kommst du mit oder bleibst du noch?*); eine Antwort mit *Ja* oder *Nein* ist deshalb nicht möglich.

## 2.2   ERGÄNZUNGSFRAGE (WORTFRAGE)

Der Ergänzungsfrage liegt die Intention zugrunde, eine noch nicht bekannte Komponente eines Sachverhalts zu klären (während die Existenz des gesamten Sachverhalts nicht infrage steht). Der Gesprächspartner soll diese Komponente spezifizieren. Die Intonation ist terminal, das finite Verb steht an zweiter Stelle im Satz. Die verschiedenen unbekannten Sachverhaltskomponenten (Person, Nicht-Person, Zeit, Ort usw.) werden durch spezielle Fragewörter (*w*-Wörter) erfragt, die in der Regel die erste Stelle im Satz einnehmen und Pronomina (*wer, was*), Pronominaladverbien (*worüber, woran* u. a.) oder Adverbien (*wann, wo, wohin* u. a.) sein können. Die Antwort enthält die Spezifizierung der jeweils erfragten Komponente.

Unbekannte Personen oder Nicht-Personen werden durch Fragepronomina oder Pronominaladverbien erfragt:

*Wer* hilft dem Studenten? – *Die Kommilitonen* helfen dem Studenten. (Person)
*Was* hilft dem Studenten? – *Die Lehrbücher* helfen dem Studenten. (Nicht-Person)
*Wessen* gedenkt die Bevölkerung? – Sie gedenkt *der Opfer des Flugzeugunglücks.* (Person)  – Sie gedenkt *des Bergwerkunglücks.* (Nicht-Person)
*Über wen* spricht der Dozent? – Er spricht *über Einstein.* (Person)
*Worüber* spricht der Dozent? – Er spricht *über die Relativitätstheorie.* (Nicht-Person)

Unbekannte Begleitumstände (Zeit, Ort, Grund usw.) werden durch Frageadverbien erfragt:

| | |
|---|---|
| *Wann* fährst du? – Ich fahre *am Sonntag.* | (Zeitpunkt) |
| *Wie lange* bleibst du? – Ich bleibe *vier Wochen.* | (Zeitdauer) |
| *Wohin* fährst du? – Ich fahre *nach Oberhof.* | (Richtung) |
| *Wo* wirst du wohnen? – Ich werde *in einem Hotel* wohnen. | (Ort) |
| *Wie* kommst du dorthin? – Wir fahren *mit dem Bus.* | (Mittel) |
| *Warum* fährst du dorthin? – Ich fahre *zur Erholung.* | (Grund / Zweck) |

Unbekannte Eigenschaften von Personen, Sachen und Begleitumständen werden durch die Artikelwörter *was für (ein)* und *welch-* erfragt:

*Was für ein* Buch hast du gekauft? – Ich habe *einen Bildband* gekauft.
*Welches* Buch hast du gekauft? – Ich habe *den Bildband über Berlin* gekauft.

In diesem Falle handelt es sich – streng genommen – nicht mehr um unbekannte Sachverhaltskomponenten, sondern um unbekannte Merkmale von
Sachverhaltskomponenten (der Skopus der Frage ist noch enger).

# 3 Aufforderungssatz

Aufforderungssätze werden vom Sprecher formuliert, wenn ein (noch) nicht
existenter Sachverhalt vom Gesprächspartner realisiert werden soll.
Die Grundform des Aufforderungssatzes ist der Imperativsatz, in dem das
finite Verb die Form des Imperativs annimmt. Der Imperativ ist eine Aufforderung an die 2. Person Sing. (*du / Sie*) und Pl. (*ihr / Sie*). Er entspricht einem
Aussagesatz mit einem voluntativen Element. Der Imperativsatz wird durch
Erststellung des finiten Verbs, eine terminale Intonation und besonders
nachdrückliche Betonung gekennzeichnet:

Ich will, dass du liest. → Du sollst lesen. → *Lies (du)!*
Ich will, dass ihr lest. → Ihr sollt lesen. → *Lest (ihr)!*

Während die Personalpronomina *du* und *ihr* für die angesprochene Person
im Imperativsatz zumeist nicht genannt werden, darf das Personalpronomen *Sie* nicht fehlen:

Ich will, dass Sie lesen. → Sie sollen lesen. → *Lesen Sie!*

Anmerkung:

Da das Formensystem des Imperativs im Deutschen beschränkt ist (auf die 2. Person),
gibt es zahlreiche Paraphrasen für den Imperativsatz, mit denen ebenfalls Aufforderungen ausgedrückt werden können. Dabei ist zwischen syntaktischen (1, 2, 3) und
lexikalischen (4) Mitteln zu unterscheiden. Bei den syntaktischen Konkurrenzformen
ist die Aufforderung zusätzlich grafisch durch ein Ausrufezeichen, artikulatorisch
durch eine nachdrückliche Betonung gekennzeichnet.

(1) Sätze mit Konjunktiv Präsens:

Seien wir vorsichtig!

(2) Reduzierte Satzformen (Einwortsätze)

Infinitiv:

Absteigen! Singen! Aufhören!

Partizip II:

Hier geblieben! Still gestanden! Aufgepasst!

Verschiedene Wortklassen:

Achtung! Hilfe! Feuer! Schnell! Leise! Auf! Weg! Zurück!

(3) Aussagesätze im Indikativ Präsens und Futur:

Du gehst jetzt! Du wirst jetzt gehen!

(4) Modalverben und andere Verben der Aufforderung:

Du musst mir helfen. Du sollst das Zimmer aufräumen.
Ich brauche deine Hilfe. Ich fordere Sie zur Mitarbeit auf.

# 4    AUSRUFESATZ

Mit einem Ausrufesatz will der Sprecher nicht nur über einen Sachverhalt informieren (wie mit einem Aussagesatz), sondern mit der Information soll zugleich auch eine subjektive Emotion — vor allem Bewunderung oder Erstaunen — über den Sachverhalt ausgedrückt werden. In der Struktur gleicht der Ausrufesatz

— dem Aussagesatz (Zweitstellung des finiten Verbs, terminale Intonation):

Du *hast* aber zugenommen!

— der Entscheidungsfrage (Erststellung des finiten Verbs, aber mit terminaler Intonation):

*Hast* du aber zugenommen!

— der Ergänzungsfrage (Zweit– oder Letztstellung des finiten Verbs, terminale Intonation):

Wie schön *war* es doch heute!
Wie schön es doch heute *war*!

Dem Ausrufesatz fehlt folglich eine spezifische Satzstruktur (alle drei Stellungen des finiten Verbs sind möglich); er kann mit oder ohne *w*-Wörter erscheinen und enthält zumeist bestimmte Partikeln (*aber*, *doch*).

# 5    WUNSCHSATZ

Wunschsätze sind (wie Aufforderungssätze) auf die Realisierung eines (noch) nicht existenten Sachverhalts gerichtet. Sie enthalten jedoch (im Unterschied zu den Aufforderungssätzen) keine direkte Aufforderung an den Gesprächspartner, den Sachverhalt zu realisieren, sondern bringen lediglich den (realisierbaren oder nicht–realisierbaren) Wunsch des Sprechers zum Ausdruck,

dass der Sachverhalt realisiert werden möge. Wunschsätze enthalten ein finites Verb im Konjunktiv Prät. / Plusq. (vgl. „Verb" 7.2.1.3), das stehen kann

— in Letztstellung (wenn der Satz mit der Subjunktion *wenn* eingeleitet ist):

*Wenn* er doch bald *käme!*     (Wunsch realisierbar)
*Wenn* er doch gestern gekommen *wäre!*     (irrealer Wunsch, nicht mehr realisierbar)

— in Erststellung (wenn der Satz uneingeleitet ist):

*Käme* er doch bald!
*Wäre* er doch gestern gekommen!

Der Wunschsatz ähnelt dem Konditionalsatz und kann als Reduzierung eines konditionalen Satzgefüges um den Hauptsatz verstanden werden (← *Ich wäre froh, wenn er bald käme.*). Allerdings enthält der Wunschsatz gewöhnlich charakteristische Partikeln (*doch, nur*) und wird mit einem Ausrufezeichen abgeschlossen (ähnlich wie der Ausrufesatz).

# 6 DIE SATZARTEN IN INDIREKTER FORM

Sowohl der Aussagesatz als auch der Frage- und der Aufforderungssatz können außer in direkter Form auch in indirekter Form, d. h. durch eine andere Person vermittelt, vorkommen.

## 6.1 INDIREKTER AUSSAGESATZ

Die indirekte Aussage steht im mit der Subjunktion *dass* eingeleiteten Nebensatz. Daneben ist noch der uneingeleitete Nebensatz möglich:

Er sagt: „Ich gehe heute ins Kino."
→ Er sagt, dass er heute ins Kino geht.
→ Er sagte, er ginge heute ins Kino.

## 6.2 INDIREKTER FRAGESATZ

Indirekte Fragesätze, die von Entscheidungsfragen abgeleitet sind, haben *ob* als Einleitungswort. Ihre Intonation ist terminal:

Er fragte: „Gehst du heute zur Vorlesung?"
→ Er fragte, ob ich heute zur Vorlesung gehe.

Indirekte Fragesätze, die von Ergänzungsfragen abgeleitet sind, haben das entsprechende Fragewort (*w*-Wort) als Einleitungswort. Die Intonation ist gleichfalls terminal:

Er fragte: „Wer geht mit ins Theater?"
→ Er fragte, wer mit ins Theater geht.

## 6.3 INDIREKTER AUFFORDERUNGSSATZ

Die indirekte Aufforderung steht wie die indirekte Aussage im Nebensatz mit der Subjunktion *dass* und im uneingeleiteten Nebensatz. Zusätzlich ist im indirekten Aufforderungssatz das Modalverb *sollen* (oder *mögen*) als finites Verb notwendig:

Er sagte: „Komm heute Abend zu mir!"
→ Er sagte, dass ich heute Abend zu ihm kommen solle / möge.
→ Er sagte, ich solle / möge heute Abend zu ihm kommen.

Zum Gebrauch des Modus vgl. „Verb" 7.2.1.1.

# SATZMODELLE

## 1 WESEN UND KRITERIEN DER SATZMODELLE

1. Satzmodelle sind *Grundstrukturen* des deutschen Satzes. Als Strukturmodelle geben sie keinen direkten Aufschluss über den Inhalt eines Satzes; dieser Inhalt ist vielmehr von der lexikalischen Füllung der Satzmodelle abhängig. Die Struktur des Satzes hat ihr Zentrum im Verb. Das Verb legt durch seine Valenz einen Stellenplan für den Satz fest.

2. Unter *Valenz* wird die Fähigkeit der Verben verstanden, bestimmte Leerstellen im Satz zu eröffnen, die besetzt werden müssen bzw. besetzt werden können. Sie werden besetzt durch *obligatorische Aktanten* (die im Stellenplan des Verbs enthalten und in der Regel nicht weglassbar sind) oder *fakultative Aktanten* (die auch im Stellenplan des Verbs enthalten, aber unter bestimmten Kontextbedingungen weglassbar sind). Außer den obligatorischen und fakultativen Aktanten treten im Satz *freie Angaben* auf, die von der Valenz des Verbs nicht determiniert sind und deshalb in den Satzmodellen nicht enthalten sind. Sie sind — syntaktisch beliebig auftretende — Erweiterungen der Grundstrukturen:

Patrick arbeitet *oft / manchmal / fleißig / gern.*

3. Als strukturelles Zentrum des Satzes, von dem die Valenz getragen wird und an das die Aktanten gebunden sind, wird das *finite Verb* in Verbindung mit dem *grammatischen* oder *lexikalischen Prädikatsteil* aufgefasst; vgl. dazu „Satzglieder" 1. Als Aktanten des Verbs werden aufgefasst das Subjekt, das Prädikativ (Subjekts- und Objektsprädikativ), die Objekte und einige Adverbialbestimmungen, Nebensätze, Infinitive usw. Dabei sind Subjekte und Prädikativa in der Regel obligatorische Aktanten, die Objekte sind entweder obligatorische oder fakultative Aktanten. Die Adverbialbestimmungen sind meist frei, nur einige sind obligatorische oder fakultative Aktanten. Frei sind immer die sekundären Satzglieder (darunter das prädikative Attribut, der dativus commodi, der possessive Dativ) und die meisten Attribute.

4. Bei der folgenden Liste der deutschen Satzmodelle handelt es sich um abstrakte Strukturmodelle, für die die verwendeten Verben nur als Illustrationsbeispiele dienen. Damit kann und soll kein Verzeichnis der Verben nach ihrer Valenz geliefert werden. Zahlreiche Verben gehören vielmehr zu mehreren Satzmodellen, dann nämlich, wenn sie mehrere Varianten (1) haben

(die sich in der Valenz unterscheiden) oder eine alternative Valenz mit Bedeutungsunterschied (2) aufweisen:

(1)  Die Suppe *kocht*.
     Die Mutter *kocht* (die Suppe).
(2)  Er *schreibt* (das Buch).
     Er *schreibt* (an dem Buch).

5.  Eine andere Art von Alternativität liegt vor, wenn ein Satzglied durch einen Nebensatz oder durch eine Infinitivkonstruktion ersetzt werden kann:

(3)  Er hofft *auf ein baldiges Wiedersehen*.
     Er hofft (darauf), *dass er ihn bald wiedersieht*.
     Er hofft (darauf), *ihn bald wiederzusehen*.

Obwohl es sich bei (3) nicht um verschiedene Varianten des Verbs, sondern um alternative Repräsentationen ohne semantischen Unterschied handelt – im Unterschied zu (1) und (2) –, gehen auch diese verschiedenen alternativen Repräsentationsformen in verschiedene Satzmodelle ein. Sie werden deshalb als verschiedene Satzmodelle behandelt, weil semantische Gleichheit oder Verschiedenheit kein Kriterium für Strukturmodelle sein kann.

6.  Für die folgende Liste der Satzmodelle werden folgende *Konventionen* angenommen:

(1)  Da ein Substantiv als Subjekt oder Objekt immer durch ein entsprechendes substantivisches Pronomen, eine adverbiale Präpositionalphrase ($pS_A$) immer durch ein entsprechendes Adverb ersetzt werden kann, werden ein Pronomen und ein Adverb überhaupt nicht vermerkt.

(2)  Das Reflexivpronomen *sich* und die Pronominalform *es* werden nur dann als Aktanten gewertet, wenn sie durch ein Substantiv (oder durch einen anderen Aktanten) substituierbar sind (z. B.: Er wäscht *sich / das Kind. Es* (= das Geschenk) freut mich.). Sie werden nicht als Aktanten gewertet, wenn die Besetzung der entsprechenden Stelle nicht variabel ist (z. B.: Er schämt *sich.*) oder das Pronomen *es* bloßes Korrelat ist (z. B.: Ich hoffe *es*, dass er kommt.).

Anmerkung:

Folgende Abkürzungen werden verwendet:

| | |
|---|---|
| V | = Verb |
| A | = Aktant (durchnummeriert als $A_1$, $A_2$ usw.) |
| $S_n$ | = Substantiv im Nominativ (als Subjekt) |
| $S_{np}$ | = Substantiv im Nominativ (als Prädikativ) |
| $S_a$ | = Substantiv im Akkusativ (als Objekt) |
| $S_{aA}$ | = Substantiv im Akkusativ (als Adverbialbestimmung) |

$S_{ap}$ = Substantiv im Akkusativ (als Prädikativ)
$S_d$ = Substantiv im Dativ
$S_g$ = Substantiv im Genitiv
pS = Präposition + Substantiv (als Objekt)
$pS_A$ = Präposition + Substantiv (als Adverbialbestimmung)
$pS_p$ = Präposition + Substantiv (als Prädikativ)
Adj = Adjektiv / Adjektivadverb (als Adverbialbestimmung)
$Adj_p$ = Adjektiv (als Prädikativ)
p Adj = Präposition + Adjektiv (als Adverbialbestimmung)
$p Adj_p$ = Präposition + Adjektiv (als Prädikativ)
NS = Nebensatz (als Objekt)
$NS_S$ = Nebensatz (als Subjekt)
$Inf_{zu}$ = Infinitiv mit $zu$ (als Objekt)
$Inf_{zuS}$ = Infinitiv mit $zu$ (als Subjekt)
Inf = Infinitiv ohne $zu$

# 2 LISTE DER SATZMODELLE

1. Verben ohne Aktanten

(1)        Es blitzt.

2. Verben mit keinem obl. und 1 fak. Aktanten

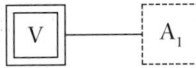

(2) ($S_a$)     Es regnet (Blüten).

3. Verben mit 1 obl. Aktanten

(3) $S_n$       Die Pflanze geht ein.
(4) $S_a$       Mich friert.
(5) $S_d$       Es graut mir.
(6) pS      Es geht um eine wichtige Frage.
(7) Adj     Es geht lustig zu.
(8) $NS_S$    Es heißt, dass die Expedition erfolgreich zurückgekehrt ist.
(9) $Inf_{zuS}$   Anzuklopfen gehört sich.

4. Verben mit 1 obl. und 1 fak. Aktanten

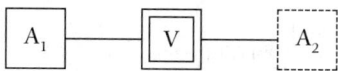

| | | |
|---|---|---|
| (10) | $S_n, (S_a)$ | Die Mutter kauft (Milch) ein. |
| (11) | $S_n, (S_d)$ | Das Kind folgt (seiner Mutter). |
| (12) | $S_n, (pS_A)$ | Der Mann steigt (in die Straßenbahn) ein. |
| (13) | $S_n, (pS)$ | Die Schneiderin arbeitet (an einem Kleid). |
| (14) | $S_n, (NS)$ | Das Kind wartet ab (, ob jemand kommt). |
| (15) | $S_n, (Inf_{zu})$ | Er weigert sich (, das Vorhaben zu unterstützen). |
| (16) | $S_n, (Inf)$ | Die Mitarbeiterin hilft (organisieren). |
| (17) | $S_d, (pS)$ | Ihm graut (vor einem längeren Krankenhausaufenthalt). |
| (18) | $S_d, (NS)$ | Ihm graut (davor, dass er ins Krankenhaus muss). |
| (19) | $S_d, (Inf_{zu})$ | Ihm graut (davor, ins Krankenhaus zu müssen). |
| (20) | $NS_s, (S_d)$ | Es gelingt (dem Arzt), dass er den Patienten rettet. |
| (21) | $Inf_{zuS}, (S_d)$ | Es gelingt (dem Arzt), den Patienten zu retten. |

5. Verben mit 1 obl. und 2 fak. Aktanten

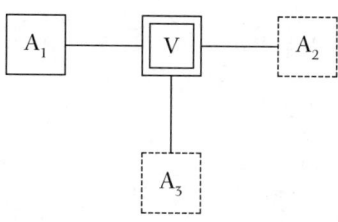

| | | |
|---|---|---|
| (22) | $S_n, (S_a), (S_d)$ | Die Mutter erzählt (den Kindern) (eine Geschichte). |
| (23) | $S_n, (S_d), (pS)$ | Der Lehrer dankt (dem Schüler) (für die Hilfe). |
| (24) | $S_n, (S_d), (NS)$ | Der Lehrer dankt (dem Schüler), (dass er ihm geholfen hat). |
| (25) | $S_n, (S_d), (Inf_{zu})$ | Der Polizist hilft (dem Kind), (über die Straße zu gehen). |
| (26) | $S_n, (S_d), (Inf)$ | Das Kind hilft (der Mutter) (arbeiten). |
| (27) | $S_n, (p_1S), (p_2S)$ | Das Kind bedankt sich (bei dem Polizisten) (für die Hilfe). |
| (28) | $S_n, (pS), (NS)$ | Der Messegast bedankt sich (bei dem Polizisten), (dass er ihm den Weg gezeigt hat). |

6. Verben mit 1 obl. und 3 fak. Aktanten

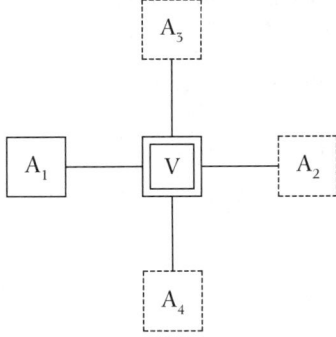

(29) $S_n$, $(S_d)$, $(pS)$, $(NS)$    Der Arzt antwortet (dem Patienten) (auf seine Frage), (dass er komme).

(30) $S_n$, $(S_a)$, $(p_1S)$, $(p_2S)$    Der Schriftsteller übersetzt (das Buch) (aus dem Englischen) (in das Deutsche).

7. Verben mit 2 obl. Aktanten

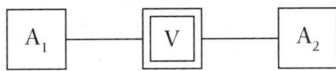

(31) $S_n$, $S_a$    Der Direktor erwartet seine Gäste.
(32) $S_n$, $S_d$    Das Gebäude gehört der Universität.
(33) $S_n$, $S_g$    Die Klasse gedachte des verunglückten Schülers.
(34) $S_n$, $pS$    Der Dozent verweist auf das neue Fachbuch.
(35) $S_n$, $pS_A$    Der Arzt wohnt in Leipzig.
(36) $S_n$, $S_{np}$    Das Mädchen wird Apothekerin.
(37) $S_n$, $Adj_p$    Die Lehrerin ist krank.
(38) $S_n$, $pS_p$    Er wird zum Verräter.
(39) $S_n$, $pAdj$    Die Kritik geht zu weit.
(40) $S_n$, $S_{aA}$    Die Sitzung dauerte zwei Stunden.
(41) $S_n$, $NS$    Der Arzt findet, dass der Patient besser aussieht.
(42) $S_n$, $Inf_{zu}$    Das Pferd droht zusammenzubrechen.
(43) $S_n$, $Inf$    Das Mädchen geht einkaufen.
(44) $NS_s$, $S_a$    Dass er nicht kommt, ärgert den Freund.
(45) $NS_s$, $S_d$    Es gefällt ihm, dass er eingeladen wird.
(46) $NS_s$, $S_g$    Dass er in Dresden war, bedarf keines Beweises.
(47) $NS_s$, $pS$    Auf dem Fahrplan ist ersichtlich, dass der Bus stündlich verkehrt.
(48) $NS_s$, $Adj_p$    Dass er kommt, ist bekannt.

(49) $Inf_{zuS}, S_a$    Es freut den Arzt, seinen Kollegen wiederzusehen.

(50) $Inf_{zuS}, S_d$    Es gefällt ihm, eingeladen zu werden.

(51) $Inf_{zuS}, Adj_p$    Ihn zu treffen ist wichtig.

(52) $S_a, pS$    Den Kranken verlangt nach Ruhe.

(53) $S_d, Adj$    Unserem Bekannten geht es gut.

8. Verben mit 2 obl. und 1 fak. Aktanten

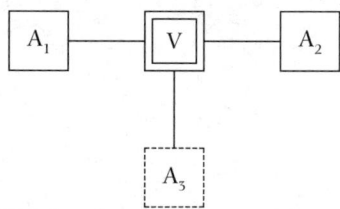

(54) $S_n, S_a, (S_d)$    Der Schüler beantwortet (dem Lehrer) die Fragen.

(55) $S_n, S_{a1}, (S_{a2})$    Das Studium kostet (die Familie) viel Geld.

(56) $S_n, S_a, (pS)$    Die Mutter verteilt den Kuchen (an die Kinder).

(57) $S_n, S_a, (S_g)$    Der Staatsanwalt klagt den Mann (des Mordes) an.

(58) $S_n, S_a, (pS_A)$    Der Sohn begleitet seinen Vater (in die Stadt).

(59) $S_n, S_a, (NS)$    Der Institutsdirektor befragt den Studenten (, ob er den Forschungsauftrag übernehmen könnte).

(60) $S_n, S_a, (Inf_{zu})$    Die Mutter beauftragt die Tochter (, die Wäsche zu waschen).

(61) $S_n, S_d, (pS_A)$    Der Lehrer begegnete dem Trotz des Kindes (mit Gelassenheit).

(62) $S_n, pS_A, (S_a)$    Der Weg führte (die Wanderer) ins Tal.

(63) $S_n, p_1S, (p_2S)$    Der Fußgänger klagte (gegen den Autofahrer) auf Schadenersatz.

(64) $S_n, NS, (S_d)$    Das Kind verschwieg (dem Vater), dass es das Geld verloren hatte.

(65) $S_n, NS, (pS)$    Der Student entgegnete (auf die Frage), dass er krank gewesen sei.

(66) $S_n, NS, (pAdj_p)$    Der Arzt beurteilt (es als entscheidend), wie die Operation verlaufen ist.

(67) $S_n, NS, (pS)$    Der Polizist bemerkt (am Geräusch), dass sich jemand nähert.

(68) $S_n, Inf_{zu}, (S_a)$    Der Diskussionsleiter bittet (die Zuhörer), Fragen zu stellen.

(69) $S_n, NS, (S_a)$    Der Referent bittet (die Zuhörer), dass sie Fragen stellen.

(70) $S_n, S_a, (Inf)$    Er sieht sie (kommen).

(71) $S_n, Inf_{zu}, (S_d)$    Der Schulleiter empfahl (einer Kommission), die Lehrpläne zu überarbeiten.

(72) $NS_S$, $S_a$, (pS)    Dass er gut schwimmen konnte, rettete ihn (vor dem Ertrinken).

(73) $NS_S$, $S_a$, ($S_d$)    Dass der Mitarbeiter verreist war, beantwortete (dem Antragsteller) die Frage.

(74) $NS_S$, $S_{a1}$, ($S_{a2}$)    Dass er studiert, kostet (die Familie) viel Geld.

(75) $NS_S$, pS, ($S_a$)    Dass er sich ausspräch, führte (ihn) zur Einsicht.

### 9. Verben mit 2 obl. und 2 fak. Aktanten

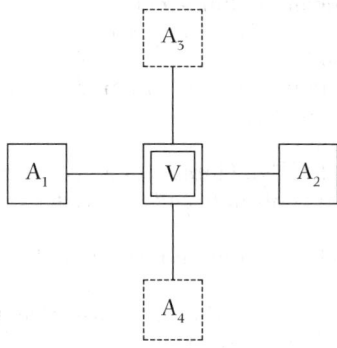

(76) $S_n$, $S_a$, (Inf), ($pS_A$)    Der Arzt hat viele Patienten (im Wartezimmer) (sitzen).

(77) $S_n$, $p_1S$, ($S_a$), ($p_2S$)    Der Referent bittet (die Zuhörer) (für diesen Zwischenruf) um Verständnis.

(78) $S_n$, NS, ($S_d$), (pS)    Der Schüler entgegnete (dem Lehrer) (auf dessen Frage), dass er aufgepasst habe.

### 10. Verben mit 3 obl. Aktanten

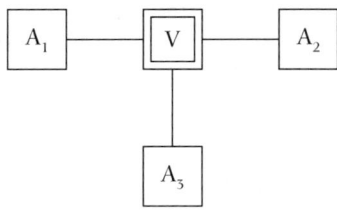

(79) $S_n$, $S_a$, $S_{ap}$    Der Meister nannte die Frau eine gute Arbeiterin.

(80) $S_n$, $S_a$, $Adj_p$    Der Lehrer nennt den Schüler fleißig.

(81) $S_n$, $S_a$, $pAdj_p$    Der Lehrer bezeichnet den Schüler als fleißig.

(82) $S_n$, $S_a$, $pS_p$    Der Schulleiter bezeichnet den Lehrer als guten Pädagogen.

| | |
|---|---|
| (83) $S_n$, $S_a$, $S_d$ | Der Hund brachte dem Mann eine Verletzung bei. |
| (84) $S_n$, $S_a$, $S_g$ | Sie bezichtigt den Nachbarn der Lüge. |
| (85) $S_n$, $S_a$, $pS_A$ | Der Lehrer legt das Buch auf den Tisch. |
| (86) $S_n$, $S_a$, NS | Die Mutter gewöhnt die Kinder daran, dass sie zeitig aufstehen. |
| (87) $S_n$, $S_a$, $Inf_{zu}$ | Die Mutter gewöhnt die Kinder daran, pünktlich aufzustehen. |
| (88) $S_n$, $S_a$, Inf | Die Mutter legt das Kind schlafen. |
| (89) $S_n$, $S_d$, Adj | Das Rauchen bekommt ihm schlecht. |
| (90) $S_n$, $S_d$, NS | Der Dozent bringt den Studenten bei, wie sie einen Text interpretieren sollen. |
| (91) $S_n$, $S_d$, $Inf_{zu}$ | Der Dozent bringt den Studenten bei, einen Text komplex zu interpretieren. |
| (92) $S_n$, Adj, Inf | Der Mann hat gut reden. |
| (93) $S_n$, $S_a$, pS | Der Polizist hindert den Einbrecher an der Flucht. |
| (94) $S_n$, $pAdj_p$, NS | Der Arzt erachtet es als notwendig, dass der Patient die Medizin regelmäßig einnimmt. |
| (95) $S_n$, $pAdj_p$, $Inf_{zu}$ | Besonders begabte Kinder zu fördern, halten wir für nötig. |
| (96) $S_n$, $pS_p$, NS | Dieses Gymnasium betrachtet es als wichtige Aufgabe, dass der Sport gefördert wird. |
| (97) $S_n$, $pS_p$, $Inf_{zu}$ | Dieses Gymnasium betrachtet es als wichtige Aufgabe, den Sport zu fördern. |

# ZUSAMMENGESETZTER SATZ

## 1 ALLGEMEINES

Zusammengesetzte Sätze entstehen durch die Zusammenfügung mehrerer Grundstrukturen zu einer komplexen Einheit. Die Zusammenfügung erfolgt durch *koordinative* oder *subordinative* Verbindung.

### 1.1 KOORDINATIVE VERBINDUNG (= NEBENORDNUNG, PARATAXE)

Wird das Prinzip der koordinativen Verbindung auf zwei oder mehrere Hauptsätze angewandt, so entsteht eine *Satzverbindung*.

1. Formen der Koordination in der Satzverbindung

Die beiden Teile der Satzverbindung können entweder asyndetisch oder syndetisch verknüpft sein.
Bei der *asyndetischen* Konstruktion fehlt ein formales Verknüpfungszeichen (Konjunktion, Konjunktionaladverb) zwischen den beiden Teilen der Satz‐verbindung. Trotzdem wird der enge Zusammenhang der beiden Sätze durch die Semantik und durch die Satzintonation deutlich:

Die Lesefähigkeit wird entwickelt, die Sprachbeherrschung wird verbessert.

Bei der *syndetischen* Konstruktion sind die beiden Teile der Satzverbindung durch ein formales Verknüpfungszeichen (koordinierende Konjunktion, Konjunktionaladverb) verbunden. Diese Verknüpfungszeichen leiten den zweiten Satz ein (Konjunktionen, Konjunktionaladverbien) oder stehen nach dem finiten Verb (Konjunktionaladverbien):

Ich gehe nicht mit ins Kino, *denn* ich muss noch arbeiten.
Er ist krank, *deshalb* fährt er zur Kur (. . ., er fährt *deshalb* zur Kur).

2. Inhaltliche Beziehungen der Koordination in der Satzverbindung

(1) Kopulative Satzverbindung
Die beiden Hauptsätze werden nur aneinander gereiht und nebeneinander gestellt, ohne dass eine logische Verbindung zwischen ihnen hergestellt wird. Das kopulative Verhältnis wird hergestellt durch Konjunktionen (*und, sowohl . . . als auch, weder . . . noch, nicht nur . . . sondern auch*) oder durch Konjunktionaladverbien (*auch, außerdem, ferner, zudem, überdies, ebenso, eben‐falls, gleichfalls*); es können jedoch Hauptsätze auch in kopulativer Weise asyndetisch aneinander gereiht werden:

Der Ingenieur war viel im Ausland, (*und*) er lernte die Lebensbedingungen in fremden Ländern kennen.

Anmerkungen:

1. Innerhalb der kopulativen Satzverbindung kann manchmal eine Hervorhebung (*sogar, überdies, nämlich, und zwar*) oder eine Einteilung (*teils . . . teils, einerseits . . . andererseits, erstens . . . zweitens*) besonders akzentuiert sein.

2. Von den zweiteiligen kopulativen Konjunktionen werden durch *sowohl . . . als auch* und durch *nicht nur . . . sondern auch* beide Sätze bejaht, durch *weder . . . noch* beide Sätze verneint.

(2) Disjunktive Satzverbindung
Durch den Sachverhalt des zweiten Hauptsatzes wird der Sachverhalt des ersten Hauptsatzes ausgeschlossen. Das disjunktive (alternative) Verhältnis wird hergestellt durch Konjunktionen (*oder, entweder . . . oder*) oder durch Konjunktionaladverbien (*sonst, andernfalls*):

Er ist *entweder* schon zur Arbeit gegangen (,) *oder* er ist noch zu Hause.

(3) Adversative Satzverbindung
Der Sachverhalt des zweiten Hauptsatzes ist dem Sachverhalt des ersten Hauptsatzes entgegengesetzt. Das adversative Verhältnis wird hergestellt durch Konjunktionen (*aber, doch, jedoch, sondern*) oder durch Konjunktionaladverbien (*dagegen, hingegen, indessen, vielmehr*); es können jedoch Hauptsätze auch in adversativer Weise asyndetisch nebeneinander stehen:

Einsichten sind gut, (*aber*) Veränderungen sind besser.

(4) Restriktive Satzverbindung
Der zweite Hauptsatz schränkt den Sachverhalt des ersten Hauptsatzes ein. Das restriktive Verhältnis wird hergestellt durch Konjunktionen (*aber, doch, allein, jedoch*) oder durch Konjunktionaladverbien (*freilich, zwar . . . aber, wohl . . . aber, nur, indessen*):

Er hat Deutschland mehrmals besucht, *jedoch* in Hamburg ist er noch nicht gewesen.
Er hat *zwar* Deutschland mehrmals besucht, *aber* in Hamburg ist er noch nicht gewesen.

(5) Kausale Satzverbindung
Der zweite Hauptsatz enthält den Grund für den Sachverhalt des ersten Hauptsatzes. Das kausale Verhältnis wird hergestellt durch Konjunktion (*denn*) oder Konjunktionaladverb (*nämlich*); es kann aber auch unbezeichnet (asyndetisch) sein:

Er konnte das Problem nicht lösen, (*denn*) ihm fehlte die Sachkenntnis.

(6) Konsekutive Satzverbindung
Der zweite Hauptsatz gibt die Folge des im ersten Hauptsatz genannten Sachverhaltes an. Das konsekutive Verhältnis wird durch Konjunktionalad-

verbien ausgedrückt (*also, folglich, daher, darum, demnach, deshalb, deswegen, mithin, somit, infolgedessen*) oder bleibt formal unbezeichnet:

Dem Schüler fehlte die Sachkenntnis, *deshalb* konnte er das Problem nicht lösen.

(7) Konzessive Satzverbindung
Der zweite Hauptsatz gibt eine Folge an, die im Gegensatz zu der im ersten Hauptsatz genannten Voraussetzung steht. Die konzessive Satzverbindung wird signalisiert durch Konjunktionaladverbien (*trotzdem, gleichwohl, nichts-destoweniger, dessen ungeachtet*):

Es regnete in Strömen; *trotzdem* gingen wir spazieren.

## 1.2 SUBORDINATIVE VERBINDUNG (= UNTERORDNUNG, HYPOTAXE)

Das Prinzip der subordinativen Verbindung wird bei der Einbettung eines Nebensatzes in einen Hauptsatz angewandt. Bei dieser Einbettung entsteht ein *Satzgefüge*. Subordination liegt auch vor, wenn ein Nebensatz in einen anderen, übergeordneten Nebensatz eingebettet wird.

### 1.2.1 FORMEN DER SUBORDINATION IM SATZGEFÜGE

Der Nebensatz kann in den übergeordneten Hauptsatz eingebettet werden entweder mit Hilfe eines Einleitungswortes (= eingeleiteter Nebensatz) oder ohne ein solches Einleitungswort (= uneingeleiteter Nebensatz).

1. Subordination eines eingeleiteten Nebensatzes

(1) Relativsätze
Relativsätze werden eingeleitet durch ein Relativpronomen (a) oder durch ein Relativadverb (b):

(a) Die Schweiz ist ein Land, *das* mitten in Europa liegt.
   *Wer* wagt, gewinnt.
(b) Die Länder, *wo* es am heißesten ist, liegen in der Nähe des Äquators.

(2) Subjunktionalsätze
Subjunktionalsätze werden eingeleitet durch Subjunktionen:

Er besucht uns, *wenn* er in Berlin ist.
Wir wissen nicht, *ob* er kommt.

(3) Eingeleitete Nebensätze mit *w*-Fragewort
Eingeleitete Nebensätze mit *w*-Fragewort werden eingeleitet durch Interrogativpronomina (a) oder durch Interrogativadverbien (b):

(a) Wir wissen nicht, *was* er sich wünscht.
(b) Wir fragen ihn, *wohin* er geht.

2. Subordination eines uneingeleiteten Nebensatzes

Bei uneingeleiteten Nebensätzen fehlt das formale Signal für die Subordination. Trotzdem wird das Abhängigkeits- und Einbettungsverhältnis durch die Semantik und durch dieSatzintonation deutlich. Eine uneingeleitete Subordination ist bei folgenden Arten von Nebensätzen möglich:

(1) Objektsätze (ohne *dass*, mit finitem Verb an zweiter Stelle):

Ich dachte, *dass* er seine Prüfung schon abgelegt hätte.
→ Ich dachte, er *hätte* seine Prüfung schon abgelegt.

(2) Subjektsätze (ohne *dass* bzw. *wenn*), finites Verb an zweiter Stelle):

Es ist besser, *dass (wenn)* du pünktlich kommst.
→ Es ist besser, du *kommst* pünktlich.

(3) Konditionalsätze (ohne *wenn / falls* mit finitem Verb an erster Stelle):

*Wenn / Falls* er morgen kommt, können wir alles besprechen.
→ *Kommt* er morgen, können wir alles besprechen.

(4) Konzessivsätze (ohne *obwohl / trotzdem*, aber mit Partikel *auch* im Nebensatz und häufig *doch* im Hauptsatz, mit finitem Verb an erster Stelle):

*Obwohl / Trotzdem* die Arbeit schwer ist, musste sie (*doch*) geschafft werden.
→ *War* die Arbeit *auch* schwer, sie musste (*doch*) geschafft werden.

Insgesamt ergibt sich folgende Einteilung:

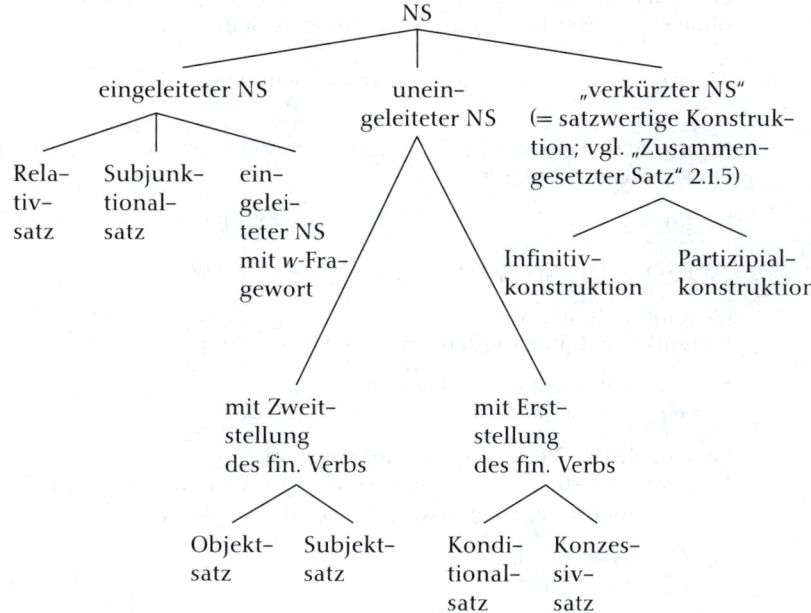

Zusammengesetzter Satz

**1.2.2 FUNKTIONALE UND INHALTLICHE BEZIEHUNGEN DER SUBORDINATION IM SATZGEFÜGE**

Im Satzgefüge können mannigfaltige Beziehungen funktionaler Art (vgl. „Zusammengesetzter Satz" 2.2) und inhaltlicher Art (vgl. „Zusammengesetzter Satz" 2.3) zwischen Haupt- und Nebensatz ausgedrückt werden.

**1.3 BESONDERE ARTEN DER VERBINDUNG VON SÄTZEN**

1. Schaltsatz
Der Schaltsatz ist äußerlich eine Form der unverbundenen koordinativen Verknüpfung von Hauptsätzen; allerdings ist der eine Hauptsatz in den anderen „eingeschaltet". Inhaltlich handelt es sich jedoch nicht um Koordination; der eingeschaltete HS ist im Verhältnis zum anderen HS entweder übergeordnet (1) oder untergeordnet (2):

(1) Der Zeitschriftenartikel wird − ich möchte es dir heute schon mitteilen − in Kürze erscheinen.
← Ich möchte es dir heute schon mitteilen, dass der Zeitschriftenartikel in Kürze erscheinen wird.

(2) Die Prüfungstermine − sie waren vorverlegt worden − beunruhigten die Studenten.
← Die Prüfungstermine, die vorverlegt worden waren, beunruhigten die Studenten.

2. Satzperiode
Als Satzperiode wird ein vielfach zusammengesetzter Satz bezeichnet. Er entsteht durch die Nebenordnung mehrerer Satzgefüge oder durch Unterordnung mehrerer Nebensätze − die einander gleich oder untergeordnet sein können − unter einen Hauptsatz. In der Satzperiode treten somit die koordinative und die subordinative Art der Verbindung gleichzeitig auf:

Ein Tierbändiger wurde eines Abends vor den Augen der Leute, die gekommen waren, um sich die Vorstellung anzusehen, von seinem Löwen, einem Prachtexemplar, angegriffen und so furchtbar zugerichtet, daß er, nachdem man ihn aus den Tatzen des Ungetüms befreit hatte, nur noch einen letzten überaus traurigen Blick auf seine Frau und auf seine Kinder werfen konnte ...    (Robert Walser)

HS$_a$    Hauptsatz, 1. Teil: *Ein Tierbändiger wurde eines Abends vor den Augen der Leute,*

| | |
|---|---|
| HS$_b$ | Hauptsatz, 2. Teil: *von seinem Löwen* |
| Appos. | Apposition im HS$_b$: einem Prachtexemplar |
| HS$_c$ | Hauptsatz, 3. Teil: *angegriffen und so furchtbar zugerichtet,* |
| NS$_1$ | Nebensatz 1. Grades (Zwischensatz): die gekommen waren, |
| NS$_2$ | Nebensatz 2. Grades (1. NS$_2$: um sich die Vorstellung anzusehen = Nachsatz; 2. NS$_2$: nachdem man ihn aus den Tatzen des Ungetüms befreit hatte, = Zwischensatz) |
| NS$_{1a}$ | Nebensatz 1. Grades, 1. Teil: dass er, |
| NS$_{1b}$ | Nebensatz 2. Grades, 2. Teil: nur noch einen letzten überaus traurigen Blick auf seine Frau und auf seine Kinder werfen konnte . . . |

3. Zusammengezogener Satz

Der zusammengezogene Satz ist eine besondere Art der koordinativen Verknüpfung in der Satzverbindung. Er entsteht aus der Satzverbindung durch Reduktion. Ein zusammengezogener Satz liegt dann vor, wenn sich *ein* Satzglied auf *mehrere* andere Satzglieder der gleichen Art bezieht:

Er *studiert* in Leipzig, seine Schwester in Berlin.     (gemeinsam: Prädikat)
*Du* hinterlässt mir eine Nachricht im Institut oder rufst mich zu Hause an.     (gemeinsam: Subjekt)
Er besorgte und sie bezahlte *die Bücher.*     (gemeinsam: Objekt)
Er lief und sie fuhr *in die Stadt.*     (gemeinsam: Adverbialbestimmung)

4. Infinitiv- und Partizipialkonstruktionen

Eine andere Form der Reduzierung stellen die Infinitiv- und Partizipialkonstruktionen dar. Sie sind reduzierte Nebensätze, üben die Funktion von Nebensätzen aus und bilden zusammen mit übergeordneten Sätzen Satzgefüge; vgl. dazu genauer „Zusammengesetzter Satz" 2.1.5).

# 2   NEBENSÄTZE

## 2.1   FORMENBESTAND

### 2.1.1   FORM DER NEBENSÄTZE

An der Spitze des Nebensatzes steht gewöhnlich ein pronominales oder subjunktionales Einleitungswort, das die Verbindung zum übergeordneten Satz herstellt.
Das finite Verb steht gewöhnlich am Ende des Nebensatzes. Folgende Nebensatzarten zeigen keine Endstellung des finiten Verbs:

1. Konzessivsatz ohne Subjunktion
Erststellung des finiten Verbs:

*Sei* die Arbeit auch schwer, sie muss geschafft werden.

2. Konditionalsatz ohne Subjunktion
Erststellung des finiten Verbs:

*Kommt* er morgen, (so / dann) können wir alles besprechen.

3. Objektsatz ohne Subjunktion
Die Wortstellung ist wie im Hauptsatz. Subjunktionslose Objektsätze stehen nach den Verben des Sagens, Denkens und Fühlens:

Ich dachte, er *hätte* seine Prüfung abgelegt.

4. Subjektsatz ohne Subjunktion
(Wortstellung wie im Hauptsatz):

Es ist besser, du *fährst* mit dem Zug.

5. Irrealer Komparativsatz mit Subjunktion *als*
Das finite Verb steht unmittelbar nach der Subjunktion *als*:

Es schien so, als *schliefe* sie fest.

2.1.2 STELLUNG DER NEBENSÄTZE

Der Nebensatz tritt in drei Positionen auf:

1. Vordersatz:

Weil seine Leistungen ausgezeichnet waren, bekam er ein Forschungsstipendium.

2. Nachsatz:

Er bekam ein Forschungsstipendium, weil seine Leistungen ausgezeichnet waren.

3. Zwischensatz:

Er bekam, weil seine Leistungen ausgezeichnet waren, ein Forschungsstipendium.

Der häufigste Typ ist der Nachsatz.

2.1.3 GRAD DER ABHÄNGIGKEIT DER NEBENSÄTZE

1. Nebensätze gleichen Grades
Der Nebensatz ist Element einer Reihe gleich geordneter Nebensätze, die vom Hauptsatz abhängen. Diese Nebensätze sind Nebensätze ersten Grades.

| HS 1. Teil | *1. NS 1. Grades* | *2. NS 1. Grades* | HS 2. Teil |
|---|---|---|---|
| Die Studenten, | die ihre Prüfung abgelegt haben | und denen die Zeugnisse ausgehändigt wurden, | verlassen Leipzig Ende der Woche. |

## 2. Nebensätze verschiedenen Grades

Der Nebensatz ist Element einer Kette von Nebensätzen verschiedenen Grades. Der vom Hauptsatz abhängige Satz ist ein Nebensatz ersten Grades, ein von einem NS ersten Grades abhängiger Satz ist ein NS zweiten Grades, ein von einem NS zweiten Grades abhängiger Satz ist ein NS dritten Grades usw.

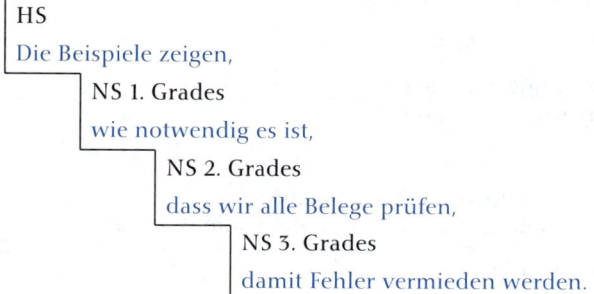

HS
Die Beispiele zeigen,
   NS 1. Grades
   wie notwendig es ist,
      NS 2. Grades
      dass wir alle Belege prüfen,
         NS 3. Grades
         damit Fehler vermieden werden.

### 2.1.4 WORTSTELLUNG IM HAUPTSATZ

Die Wortstellung im HS entspricht den Regeln der Wortstellung im Aussagesatz, wenn der NS ein Nach- oder Zwischensatz ist. Ist der NS dagegen ein Vordersatz, so steht im folgenden HS das finite Verb an erster Stelle, weil der voraufgehende NS als Äquivalent für ein Satzglied aufgefasst wird:

Als er in München ankam, *besuchte* er seinen Freund.

Von dieser Regel gibt es folgende Ausnahmen:

1. Wenn der NS als Vordersatz ein Konzessivsatz mit der Partikel *auch* ist (uneingeleiteter Konzessivsatz oder eingeleitet mit *wenn, wer, wem, wann, wo* usw.), steht im folgenden HS nicht das finite Verb, sondern das Subjekt an erster Stelle:

Wenn er auch krank war, er *kam* zur Arbeit.

2. Wenn ein Korrelat im HS (*so, da, dann* usw.) steht, nimmt nicht das finite Verb, sondern das Korrelat die erste Stelle im HS ein, da es nicht als eigenes Satzglied rechnet, sondern nur den Inhalt des vorangegangenen NS zusammenfasst:

Wenn er pünktlich kommt, dann *kann* ich ihn abholen.

### 2.1.5 SATZWERTIGE KONSTRUKTIONEN

Eine ähnliche syntaktische Funktion wie die Nebensätze üben die Infinitiv- und Partizipialkonstruktionen aus. Sie sind – wie die Nebensätze – satzwer-

tig und können unter bestimmten Bedingungen statt der Nebensätze verwendet werden. Im Unterschied zu den Nebensätzen haben sie
— in der Oberfläche kein Subjekt (ihr zugrunde liegendes Subjekt muss durch die Beziehung auf den übergeordneten Satz erschlossen werden),
— kein finites Verb (stattdessen eine infinite Verbform, d. h. einen Infinitiv oder ein Partizip),
— in der Regel auch kein Einleitungswort (keine Subjunktion):

Er hofft, dass *er* den Zug noch *erreicht*.
→ Er hofft, den Zug noch zu *erreichen*.     (Infinitivkonstruktion)
Als *er* in München angekommen *war*, besuchte er seine Eltern.
→ In München *angekommen*, besuchte er seine Eltern.     (Partizipialkonstruktion)

### 2.1.5.1 INFINITIVKONSTRUKTIONEN

Es gibt valenzbedingte und valenzunabhängige Infinitivkonstruktionen. Wenn sie *valenzbedingt* sind, füllen sie entsprechende Leerstellen von Wörtern (Verben, Adjektiven, Substantiven) im übergeordneten Satz aus (zumeist als Subjekt- oder Objektsätze). *Valenzunabhängige* Infinitivkonstruktionen sind (freie) Adverbialbestimmungen und können deshalb syntaktisch mit beliebigen Verben verbunden werden.

1. Der *Subjektsatz* kann durch eine Infinitivkonstruktion vertreten werden,

(1) wenn das Subjekt des NS identisch ist mit dem Objekt des übergeordneten Satzes:

Dass *er* das Spiel gewonnen hat, freut *ihn*.
→ Das Spiel gewonnen zu haben freut ihn.

(2) wenn das Subjekt des NS ein unbestimmt-persönliches *man* ist:

Dass *man* pünktlich kommt, ist ratsam.
→ Pünktlich zu kommen ist ratsam.

2. Der *Objektsatz* kann durch eine Infinitivkonstruktion vertreten werden,

(1) wenn das Subjekt des NS identisch ist mit dem Subjekt des übergeordneten Satzes:

Er entschließt sich (dazu), dass *er* bald abreist.
→ Er entschließt sich (dazu), bald abzureisen.

(2) wenn das Subjekt des NS identisch ist mit dem Objekt des übergeordneten Satzes:

Die Lehrerin erlaubt *dem Schüler*, dass *er* früher nach Hause geht.
→ Die Lehrerin erlaubt dem Schüler (,) früher nach Hause zu gehen.

(3) wenn das Subjekt des NS identisch ist mit dem logischen Subjekt des übergeordneten Satzes, das aber nur in der Grundstruktur, nicht im konkreten Satz als grammatisches Subjekt erscheint:

*Sein* Bemühen, dass *er* die Prüfung gut besteht, wurde belohnt.
→ *Sein* Bemühen (,) die Prüfung gut zu bestehen (,) wurde belohnt.
(← *Er* bemüht sich, dass *er* die Prüfung gut besteht).

3. Der *Adverbialsatz* kann durch eine Infinitivkonstruktion ersetzt werden,

(1) wenn das Subjekt des NS identisch ist mit dem Subjekt des übergeordneten Satzes:

Er ging durch den Regen, ohne dass *er* einen Mantel trug.
→ Er ging durch den Regen (,) ohne einen Mantel zu tragen.

(2) wenn das Subjekt des NS identisch ist mit dem logischen Subjekt des übergeordneten Satzes (das als grammatisches Objekt erscheint):

Ein kleiner Hinweis genügte *dem Schüler*, damit *er* die Aufgabe löste.
→ Ein kleiner Hinweis genügte *dem Schüler* (,) um die Aufgabe zu lösen.

(3) wenn das Subjekt des NS das unbestimmt–persönliche *man* ist:

Das Theater ist groß genug, dass *man* darin den Opernball veranstalten kann.
→ Das Theater ist groß genug, um darin den Opernball veranstalten zu können.

4. Unter den valenzunabhängigen Infinitivkonstruktionen sind mehrere *semantische Subklassen* zu unterscheiden, die durch das Einleitungswort formal signalisiert sind und den semantischen Subklassen der adverbialen Nebensätze entsprechen:

— Infinitivkonstruktionen mit *(an)statt zu* (haben substitutive Bedeutung und bezeichnen eine nicht wahrgenommene Möglichkeit):

Das Mädchen ging baden, *(an)statt* die Hausaufgaben *zu* machen.
← Das Mädchen ging baden, *(an)statt dass* es die Hausaufgaben machte.

— Infinitivkonstruktionen mit *ohne zu*, die entweder einen fehlenden Begleitumstand (Modalsatz) oder das Nichteintreten einer erwarteten Folge (negativer Konsekutivsatz) ausdrücken:

Er überquerte die Straße (,) *ohne* auf den Verkehr *zu* achten.
← Er überquerte die Straße, *ohne dass* er auf den Verkehr achtete.
Er hat sehr kalt gebadet (,) *ohne* sich *zu* erkälten.
← Er hat sehr kalt gebadet, *ohne dass* er sich erkältet hat.

— Infinitivkonstruktionen mit *um . . . zu*, die zumeist eine finale Bedeutung haben, aber auch konsekutive Beziehungen ausdrücken können:

Er muss sich beeilen (,) *um* den Zug noch *zu* erreichen.
← Er muss sich beeilen, *damit* er den Zug noch erreicht.
Das Wasser war zu kalt (,) *um* darin baden *zu* können.
← Das Wasser war zu kalt, *so dass* man *nicht* darin baden konnte / *als dass* man darin baden konnte.

### 2.1.5.2 PARTIZIPIALKONSTRUKTIONEN

Partizipialkonstruktionen sind niemals valenzbedingt. *Syntaktisch* lassen sich unterscheiden

1. *attributive* Partizipialkonstruktionen, die sich auf ein Substantiv des übergeordneten Satzes beziehen, relativ stellungsfest sind (nicht die erste Stelle vor dem finiten Verb im Aussagesatz einnehmen können), durch einen attributiven Relativsatz paraphrasierbar sind und sich in erweiterte Partizipialattribute verwandeln lassen:

Der Schriftsteller, 1930 in Berlin geboren, hat einen neuen Roman veröffentlicht.
Der Schriftsteller, der 1930 in Berlin geboren ist, hat einen neuen Roman veröffentlicht.
Der 1930 in Berlin geborene Schriftsteller hat einen neuen Roman veröffentlicht.

2. *nicht-attributive* (adverbiale) Partizipialkonstruktionen, die sich auf ein Verb des übergeordneten Satzes beziehen, nicht stellungsfest sind (auch die Stelle vor dem finiten Verb allein einnehmen können), durch einen expliziten Nebensatz mit Subjunktion paraphrasiert werden können und sich nicht ohne Bedeutungsveränderung in erweiterte Partizipialattribute verwandeln lassen. Weil die Partizipialkonstruktion in der Regel ohne Einleitungswort steht, lässt sie mehrere *semantische* Möglichkeiten zu, die durch Paraphrasen mit Hilfe entsprechender expliziter adverbialer Nebensätze deutlich werden:

— temporale Partizipialkonstruktionen:

Der Arzt, in Hamburg angekommen, besuchte sofort seinen Freund.
In Hamburg angekommen (,) besuchte der Arzt sofort seinen Freund.
← *Nachdem* der Arzt in Hamburg angekommen war, besuchte er sofort seinen Freund.

— modale Partizipialkonstruktionen:

Der Soldat starb (,) von den Kugeln der Feinde getroffen.
← Der Soldat starb, *indem* er von den Kugeln der Feinde getroffen wurde.

— kausale Partizipialkonstruktionen:

Von seinen Freunden gewarnt (,) verbarg er sich in der Ruine.
← *Weil* er von seinen Freunden gewarnt war, verbarg er sich in der Ruine.

— konditionale Partizipialkonstruktionen:

*Verglichen* mit anderen Ländern (,) sind diese Methoden veraltet.
← *Wenn* diese Methoden mit anderen Ländern verglichen werden, sind sie veraltet.

3. Das eliminierte Subjekt der Partizipialkonstruktion entspricht bei attributiven Partizipialkonstruktionen dem substantivischen Bezugswort, bei nicht-attributiven Partizipialkonstruktionen in der Regel dem Subjekt des übergeordneten Satzes. Lediglich bei Partizipialkonstruktionen mit konditionaler Bedeutung (in manchen Fällen mit obligatorischer Subjunktion!) liegt oft keine Identität der Subjekte vor; entweder enthält der übergeordnete Satz (a) oder der NS (b) ein unbestimmt-persönliches Subjekt:

(a) *Falls vom Arzt nicht anders verordnet* (,) muss *man* drei Tropfen von der Arznei nehmen.
(b) *Streng genommen* hat der Kandidat seine Thesen nicht bewiesen.

Anmerkungen:

(1) Die Partizipialkonstruktion kann manchmal noch weiter — um bedeutungsleere Partizipien wie *habend, seiend, haltend* — verkürzt werden. Auf diesem Wege entstehen verkürzte Partizipialkonstruktionen (oder „freie Fügungen"), meist bei Attributsätzen im engeren Sinne und mit Bezug auf das Subjekt des übergeordneten Satzes:

*Der Direktor*, der den Hut in der Hand hatte, betrat das Zimmer.
→ (*) Den Hut in der Hand *habend* (*haltend*) (,) betrat der Direktor das Zimmer.
→ Den Hut in der Hand, betrat der Direktor das Zimmer.

(2) Sowohl bei den Infinitiv- als auch bei den Partizipialkonstruktionen regelt sich der Gebrauch von Infinitiv I und Infinitiv II, von Partizip I und Partizip II nicht nach der absoluten, sondern nach der relativen Zeit. Infinitiv I und Partizip I stehen bei Gleichzeitigkeit von übergeordnetem Satz und NS (a), Infinitiv II und Partizip II bei Vorzeitigkeit des NS vor dem übergeordneten Satz (b):

(a) Den Freund *zu treffen* freut mich.
(b) Das Spiel *gewonnen zu haben* freut die Mannschaft.
(a) Ein Lied *singend* (,) ging er über die Straße.
(b) In Hamburg *angekommen* (,) besuchte er seinen Freund.

## 2.2    SYNTAKTISCHE BESCHREIBUNG DER NEBENSÄTZE

1. Das Korrelat
Die Nebensätze — mit Ausnahme der weiterführenden Nebensätze — haben in der Regel im übergeordneten Satz ein Korrelat.
Korrelate sind obligatorisch:

(1) um eine Aussage mit der sinnentleerten Subjunktion *dass* eindeutig zu machen:

*Aufgrund der Tatsache, dass* er krank war, wurde er von der Prüfung befreit.

(2) in Verbindung mit manchen Verben und Adjektiven, die einen bestimmten Kasus regieren:

Ich verlasse mich *darauf, dass* du mir hilfst.
Ich bin *es* überdrüssig, *dass* er immer zu spät kommt.

## 2. Subjektsatz

Der Nebensatz tritt alternativ zu einem Substantiv im Nominativ auf. Die Subjektsätze haben in der Regel ein Korrelat im HS. Das Korrelat ist *das, es* oder ein bedeutungsleeres Substantiv. Subjektsätze werden eingeleitet durch *dass, ob* oder ein Fragepronomen. In bestimmten Fällen werden sie durch eine Infinitivkonstruktion repräsentiert:

Mich enttäuscht sein Nichtkommen.
→ Mich enttäuscht (*es / das / die Tatsache*), dass er nicht gekommen ist.

## 3. Objektsatz

Der Objektsatz tritt alternativ zu einem Substantiv in einem obliquen Kasus auf. Objektsätze werden eingeleitet durch *dass, ob* oder ein Fragepronomen. Objektsätze haben in der Regel ein vom Verb (oder Adjektiv) abhängiges Korrelat im HS, das in einem obliquen Kasus steht:

Er begreift seinen Fehler.
→ Er begreift (*es / das / die Tatsache*), dass er einen Fehler gemacht hat.

## 4. Adverbialsatz

Wie Subjekt- und Objektsatz haben auch Adverbialsätze ein Korrelat im HS, das entweder – je nach Subjunktion – obligatorisch oder fakultativ auftritt oder im konkreten Satz nicht sprachüblich ist. Dabei sind zwei Gruppen zu unterscheiden:

(1) Adverbialsätze treten alternativ zu einem valenzgebundenen Glied im HS auf:

Er wohnt in Berlin.
Er wohnt (dort), wo seine Eltern wohnen.

(2) Der Adverbialsatz tritt als freie Angabe auf, wenn er nicht durch die Valenz eines Verbs gebunden ist:

Er wurde wegen hervorragender Leistungen ausgezeichnet.
→ Er wurde (deshalb / deswegen) ausgezeichnet, da / weil er Hervorragendes geleistet hat.

## 5. Weiterführender Nebensatz

Der weiterführende Nebensatz unterscheidet sich von den übrigen Nebensätzen dadurch, dass er nicht als nähere Bestimmung zu einem Wort des übergeordneten Satzes (zu einem Bezugswort oder zu einem Korrelat)

verstanden werden kann. Er bezieht sich vielmehr auf den gesamten übergeordneten Satz. Einem Satzgefüge mit einem weiterführenden NS liegen
*inhaltlich* zwei *koordinativ* nebeneinander stehende, unabhängig voneinander existierende Sachverhalte zugrunde, von denen einer dem anderen
*formal* — als *subordinierter* NS — untergeordnet wird. Als Einleitungswörter
stehen vor allem *was* (für Nominativ und Akkusativ) oder Pronominaladverbien (für Präpositionalkasus):

Er hat mich gestern besucht. Das hat mich sehr gefreut.

→ Er hat mich gestern besucht, *was* mich sehr gefreut hat.

Er hat das Examen mit Auszeichnung bestanden. Darüber haben sich seine
Eltern sehr gefreut.

→ Er hat das Examen mit Auszeichnung bestanden, *worüber* sich seine Eltern
sehr gefreut haben.

6. Attributsatz

Attributsätze sind Sätze, die sich auf vollsemantische Substantive beziehen:

Er braucht das Lehrbuch, das im Katalog angezeigt ist.

Attributsätze sind auf Grundstrukturen zurückzuführen:

Er braucht das Lehrbuch. Das Lehrbuch ist im Katalog angezeigt.

→ Er braucht das Lehrbuch, das im Katalog angezeigt ist.

→ Das Lehrbuch, das er braucht, ist im Katalog angezeigt.

## 2.3 SEMANTISCHE KLASSEN DER ADVERBIALSÄTZE

Im Unterschied zu Subjekt und Objekt sind die Adverbialbestimmungen
semantisch spezifizierte Satzglieder. Folglich sind auch vielfältige semantische Klassen von Adverbialsätzen zu unterscheiden.

### 2.3.1 TEMPORALSATZ

Die Temporalsätze stehen zum HS in einem bestimmten Zeitverhältnis (relative Zeit). Sie werden durch Subjunktionen eingeleitet, die zusammen mit
dem Tempus des NS das Zeitverhältnis zum HS ausdrücken. Das Geschehen
im NS kann zum Geschehen des HS im Verhältnis der Gleichzeitigkeit, der
Vorzeitigkeit oder der Nachzeitigkeit stehen.

1. Nebensätze, die eine *Gleichzeitigkeit* des Geschehens ausdrücken

(I) Dauer eines Geschehens

(a) gleiche Dauer:

*Während* ich in Berlin studierte, ging ich oft ins Theater.

(b)  gleicher Anfangs- und Endpunkt:

*Solange* ich ihn kenne, (solange) arbeitet er in diesem Betrieb.

(c)  gleiche Dauer bis Sprechergegenwart mit Anfangspunkt in der Vergangenheit (bei durativen Verben im Prät. und Präs.):

*Seit(dem)* ich ihn kenne, (seitdem) ist er Nichtraucher.

Anmerkung:

Bei perfektiven Verben wird mit *seit(dem)* Vorzeitigkeit ausgedrückt; vgl. 2. (5).

(2)  Zeitpunkt eines Geschehens
In der Vergangenheit wird der Unterschied zwischen einmaligem und wiederholtem Geschehen mit den Subjunktionen *als* und *wenn* gekennzeichnet ((f) und (g)). In der Gegenwart und Zukunft steht in beiden Fällen die Subjunktion *wenn*, der Unterschied zwischen einmaligem und wiederholtem Geschehen wird hier mit Temporaladverbien u. Ä. ausgedrückt ((d) und (e)).

(d)  einmaliges Geschehen in Gegenwart und Zukunft:

*Wenn* ich *in nächster Zeit einmal* nach Dresden komme, werde ich dich besuchen.

(e)  wiederholtes Geschehen in Gegenwart und Zukunft:

*Wenn* er uns besucht, bringt er *immer* Blumen mit.

(f)  einmaliges Geschehen in der Vergangenheit:

*Als* ich am (vergangenen) Wochenende meine Eltern besuchte, gingen wir zusammen in eine Gaststätte essen.

(g)  wiederholtes Geschehen in der Vergangenheit:

*Wenn* ich am Wochenende meine Eltern besuchte, gingen wir (immer) zusammen in eine Gaststätte essen.


2. Nebensätze, die eine *Vorzeitigkeit* des Geschehens ausdrücken

(1)  einmaliges Geschehen in Gegenwart und Zukunft:
Tempusgebrauch: Perf. im NS, Präs. im HS

*Wenn* wir den Gipfel erreicht haben, (dann) machen wir Rast.
*Nachdem* sie die Prüfung abgelegt hat, geht sie ins Ausland.

(2)  einmaliges Geschehen in der Vergangenheit:
Tempusgebrauch: Plusq. im NS, Prät. im HS

Der Anruf kam (dann), *als* sie das Haus verlassen hatte.
*Nachdem* die Arbeit beendet (worden) war, fuhr er auf Urlaub.

(3) wiederholtes Geschehen:
Tempusgebrauch: in Gegenwart und Zukunft wie (1), in der Vergangenheit wie (2)

*Wenn* ich aufgestanden bin, (dann) mache ich (immer) erst zehn Minuten Gymnastik.
*Wenn* er seine Arbeit beendet hatte, ging er (jedes Mal) ins Café.

(4) unmittelbare Aufeinanderfolge:
Tempusgebrauch: Tempusfolge wie bei (1) und (2) oder gleiche Tempora

*Sowie / Sobald* ich in Hamburg angekommen bin (ankomme), (da) rufe ich dich an.
*Kaum dass* wieder die Sonne schien, war es unerträglich heiß.

(5) genauer Anfangspunkt in der Vergangenheit, Dauer bis Sprechergegen-wart im HS (bei perfektiven Verben):
Tempusgebrauch: in Gegenwart und Zukunft wie (1), in der Vergangenheit wie (2)

Ich fahre, *seit* das Semester begonnen hat, nur einmal im Monat nach Hause.
*Seit(dem)* er die Magisterarbeit beendet hatte, (seitdem) war er zufriedener.

Zu *seit(dem)* bei durativen Verben vgl. 1. (c).

3. Nebensätze, die eine *Nachzeitigkeit* des Geschehens ausdrücken

(1) Endpunkt eines Geschehens:

Er blieb (so lange) in Deutschland, *bis* er mit dem Studium fertig war.

(2) Aufeinanderfolge:

Sie bringt das Kind in den Kindergarten, *bevor / ehe* sie zur Arbeit geht.

## 2.3.2 LOKALSATZ

Der Lokalsatz gibt den Ort, die Richtung oder den Erstreckungsbereich eines Geschehens an. Er ist auf eine Lokalbestimmung zurückführbar:

Ich fand das Buch, *wo* ich es nicht vermutet hatte.
← Ich fand das Buch an einer unvermuteten Stelle.

Der Lokalsatz wird nicht mit Subjunktionen, sondern mit Lokaladverbien eingeleitet.

(1) Ort:

Er arbeitet (dort), *wo* man ihn braucht.

(2) Richtung:

Ihr könnt gehen, *wohin* ihr wollt.

(3) Erstreckungsbereich:

*Soweit* das Auge reichte, (soweit) war alles überschwemmt.

### 2.3.3   MODALSÄTZE

1. Instrumentalsatz
Der NS gibt das Mittel an, mit dem ein bestimmter Erfolg erzielt wird:

Er verbesserte seine sportlichen Leistungen, *indem* er regelmäßig trainierte.
Er hat mir *dadurch / damit* sehr geholfen, *dass* er mir seine Bücher zur Verfügung gestellt hat.

2. Modalsatz des fehlenden Begleitumstandes
Der mit *ohne dass* eingeleitete NS drückt aus, dass ein Begleitumstand zum Sachverhalt des HS entgegen der Erwartung nicht realisiert wird:

Das Kind lief auf die Straße, *ohne dass* es dabei auf den Verkehr achtete.   (= Das Kind achtete *nicht* auf den Verkehr.)

3. Komparativsatz

(1) Reales Verhältnis der Gleichheit

Der Vergleich erfolgt zum Grad (Qualität) des Geschehens im HS, der durch ein Adjektiv / Adverb repräsentiert wird, und ergibt eine Gleichheit (Entsprechung) zwischen den beiden Sachverhalten.
Bildungsmuster: *so* + Adjektiv / Adverb im Positiv + *wie*:

Im Februar war es *so* kalt, *wie* es im Januar war.
Der Antiquar verkauft die Bücher *so* billig, *wie* er sie erworben hat.

Anmerkungen:

(1) Bei gleichem Verb in HS und NS wird der NS oft zum Satzglied verkürzt:

Im Februar war es so kalt wie im Januar.

Regelmäßig wird der NS auch dann verkürzt, wenn er eine Stellungnahme enthält:

Sie hat zu dem Vorfall so lange geschwiegen, wie es möglich war (zu schweigen).

(2) Wenn der Kontext eindeutig ist, kann die Gradangabe fehlen:

Der Antiquar verkauft die Bücher (so), wie er sie erworben hat.

(2) Reales Verhältnis der Ungleichheit

Der Vergleich erfolgt zum Grad (Qualität) des Geschehens im HS, der durch ein Adjektiv / Adverb repräsentiert wird, und ergibt eine Ungleichheit (Nichtentsprechung) zwischen den beiden Sachverhalten.

Bildungsmuster: Adjektiv / Adverb im Komparativ + *als*:

Der Preis für die Übernachtung im Hotel ist höher, *als* er im vorigen Jahr war.
Die neue Sekretärin schreibt schneller, *als* es ihre Vorgängerin getan hat.

Anmerkungen:

(1) Bei Komparativsätzen der Ungleichheit sind die gleichen Verkürzungen möglich wie bei Komparativsätzen der Gleichheit:

Der Preis für die Übernachtung ist höher als im Vorjahr.
Sie hat länger geschwiegen, als gut war (zu schweigen).

(2) Bei fehlender Gradangabe wird *anders* gesetzt:

Er spricht jetzt *anders* über sie, als er früher gesprochen hat.

(3) Um ein Verhältnis der Ungleichheit (Nichtentsprechung) handelt es sich auch, wenn bei einem Komparativsatz der Gleichheit der HS oder der NS verneint wird:

Es ist heute *nicht* so kalt, wie es in den letzten Tagen war.   (≈ Es ist heute wärmer, als es in den letzten Tagen war.)
Er arbeitet jetzt so gründlich, wie er früher *nicht* gearbeitet hat.   (= Er arbeitet jetzt gründlicher, als er früher gearbeitet hat.)

(3) Hypothetisches Verhältnis der Gleichheit
Handelt es sich nicht um einen realen, sondern einen nur angenommenen (hypothetischen) Vergleich von zwei Sachverhalten, wird der NS mit der Subjunktion *als ob* gebraucht. Der Modus im NS kann Konjunktiv oder Indikativ sein; vgl. „Verb" 7.2.1.1 unter 4. Anm.:

Er erzählt so lebendig, *als ob* er alles selbst erlebt habe / hätte / hat.

Anmerkungen:

(1) Ein hypothetisches Verhältnis der Gleichheit kann auch mit den Subjunktionen *als wenn* und *wie wenn* ausgedrückt werden:

Er benimmt sich, *als / wie wenn* nichts geschehen wäre / ist.

(2) Bei Gebrauch der einteiligen Subjunktion *als* in hypothetischer Vergleichsbedeutung folgt unmittelbar auf die Subjunktion das finite Verb (gewöhnlich im Konjunktiv):

Es ist heute so warm, *als* wäre schon Sommer.

(3) Wenn der Kontext eindeutig ist, kann bei hypothetischen Komparativsätzen die Gradangabe fehlen:

Er musterte mich (so) (genau / eindringlich / . . .), *als* habe er mich noch nie gesehen.

(4) Gewöhnlich sind die hypothetischen Komparativsätze – wie die anderen Modalsätze und die Adverbialsätze allgemein – freie Angaben im Sinne der Valenz. Bei einer Reihe von Verben im HS – den sog. Eindrucksverben – fungieren die NS jedoch als obligatorische Aktanten:

Es sieht so aus, *als ob* es regnen wolle.
→ *Es sieht so aus.

Ebenso: sich anfühlen, riechen, wirken; den Anschein haben, den Eindruck machen

Auch einige andere Verben bilden solche festen Verbindungen:

Er tut so, *als wenn* ihn die Sache nichts angeht.

Ebenso: sich verhalten, jemandem ist so

(4) Verhältnis der Proportionalität

(a) Proportionalsatz mit Subjunktion *je . . . desto / umso*
Eine Gradangabe (Adjektiv / Adjektivadverb) im HS befindet sich in einem direkten proportionalen Verhältnis (Abhängigkeitsbeziehung) zu einer Gradangabe im NS. Der HS wird mit *desto* oder *umso*, der NS mit *je* eingeleitet. Die Gradangaben stehen im Komparativ und folgen unmittelbar den beiden Subjunktionsteilen:

*Je* mehr ich lese, *umso / desto* reicher wird mein Wortschatz.

(b) Proportionalsatz mit Subjunktion *je nachdem*
Der Sachverhalt im HS wird abhängig gemacht von verschiedenen Möglichkeiten, die im NS genannt werden. Die Art der Möglichkeit wird durch zusätzliche Fragewörter (*wie, wann, wer* usw.) nach der Subjunktion näher gekennzeichnet:

Die Atomphysik kann, *je nachdem* wie sie angewendet wird, das Leben auf der Erde bereichern oder zerstören.

4. Modalsatz der Spezifizierung
Im NS wird durch die Bestimmung des Geltungsbereichs die Aussage des HS spezifiziert:

Er hat mir *damit* geholfen, *dass* er mir seine Bücher zur Verfügung stellte.
Eine Beurteilung der Lage ist *insofern* schwierig, *als* nicht alle Fakten bekannt sind.
Eine Entscheidung in dieser Frage ist *umso* wichtiger, *als* davon die Lösung anderer Fragen abhängt.

5. Restriktivsatz
Im NS erfolgt eine Einschränkung der Aussage des HS entweder durch eine subjektive Stellungnahme (*soviel, soweit*) oder durch den Anschluss des Nichtgeltungsbereichs (*außer / nur dass, außer wenn . . .*):

*Soviel* (*wie*) mir bekannt ist, arbeitet er in einem Projektierungsbüro.
Ich kann jederzeit kommen, *außer wenn* ich Training habe.
Der Aufsatz ist sehr gut, *nur dass* die Einleitung etwas zu kurz ausgefallen ist.

2.3.4 KAUSALSÄTZE

Die Gruppe der Kausalsätze wird in zwei Gruppen unterteilt.
Der NS gibt die *Ursache* (Grund, Bedingung, Gegengrund) an: Kausalsatz im engeren Sinne, Konditionalsatz, Konzessivsatz.
Der NS gibt die *Wirkung* (Folge, Zweck) an: Konsekutivsatz, Finalsatz.

1. Kausalsatz im engeren Sinne

(1) HS und NS umfassen naturnotwendige, gesetzmäßige Zusammenhänge von Ursache und Wirkung:

Das Auto begann (daher / darum / deshalb / deswegen / aus dem Grunde) zu schleudern, *weil / da* die Straße sehr glatt war.

(2) Der Nebensatz gibt einen zusätzlichen, verstärkenden Grund an:

Der Roman wurde viel diskutiert, *zumal* (*da*) er in einer ungewöhnlichen sprachlichen Form geschrieben ist.
Ich gehe ziemlich oft ins Kino, *umso mehr als* ich keinen Fernseher habe.

2. Konditionalsatz
Aus einer Bedingung wird eine Folge vorausgesagt:

*Wenn / falls / sofern* der Zug pünktlich ankommt, (so / dann) erreichen wir den Anschlusszug.

Anmerkungen:

(1) Der Konditionalsatz kommt auch subjunktionslos (mit Erststellung des finiten Verbs) vor:

Kommt der Zug pünktlich an, so erreichen wir den Anschlusszug.

(2) In Verbindung mit dem Konjunktiv Prät. des Modalverbs *sollen* drückt der Konditionalsatz (mit / ohne Subjunktion) zusätzlich eine Eventualität aus:

Falls er die Arbeit nicht allein schaffen *sollte*, werde ich ihm helfen.

Zum Gebrauch des Modus im Konditionalsatz vgl. „Verb" 7.2.1.2.

3. Konzessivsatz
Ein erwarteter Kausalzusammenhang bleibt unwirksam. Der im NS genannte Grund hat nicht die nach dem Gesetz von Ursache und Wirkung zu erwartende Folge:

*Obwohl / obgleich / trotzdem* er krank war, (so) kam er (dennoch).

Anmerkungen:

(1) Konzessive Bedeutung hat auch die Verbindung von *wenn* mit einem verschiebbaren *auch*:

Er zieht keinen Mantel an, *wenn* es *auch* kalt ist.

Die Subjunktion *wenn* kann auch ausfallen; das finite Verb tritt dann an die Spitze des NS:

Hat er *auch* keine gute Prüfung abgelegt, (so) hat er doch bestanden.

Eine hypothetische Nebenbedeutung bekommt der NS durch das Modalverb *mögen* oder *sollen* (im Konj. Prät.):

Er zieht keinen Mantel an, *mag (sollte)* es *auch* kalt sein.

Der dem NS mit (*wenn*) *auch* nachgestellte HS beginnt zumeist mit dem Subjekt (a). Das finite Verb steht gewöhnlich nur dann an erster Stelle, wenn der HS ein *doch* (und ein fak. *so*) enthält (b):

(a) Wenn es auch spät war, *niemand* wollte nach Hause gehen.
(b) Wenn es auch spät war, (so) wollte doch *niemand* nach Hause gehen.

(2) Ähnlich wie zu *wenn* tritt ein verschiebbares *auch* (und / oder *immer*) auch zu Fragewörtern: *wie auch (immer), wann auch (immer), wo auch (immer), wer auch (immer), wen auch (immer)* usw. Diese verallgemeinernden Verbindungen haben die Funktion von Subjunktionen und leiten Nebensätze ein, die konzessiven Charakter tragen. Bei Vorderstellung des NS steht im HS das Subjekt obligatorisch vor dem finiten Verb:

Wie morgen das Wetter *auch* sein wird, *ich* kann nicht bleiben.

4. Konsekutivsatz
(1) Die Folge ergibt sich aus dem Geschehen des HS, das durch ein Verb oder durch ein Verb + Adjektiv, Adverb, Substantiv repräsentiert ist:

Er ist krank, *so dass* er im Bett bleiben muss.
Er hat Fieber, *so dass* er nicht aufstehen darf.

(2) Die Folge ergibt sich aus einer besonderen Qualität (Grad) des Geschehens im HS, die durch ein Verb oder durch ein Verb + Adjektiv, Adverb, Substantiv repräsentiert ist:

Er ist *so* krank, *dass* er im Bett liegen muss.
Er hat *solches* Fieber, *dass* er fantasiert.

(3) Der NS nennt das Nichteintreten einer sich erwartungsgemäß aus dem HS ergebenden Folge (negativer Konsekutivsatz):

Ich habe tüchtig gefroren, *ohne dass* ich mich erkältet habe / hätte.  (= Ich habe mich nicht erkältet.)

Zum Gebrauch des Modus vgl. „Verb" 7.2.1.2 unter 3. Anm. (4)

(4) Der NS mit Subjunktion *als dass* und Modalverb *können* drückt aus, dass ein Folge–Sachverhalt nicht realisiert werden kann (irrealer Konsekutivsatz). Die Unmöglichkeit der Realisierung ist abhängig von dem im HS angegebenen Übermaß einer Eigenschaft (markiert durch *zu*) bzw. dem zu geringem Maß einer Eigenschaft (markiert durch *nicht genug*):

Das Wasser des Sees ist *zu* kalt, *als dass* man baden kann / könnte.
Er war *nicht* schnell *genug, als dass* er seinen Favoriten einholen konnte / hätte einholen können.

Zum Gebrauch des Modus vgl. „Verb" 7.2.1.2 unter 3. Anm. (3).

### 5. Finalsatz

Der Finalsatz ist an ein personales Subjekt gebunden. Er drückt eine Absicht, einen Zweck, ein Ziel aus. Der finale Sinn ist mit einem Willenselement verbunden, das auf die Realisierung eines Geschehens gerichtet ist.

(1) Das wollende Personalsubjekt und das realisierende Subjekt sind identisch:

Er beeilt sich, *damit* er den Zug noch erreicht.
← Er beeilt sich, weil er den Zug noch erreichen will    (d. h., er will, dass er den Zug noch erreicht).

(2) Das wollende Personalsubjekt und das realisierende Subjekt sind nicht identisch:

Er schreibt die Regeln an, *damit* wir sie abschreiben.
← Er schreibt die Regeln an, weil er will, dass wir sie abschreiben.

### 2.3.5    Sᴜʙsᴛɪᴛᴜᴛɪᴠsᴀᴛᴢ

Der NS zeigt eine nicht wahrgenommene Möglichkeit, der HS als Ersatz eine andere Möglichkeit. Vielfach ist damit eine Stellungnahme des Sprechers verbunden, indem die vom Subjekt vorgezogene Möglichkeit (im HS) vom Sprecher als nicht richtig beurteilt wird:

*(An)statt dass* sie sich ins Bett legte, ging die Kranke zur Arbeit.

### 2.3.6    Aᴅᴠᴇʀsᴀᴛɪᴠsᴀᴛᴢ

Das Geschehen des NS steht im Gegensatz zum Geschehen des HS:

*Während* es gestern schön war, regnet es heute.

### 2.4    Aᴛᴛʀɪʙᴜᴛsᴀᴛᴢ

### 2.4.1    Rᴇsᴛʀɪᴋᴛɪᴠᴇʀ Aᴛᴛʀɪʙᴜᴛsᴀᴛᴢ

Der HS ist ohne den eingebetteten NS im gegebenen Kontext missverständlich. Der NS unterscheidet einen Gegenstand von anderen Gegenständen der gleichen Klasse. Er spezifiziert, schränkt ein. Anstelle des bestimmten / unbestimmten Artikels beim Bezugswort im HS kann das selektierende Arti-

kelwort *derjenige* stehen. Der restriktive Attributsatz hat enklitische Intonation, d. h., es entsteht keine Pause zwischen HS und NS:

Ich habe den Roman gelesen, der einen Preis erhielt.
→ Ich habe denjenigen Roman gelesen, der einen Preis erhielt.

### 2.4.2 NICHT-RESTRIKTIVER ATTRIBUTSATZ

Der NS ist eine vom Kontext her nicht notwendige Ergänzung. Er ist ein zweites logisches Prädikat. Der NS bietet eine zusätzliche Information zur Sache, er erläutert sie. Anstelle des bestimmten / unbestimmten Artikels beim Bezugswort im HS kann das demonstrative Artikelwort *dieser / jener* stehen. Der nicht-restriktive Attributsatz hat Parenthese-Intonation, d. h., es entsteht eine Pause zwischen HS und NS:

Das Auto, das mit großen Kisten beladen war, fuhr an uns vorüber.
→ Dieses Auto, das mit großen Kisten beladen war, fuhr an uns vorüber.

### 2.4.3 BESONDERHEITEN IM GEBRAUCH DER RELATIVPRONOMINA

1. Das Relativpronomen *der* wird wie das gleich lautende substantivische Demonstrativpronomen nach Kasus, Genus und Numerus abgewandelt.[1] Der Kasus richtet sich nach der Satzgliedfunktion des Pronomens im NS (1), Genus und Numerus werden durch das Bezugswort im HS bestimmt (2):

(1) Der Kandidat, *der* das Quiz gewonnen hat, erhält einen Preis.
    Der Schüler, *dessen* ich mich noch gut erinnere, studiert jetzt in Freiberg.
(2) Das Kind, *das* den Unterricht versäumt hat, muss die Klassenarbeit nachholen.
    Die Sportler, *die* an der Olympiade teilnehmen, fahren nach Kanada.

In der Genitivform (Sing. Mask. / Neutr. *dessen*, Sing. Fem. und Pl. *deren*) dient das Relativpronomen *der* auch als possessives Relativpronomen zum Ausdruck der Zugehörigkeit:

Der Schüler, *dessen* Namen ich vergessen hatte, besuchte mich unverhofft.
Die Frau, *deren* Ehemann im Sprechzimmer wartet, ist schon operiert.

Anmerkungen:

Im Allgemeinen ist das Bezugswort im HS ein Substantiv. Wenn das Bezugswort ein Personalpronomen der 1. oder 2. Person ist, wird dem Relativpronomen zumeist das Personalpronomen hinzugefügt:

Wir, die (*wir*) dir immer geholfen haben, verdienen keine Vorwürfe.

---

1 Zu den Flexionsformen vgl. „Substantivwörter" 3.2.3. Das mit dem Interrogativpronomen formal identische Relativpronomen *welcher* ist mit *der* austauschbar. Es wird jedoch weit seltener gebraucht (vor allem aus stilistischen Gründen, etwa um Wiederholungen zu vermeiden).

Die Höflichkeitsform *Sie* muss immer im NS wiederholt werden:

Sie, die *Sie* alles getan haben, verdienen keinen Vorwurf.

2. Die Relativpronomina *wer* und *was* werden – wie die gleich lautenden Interrogativpronomina – nur nach dem Kasus und nicht nach dem Genus und Numerus abgewandelt.

*was* steht im Nominativ und im reinen Akkusativ, wenn das Bezugswort im HS ein neutrales substantivisches Pronomen oder ein neutrales substantivisch gebrauchtes Adjektiv im Superlativ bzw. ein unbestimmtes Zahladjektiv ist:

Manches / Vieles / Das Wichtigste, *was* wir gefordert haben, ist verwirklicht worden.

*wer* kann für das Relativpronomen *der* und das substantivische Demonstrativpronomen (als personales Bezugswort) stehen, wenn beide im Kasus übereinstimmen:

*Denjenigen, den* ich zuerst treffe, frage ich.
→ *Wen* ich zuerst treffe, frage ich.

3. Für relatives *der* und *was* erscheinen unter bestimmten Bedingungen Verbindungen von *wo-* + Präposition (Pronominaladverb); vgl. dazu „Substantivwörter" 3.2.7.2.

4. Wenn das Bezugswort im HS eine Lokalangabe ist, kann man anstelle der Präposition (zumeist: *in*) und des Relativpronomens auch das Relativadverb *wo* verwenden:

Er verlässt die Stadt, *in der* er vier Jahre studiert hat.
→ Er verlässt die Stadt, *wo* er vier Jahre studiert hat.

Wenn die Lokalangabe ein Orts- oder Ländername ist, ist nur *wo* möglich:

Er verlässt Leipzig, *wo* er vier Jahre studiert hat.

# Sachregister

# R

Rahmen  34, 161, 232
redeeinleitendes Verb, Redeeinleitung  85 f.
reduzierter Satz  263, 280
reflexive Form  95 f.
reflexive Konstruktion  92 ff.
reflexive Verbvariante  94 f.
reflexives Verb  62, 91 ff.
Reflexivpronomen  92 ff., 96 f.
Reflexivpronomen (im Akkusativ)  92 ff.
Reflexivpronomen (im Dativ)
  93 ff.
Reflexivpronomen (im Präpositionalkasus)  93
regelmäßiges Verb  15 ff., 18 f.,
  20 ff.
reiner Kasus  129 ff.
Rektion (der Adjektive)  144 f.
Rektion (der Präpositionen)
  180 ff.
Rektion (der Substantive)
  132 ff.
Rektion (der Verben)  31 ff.
Relativadverb  277
relative Tempora  71 f.
relative Zeit  159, 286, 288
relatives Possessivpronomen
  (vgl. possessives Relativpronomen)
relatives Verb  31
Relativpronomen  119
Relativsatz  277, 297 f.
restriktiver Attributsatz  296 f.
restriktive Konjunktion  191,
  276
restriktive Satzverbindung
  276
restriktive Subjunktion  191
Restriktivsatz  293
Resultativität  65 ff.
reziproke Bedeutung  96 f.
Reziprokpronomen  96
Richtungsadverb  158

# S

Sammelname (vgl. auch Kol-
  lektivum)  127
Satzart  260 ff.
Satzäquivalent  202 ff.

Satzfrage (vgl. Entscheidungs-
  frage)
Satzgefüge  277 ff.
Satzglied  219 ff.
Satzgliedstellung  230 ff., 237 ff.
Satzmodell  267 ff.
Satznegation (totale Negation)
  205 ff.
Satzperiode  279
Satzverbindung  275 ff.
Satzverflechtung  235
Schaltsatz  279
Schaltwort  199
sein-Passiv (vgl. Zustands-
  passiv)
sekundäres Satzglied  228 f.
sekundäres Satzglied (Stellung)
  244 f.
Sexus (natürliches Geschlecht)
  122
Singular  126 ff.
Singularfähigkeit  101
Singulariatantum  126 ff.
Sondernegation (partielle
  Negation)  205
spezifizierende Subjunktion
  191
sprechende Person  19, 110
Sprecherintention  95
Sprechhaltung  65 ff.
Sprechhandlung  193, 196,
  260 ff.
Sprechzeit  64 ff.
Stammvokal (Wechsel des
  Stammvokals)  20 ff.
Steigerungspartikel  195 f.
Steigerungsstufe  139
Stellungsglied  219
Stellungstyp  230 ff.
Stoffadjektiv  143
Stoffname  126 f., 172
Stundenangabe  149
Subjekt
—, logisches Subjekt  30, 47 ff.
—, syntaktisches Subjekt  222
—, syntaktisches Subjekt (Stel-
  lung)  239
Subjektsnominativ  30
Subjektsprädikativ  130, 132,
  221
Subjektsprädikativ (Stellung)
  238 f.
Subjektsatz  278, 281, 287
Subjunktion  176 f., 277 ff.

Subjunktion (semantische
  Gruppen)  190 f.
Subjunktionalsatz  277 ff.
Subordination von Attributen
  (subordinative Verbindung)
  253 ff.
Subordination von Sätzen
  277 ff.
Substantiv  101 ff.
Substantiv (Kategorien)  122 ff.
Substantivierung  104, 109, 148
substantivierter Infinitiv  125
substantivischer Gebrauch
  (von Adjektiv und Partizip)
  109 f.
substantivischer Gebrauch (der
  Kardinalzahlen)  148 f.
substantivisches Pronomen
  101 ff., 110 ff., 255 ff.
Substantivwort  101 ff.
Substitutivsatz  296
Suffix (des Adjektivs)  135
Suffix (des Substantivs)  125
Suffix (des Verbs)  20
Suffix (bei Bruchzahl)  151
Suffix (bei Ordinalzahl)  150
Superlativ (des Adjektivs)
  139 ff.
Superlativ (des Adverbs)  154
syndetische Satzverbindung
  275
Synsemantika  102

# T

Tätigkeitsverb  35 f.
Temporaladjektiv  143
Temporaladverb  159
Temporalangabe, Temporalbestimmung  226
temporale Präposition  186
temporale Subjunktion  191
Temporalsatz  288 ff.
Tempus  20, 62 ff.
terminale Intonation  261 ff.
totale Negation (vgl. Satznegation)
transitives Verb, Transitivität
  30 f.
transitive Verbvariante  63
trennbare Verben (Verbteile)
  98 ff.

SACHREGISTER